Questions contemporaines
Collection dirigée par Jean-Paul Chagnollaud, Bruno Péquignot et Denis Rolland

Chômage, exclusion, globalisation... Jamais les « questions contemporaines » n'ont été aussi nombreuses et aussi complexes à appréhender. Le pari de la collection « Questions contemporaines » est d'offrir un espace de réflexion et de débat à tous ceux, chercheurs, militants ou praticiens, qui osent penser autrement, exprimer des idées neuves et ouvrir de nouvelles pistes à la réflexion collective.

Dernières parutions

Sous la direction de Mohamed EL MOUBARAKI et Émile-Henri RIARD, *Regards sur les violences envers les femmes d'ici et d'ailleurs*, 2024.
Zehira HOUFANI BERFAS, *Françafrique, la matrice du chaos africain. Stratégie coloniale d'échec des indépendances*, 2024.
Jean-Marc ESNAULT, *L'Homme face aux défis du monde contemporain. Une réflexion sur notre avenir*, 2024.
Ahamed Youssouf HASSANI MZÉ HAMADI, *Le droit et la dramathérapie en psychiatrie et en ergothérapie*, 2024.
Jacques LANGLOIS, *Les liens sociaux en univers néolibéral*, 2024.
Olivier GANDOU, *Perpignan sous mandat RN. Bilan 2020-2023*, 2023.
Rachid BATHOUM (dir.), *Malades du racisme. Souffrances & dignité*, 2023.
Pierre HURTEAU, *Le péché et la garde de la langue. Entre blasphème et culture du bannissement*, 2023.
André FERTIER, *La citoyenneté culturelle. Réalités juridiques, enjeux et perspectives*, 2023.
André PRONE, *Le communisme de la modernité et le Nouveau Manifeste. Dialogue avec une intelligence artificielle*, 2023.
Prune CATOIRE, *La presse agricole, un univers sous contraintes ?*, 2023.
Olivier VASSAL, *La France au défi de ses territoires. De la géographie au vote des citoyens*, 2023.

Le grand espoir du XXIe siècle

5-7, rue de l'École-Polytechnique ; 75005 Paris

http://www.editions-harmattan.fr/

ISBN : 978-2-336-44265-5
EAN : 9782336442655

Jean Pierre Foirry

Le grand espoir du XXIe siècle

Une transition économique et culturelle vers un monde stable de bien-être généralisé

L'Harmattan

Du même auteur

La transition vers une économie stationnaire de long terme comme perspective heureuse pour nos petits-enfants,
Cahiers Rationalistes, mai-août 2023

Le choix de politiques efficaces et justes à l'heure de la transition énergétique,
Cahiers Rationalistes, septembre-octobre 2021

Limites planétaires et bien-être humain,
Cahiers Rationalistes, janvier-février 2021

Le monde d'après,
Cahiers Rationalistes mai-août 2020

La France en quête de raison et d'humanisme : propositions pour une éthique des Lumières renouvelée,
Cahiers Rationalistes, janvier-février 2016

Grands débats d'aujourd'hui : questions de société
(sous la direction d'Alain Nonjon),
Editions Ellipses, 2009, 810 p.

-

L'Afrique : continent d'avenir ?,
Editions Ellipses, 2006, 238 p.

De l'ajustement structurel et du Plan de Lagos au Nepad : en Afrique, un espoir est né,
Cahiers de l'Afrique, 2003

Economie publique : analyse économique des décisions publiques,
Editions Hachette, 1997, 160 p.

Cost Benefit Analysis and Project Appraisal
(sous la direction de Colin Kirkpatrick et John Weiss, Editors),
Edward Elgar, Cheltenham, 1996, 336 p.

L'économie des Etats-Unis,
Editions Armand Colin, 1991, 157 p.

A mes petits-enfants
Gaspard, Capucine, Briac, Malo et Octave
qui incarnent déjà plus aisément
l'esprit du XXIème siècle que leurs grands-parents

Pour écrire ce livre, j'ai bénéficié de lectures et d'entretiens réalisés tout autour du monde (particulièrement en Afrique et en Amérique du Nord), de débats animés au cours de mes séminaires organisés à Clermont-Ferrand (Fondation pour les Etudes et Recherches sur le Développement International et Université d'Auvergne) et je m'appuie largement sur les discussions et travaux que j'ai pu mener au sein de l'équipe de l'Union rationaliste sur la transition écologique ainsi que sur les rapports entre science et société.

Martin Luther King
« Tout ce qui est fait de grand dans le monde est fondé sur l'espoir »

Jean Jaurès
« L'histoire enseigne aux hommes la difficulté des grandes tâches et la lenteur des accomplissements, mais elle justifie l'invincible espoir »

Nelson Mandela
« Nous pouvons changer le monde et en faire un monde meilleur, le changement est entre vos mains ! »

Edgar Morin
« Je suis de plus en plus convaincu que transformation personnelle et transformation sociale ne peuvent qu'aller ensemble »

Sommaire

AVANT-PROPOS

« L'humanité traverse une crise multiforme de civilisation, constate Edgar Morin, l'avenir devient angoissant à cause de l'absence d'espérance et de projection[1] ». Partons d'un constat : le 21ème siècle diffère fortement du 20ème siècle par les caractéristiques des défis à relever et, malgré les apports féconds de nombreux prospectivistes, aucune vision attractive et crédible d'un avenir meilleur pour tous nos enfants et petits-enfants ne se dégage clairement.

Pour être attractif, un récit collectif doit être à la fois *cohérent* (avec les trajectoires passées et les changements structurels à venir), *soutenable* (écologiquement, financièrement, socialement, politiquement), *désirable* (articulé avec les situations, modes de vie et aspirations des ménages) et *opérationnel* (« une vision suivie d'actions peut changer le monde »).

Comment construire un nouveau récit collectif ? Il faut certes relancer les systèmes nationaux de prospective et de planification, mais aussi se donner les moyens de décrypter les enjeux du monde d'aujourd'hui et de demain. La plupart des experts soulignent que l'on est à l'âge des transitions, mais tout le monde ne s'entend pas sur la signification et/ou sur la portée de la transition. Quelle est la place de nos choix volontaristes (qui est aussi celle de notre liberté) face à des déterminismes historiques ou à des évolutions structurelles inéluctables ? Parle-t-on d'une simple transition énergétique ou d'un basculement irréversible et global qui concerne toutes les dimensions : écologique, économique, anthropologique, culturelle, géopolitique… ? Plusieurs auteurs évoquent une « grande transition » ou un « grand basculement » et analysent le monde à venir comme une troisième étape majeure de l'histoire de l'humanité. D'une certaine façon, une grande transition ferait suite à la grande accélération constatée dans la deuxième moitié du 20ème siècle. Cependant, sur notre avenir proche, les appréciations sont divergentes : alors que certains analystes envisagent l'effondrement de la civilisation industrielle, d'autres préconisent sa régénération à travers une intensification de la révolution technique.

Attardons-nous sur le concept même de transition : il s'agit d'un processus (lent ou rapide) de transformation dans lequel un système change de manière fondamentale son fonctionnement et son organisation et passe d'un état d'équilibre à un autre état d'équilibre. Ainsi, la phase de transition ne peut être bien définie que si l'on sait d'où l'on vient et où l'on va. Sans négliger l'importance de toutes les mutations en cours, il est une façon d'imaginer la marche en avant de l'humanité : le passage d'un équilibre stationnaire de pauvreté (auquel les économistes Malthus ou Ricardo nous croyaient condamnés) à un équilibre stationnaire de bien-être généralisé (auquel pensaient explicitement Adam Smith et Keynes). L'atteinte de la neutralité carbone et des Objectifs de Développement Durable (ODD), en application des Accords internationaux de 2015, n'est rien d'autre que la concrétisation théorique de ce nouvel équilibre. Il n'y a pas d'autre histoire heureuse possible au 21ème siècle, mais naturellement il reste le problème des actions (« trop peu, trop tard ») : il faudra comprendre pourquoi les politiques publiques et les comportements des acteurs privés ne sont pas à la hauteur des enjeux.

Une histoire heureuse possible pour le 21ème siècle ? Personne ne peut prétendre qu'elle aura lieu, mais si vous ne visualisez pas la possibilité d'un monde futur attractif, vous laissez libre cours aux tendances régressives existantes. Admettre la possibilité du Bien (comme utopie mobilisatrice) ne s'apparente pas à nier l'existence du Mal. Au contraire, il faut « savoir nommer le mal » (Laurence Hansen-Love[2]) et se montrer ferme vis-à-vis de lui. Chacun de nous voit bien que les trajectoires que nous suivons dans tous les domaines depuis quelques années sont hors équilibre et bientôt seront hors contrôle : il en va des changements climatiques (et plus largement de la nature) comme de nos évolutions économiques ou sociétales. Le tout est de bien distinguer ce qui tient des trends ou tendances à très long terme et des vagues cycliques à moyen terme. Dans la période néolibérale qui dure depuis la fin des années 1980, le pouvoir des Etats-nations a été réduit, ce qui a laissé libre-cours aux débordements et favorisé la montée des violences ainsi que l'éclosion de populismes de gauche et de droite. On a parlé de ré-ensauvagement ou de dé-civilisation des sociétés, mais le terme correct est celui de « barbarisation » au sens de Norbert Elias : « une tendance latente à se laisser aller, au relâchement de la conscience morale, à la grossièreté et à la brutalité[3] ». Il n'y pas seulement un accroissement du nombre d'actes violents et barbares en France et dans le monde, mais aussi une augmentation de leur degré de gravité. Sur le plan international, on ne sait plus où donner de la tête : attentats islamistes, villes réduites en cendre en Syrie, enfants affamés du Yémen, migrants honduriens à l'assaut des États-Unis, viols des femmes yézidies, noyades de migrants en Méditerranée, retour des talibans en Afghanistan, coups d'Etat répétés en Afrique, tensions au Kosovo, nucléarisation de la Corée du nord et de l'Iran, échauffourées en mer de Chine, guerre en Ukraine, conflit israélo-palestinien. Au niveau français, on voit aussi se radicaliser les discours et les comportements jusqu'au point même où les militants des camps les plus opposés refusent de « nommer » correctement voire d'évoquer des faits pourtant établis pour rester en conformité avec leur idéologie radicale. Tout se tient : il y a une concordance entre toutes les fractures (géopolitiques, économiques, sociales, identitaires, religieuses...) ainsi que des corrélations entre la glorification de l'esprit de compétition et de l'hubris (démesure, excès, volonté de puissance), la montée des inégalités et des injustices, et l'exacerbation des passions tristes (haine, rancœur, peur, anxiété, méfiance...).

Dans cet ouvrage, nous adoptons le point de vue d'économistes hétérodoxes comme Ha-Joon Chang : les « choses », bonnes ou mauvaises, qui arrivent ne sont pas inéluctables. « Ce sont des décisions humaines, notamment celles des détenteurs de pouvoir, qui font que les choses arrivent comme elles arrivent[4] ». Il peut certes y avoir des événements imprévisibles et des évolutions structurelles, mais il n'y a pas de loi d'airain de type TINA (« There Is No Alternative ») qui explique ou qui justifie que les marchés sont déréglementés, qu'il existe des paradis fiscaux, que l'ascenseur social est en panne dans les pays riches, que les écarts de revenus et de richesses augmentent, que les pays pauvres restent pauvres, que des enfants meurent de faim, que la production et la consommation d'énergies fossiles continuent d'augmenter, que des attentats sont commis, que les peurs et les rancœurs croissent un peu partout.

Soyons clairs : « ce n'est pas la mondialisation qui est mauvaise ou perverse » (Joseph Stiglitz[5]) et « la mondialisation a, depuis des milliers d'années, contribué au progrès général de l'humanité grâce aux voyages, au commerce, aux mouvements migratoires et à la circulation du savoir » (Amartya Sen[6]). Il n'y a pas une mondialisation inéluctable et implacable qui creuse les inégalités et qui fait le lit des violences, mais ce sont des idées, des politiques et des institutions nouvelles promues par des Etats-nations dominants qui ont fait passer les pays du capitalisme social au capitalisme libéral « au profit d'intérêts particuliers ». Il est temps de changer les règles du jeu et de « réenchanter la mondialisation » (Lionel Fontagné[7]).

Ainsi, nous proposerons de fonder le récit collectif des décennies à venir sur le paradigme suivant : *la transition de tous les pays du monde vers des économies stables de bien-être généralisé, adaptées aux limites planétaires et aux connaissances scientifiques du moment.*

Le principe fondamental d'une économie stable de bien-être généralisé est qu'à partir d'un certain niveau de Produit Intérieur Brut (PIB ou Revenu) par tête, il faut cesser de se focaliser sur le PIB : la croissance du PIB n'est plus nécessaire ou suffisante en termes de bien-être et peut même devenir néfaste si elle comporte de plus en plus de composantes sans lien avec le bien-être. *Les deux boussoles de la décision publique deviennent le bien-être (dont celui des plus pauvres) et les soutenabilités (où prime la soutenabilité écologique)* [8]. Il y a des limites au progrès et à la croissance qui tiennent certes à la finitude de la planète et des ressources naturelles, mais aussi à la réussite relative du développement passé : quand les taux de mortalité infantile ont baissé de 300 pour mille naissances à moins de 3 pour mille, les taux d'homicide de 50 à 1 pour 100.000 habitants, presque 100% des ménages satisfont tous leurs besoins de base, ont accès aux services sociaux (éducation, santé, revenu minimum…) et disposent d'une gamme élargie de biens d'équipement, il s'agit alors essentiellement de maintenir (et protéger) les acquis et de se préoccuper plus de répartition et de qualité que de quantité.

Le paradigme d'une période de croissance verte et inclusive qui précède celle d'une économie stable de bien-être généralisé offre l'avantage de supplanter deux mythes tenaces : celui d'une croissance illimitée possible si elle est verte, celui d'une décroissance immédiatement possible quand tant de familles dans le monde ont des difficultés à joindre les deux bouts voire à survivre. Durant cette phase de transition, il s'agit de sortir définitivement (pays riches) et rapidement (pays pauvres) de l'état stationnaire de pauvreté et de la culture de la survie. Dans tous les cas, il faut combiner la transition écologique, la révolution technique et la convergence socioéconomique entre pays dans un nouveau cadre de gouvernance mondiale.

A partir des années 2050, les premiers pays développés qui en auront fini avec le remplacement des produits fossiles par les produits verts et avec les problèmes récurrents de fin de mois d'une partie de leur population pourront s'engager dans un régime économique stable et sobre et démontrer au reste du monde que ce modèle est viable, attractif et reproductible.

Peut-on réellement atteindre un équilibre de bien-être généralisé et d'ODD atteints dans un système de libre-échange intégral et de mondialisation néolibérale ? Assurément pas : notre travail consiste à comprendre comment l'on a pu passer si brutalement d'une phase de capitalisme social à une phase de capitalisme néolibéral à partir des années 1980 pour imaginer la possibilité de réinvention d'un capitalisme social adapté au monde du 21ème siècle. Il est aussi un point majeur dans l'histoire dont tout le monde devrait être conscient : une phase de capitalisme néolibéral qui se prolonge indéfiniment (sous la pression d'élites voulant maintenir leurs privilèges) conduit inévitablement à une exacerbation des passions tristes et à des épisodes négatifs comme ce fût le cas dans la première moitié du 20ème siècle en Europe : crises, violences, populismes, fascismes et guerres.

Dans les pays riches, les Etats, redevenant stratèges et planificateurs, doivent harmoniser les politiques économiques de la transition énergétique et les politiques d'atterrissage (vers un état stable de bien-être). Nous montrerons comment l'on peut passer graduellement des premières aux deuxièmes : d'abord des politiques conventionnelles efficaces et justes qui visent l'empreinte carbone plus que le CO2 et qui favorisent la création d'activités et d'emplois locaux et la redistribution ; puis des politiques non conventionnelles qui parviennent à résoudre, sans croissance économique, trois problèmes majeurs : donner du travail décent à tous, réduire les inégalités, financer les dépenses publiques (dont celles de la protection sociale).

Pour les pays les plus pauvres, il s'agit de remettre en question le consensus de Washington et d'adopter des politiques de sortie accélérée de l'état stationnaire de pauvreté. Un point important dans l'histoire des pays est que rien n'est figé : on peut aussi bien sortir de l'état de pauvreté que de celui d'abondance : nous prendrons les exemples des évolutions contrastées de la France et du Rwanda au début du 21ème siècle qui le démontrent. Un cas intéressant est celui de l'histoire de la Côte d'Ivoire comparée tant à la Corée du sud qu'au Ghana depuis les années 1960. L'histoire des pays pauvres du sud n'est pas possible sans être liée à celle des pays du nord : si l'Occident a beaucoup apporté au reste du monde, il a aussi un double fardeau à assumer, à savoir l'échec relatif des politiques occidentales d'aide aux pays pauvres et l'échec relatif des politiques de transition vers des modes de production et de consommation décarbonés.

Chapitre 1
Le constat : les paradoxes du 21ème siècle et l'absence de récit collectif cohérent, soutenable et désirable

A partir de la fin 2019, France Stratégie met en place un grand processus participatif de réflexion dans le but de « relancer une vieille idée pour un nouveau pacte[9] » : la planification. Après deux années de travaux, l'enseignement principal est le suivant : un plan à moyen terme s'inscrit dans une vision à long terme et nous souffrons cruellement de l'absence d'un récit collectif qui soit capable de rassembler toutes les énergies à l'image de la « planification à la française » des années 1950 et 1960 qui était carrément un projet de société dans la mesure où elle touchait tous les secteurs de la vie commune et où elle était élaborée en concertation avec des parties prenantes qui arrivaient de tous les horizons de la société.

Ne parvenant plus à imaginer collectivement un avenir attrayant pour nos enfants et petits-enfants, nous nous laissons investir par toutes sortes de perspectives catastrophiques, angoissantes ou régressives : selon les auteurs, nous pourrions devenir des victimes d'un effondrement systémique brutal, des sous-hommes à la merci d'une élite de surhommes (les hommes « augmentés »), des garçons de course de robots devenus hyper-intelligents, des êtres soumis à des dictatures populistes, écologistes ou religieuses. A force, nous finissons par devenir fatalistes voire passifs : nous continuons comme avant (selon le célèbre précepte « business as usual ») et nous prévoyons de réagir quand des catastrophes (climatiques, sanitaires, géopolitiques, sociales…) se produiront.

Or, s'il est bien une certitude, c'est justement que l'on ne peut pas continuer comme avant. Pour le dire de façon imagée, le grand espoir du 21ème siècle[10] ne peut pas être celui du 20ème siècle, ce qui nous rend la tâche à la fois plus urgente et plus ardue.

I) Cinq différences entre le 20ème siècle et le 21ème siècle

Quelle que soit l'opinion que l'on puisse avoir sur ses réussites et ses échecs, le grand espoir du 20ème siècle était bâti autour d'une une vision précise, enthousiasmante et consensuelle : premièrement, un mot d'ordre « plus jamais cela » (les guerres mondiales, la crise de 1929, les génocides) ; deuxièmement, une sortie durable de la pauvreté grâce à une croissance maximale du PIB et à une répartition équilibrée de ses fruits dans une optique de concurrence entre deux systèmes (le communisme et le capitalisme social) ; troisièmement, une volonté de rattrapage économique pour les pays en développement devenus indépendants. Les penseurs des pays occidentaux dominants envisageaient un avenir meilleur sur terre sur la base de Lumières universalisées qui étaient supposées promouvoir l'expansion des libertés individuelles et le droit au bonheur, la lutte contre les intolérances, les discriminations ou le fanatisme, l'usage de la raison et de l'esprit critique, la participation de tous aux décisions et actions collectives. Dans les relations qui lient les différents niveaux (les individus, les familles et les communautés locales, les nations, les unions de nations, l'humanité), il s'agissait de trouver une harmonie entre le principe descendant de subsidiarité (laisser faire les niveaux inférieurs et n'intervenir au niveau supérieur qu'en cas de nécessité) et le principe ascendant de sacrifice (accepter de sacrifier un peu de soi au bien commun et pour mieux œuvrer au niveau supérieur)[11].

La situation aujourd'hui diffère complètement du siècle passé : reprenons les points ci-dessus.

Un, *les pires catastrophes n'ont pas encore eu lieu* et il s'agit de les anticiper, ce qui entraîne nombre d'incertitudes et d'effets pervers : au fur et à mesure que le temps passe, les politiques d'atténuation et de prévention devront céder la place à des politiques de plus en plus en plus coûteuses d'adaptation et d'aide aux victimes. Soyons plus directs : une partie des problèmes actuels vient de la difficulté à passer d'un slogan mobilisateur « plus jamais cela ! » à un slogan évasif « dire non à ce qui doit arriver ! ». Toutes les postures conduisent au pire : le relativisme, le déni, l'écart entre la pensée et l'action, la lâcheté ou l'opportunisme des politiques. Le pire serait l'atteinte d'un point de non-retour : celui où notre monde deviendrait moins habitable, soit parce que des individus laissés pour compte, influencés par des Autorités mauvaises et sous la pression de leurs pairs, en viendraient à égorger ou à brûler avec joie d'autres êtres humains (à l'image des jeunes allemands de la période nazie), soit parce que les catastrophes naturelles seraient telles que beaucoup de pays pauvres, déjà affaiblis et appauvris par les politiques libérales, ne seraient même plus vivables, soit parce que le « malaise » (Sigmund Freud[12]) deviendrait si grand au plan mondial que de plus en plus d'individus et de groupes violents seraient tentés d'utiliser des techniques toujours améliorées pour produire de plus en plus de destructions et pour s'entretuer jusqu'au dernier.

Deux, dans les années 1980, *le système communiste s'est effondré, tandis que le capitalisme social a laissé progressivement la place à un capitalisme ultra-libéral* : le renversement du cycle capitaliste à long terme défavorise les pays les plus pauvres de la planète et les classes moyennes des pays riches au profit d'élites mondiales qui profitent du système sans se préoccuper des classes pauvres ou précaires, ni du futur (à revers du fameux slogan « fin du mois, fin du monde, même combat »[13]). Le passage au capitalisme libéral accroît les inégalités et conduit à éroder le sentiment d'appartenance à une communauté citoyenne et à faire échouer les expériences de démocratie progressiste dans le monde (au profit de populismes devenus des recours).

Trois, *à partir du moment où le fordisme et le social-libéralisme ont permis à la majorité des êtres humains d'un pays d'améliorer les conditions réelles de leurs vies, on arrive presque au bout du processus de croissance économique et de progrès humain.* La sphère matérielle qui vise à satisfaire les besoins des individus est élargie à son maximum. La sphère morale qui vise à éliminer les injustices évitables, les discriminations, les agressions dans tous les domaines (sphère publique, travail, domicile) et concernant toutes les personnes et toutes les communautés (races, femmes, homosexuels...) se retrouve elle aussi élargie à son maximum. Dès lors, on ne va pas recommencer un cycle fordiste et social à l'identique et la marge de progrès (et de croissance économique) devient minime (et, dans certains cas, uniquement dépendante d'innovations technologiques véritables). Il reste à finir le travail : atteindre les derniers ménages absents des dispositifs, s'attaquer aux micro-injustices et micro-agressions, cibler les minorités des minorités, viser les espèces non humaines... Nous le disions dans l'avant-propos : nous devons avoir pour objectifs de protéger les acquis et de nous préoccuper plus de bien-être que de croissance, plus de répartition et de qualité que de quantité[14].

Quatrième point : *il faut bien se résoudre à admettre qu'une croissance infinie du PIB mondial bute sur des limites liées à la finitude de la planète.* Certes, le couple marché-technologie[15] offre des marges de manœuvres énormes et d'une certaine façon, on a besoin de croissance pour financer les dépenses anti-catastrophes, pour aider les pays pauvres, pour investir dans des technologies innovantes qui permettent de résoudre partiellement le problème des limites de la croissance, mais comment se projeter dans le futur sans prendre en considération le problème de l'accélération de la croissance de la population humaine et de ses activités depuis que le monde est connu (disons l'année 1492 : découverte de l'Amérique par Christophe Colomb) ? En 1500, le monde est encore vide (en termes d'êtres humains et d'activités humaines) : une population estimée à 460 millions de personnes et un PIB mondial à 240 milliards de dollars[16]. En 2022, le monde est plein et saturé : une population de 8 milliards d'individus et un PIB mondial de 100.000 milliards de dollars[17]. Si la population croît toujours au 21ème siècle mais moins vite (1,1% par an aujourd'hui contre 2,1% dans les années 1960, années du pic de croissance), le PIB mondial double désormais en 12 ans (1998-2010) au lieu de 200 ans autrefois (1500-1700). Pire : Will Steffen, Paul Cruzen et John McNeill[18], qui parlent de « grande accélération », montrent que la plupart des courbes figurant les tendances historiques des indicateurs socioéconomiques et des changements physiques qui affectent le système terrestre présentent une croissance exponentielle depuis les années 1950. Peut-on vraiment continuer comme cela[19] ? Dans leur rapport commun de 2021, les experts internationaux du climat (GIEC) et de la biodiversité (IPBES) répondent « non » et recommandent de « s'éloigner d'une conception du progrès économique où seule prévaut la croissance du produit intérieur brut »[20]. Certes, la raréfaction de nombre d'espèces et de ressources naturelles non renouvelables est ou sera résoluble en partie par le marché et par la technique, mais tous les effets externes ou indirects, non pris en compte par les marchés (l'espace terrestre laissé aux autres êtres vivants et à la biodiversité, les pollutions et déchets, les changements climatiques...) impose(ro)nt des interventions publiques drastiques dont les leaders mondiaux peinent à prendre la mesure ou qu'ils hésitent à adopter pour des raisons stratégiques ou électorales. On a bien ici un ensemble de facteurs qui obscurcissent la perception que l'on peut avoir de l'avenir sur terre : des catastrophes probables, des technologies potentiellement dangereuses, des violences et des conflits résurgents (entre pays et à l'intérieur des pays), des élites défendant leurs privilèges, une montée des peurs et des antagonismes accentuée par les médias et par les réseaux sociaux. Ajoutons la prise de conscience de notre fragilité qui est aussi bien celle de notre système devenu complexe (les blocages, les accidents, les pénuries, les ruptures de stocks...) que celle plus large de notre civilisation (avec son patrimoine, ses valeurs et ses institutions).

Enfin, cinquième point, *alors que le 20ème siècle fait partie du monde d'avant, nous tardons à comprendre que le 21ème siècle appartient peu ou prou au monde d'après.* Qu'est-ce que le monde d'après dans lequel, au-delà des facteurs négatifs évoqués plus haut, nos enfants et petits-enfants pourront aussi avoir plaisir à cultiver leurs talents, jouer, discuter, aimer, admirer, s'épanouir, vivre ? « Une forme de nouvelle « Renaissance », pleine de doutes, mais riche de créations et de nouvelles libertés » (Jean-Louis Servan Schreiber[21]). Il s'agit d'un monde totalement nouveau par rapport à celui des siècles précédents : un monde qui nous fait sortir de l'âge du carbone (et de l'extraction) et entrer dans l'âge du numérique (et de la création), un monde décarboné et respectant les limites planétaires, un monde où la quasi-totalité des habitants de la planète sont connectés les uns aux autres grâce à un réseau digital commun, un monde parsemé d'applications utiles de l'intelligence artificielle, un monde qui allie efficacement technologie et écologie, un monde multiculturel et davantage tolérant envers les différences, un monde multipolaire sorti de la seule domination occidentale, un monde où tous les pays atteignent durablement des niveaux de bien-être satisfaisant et où tous les individus peuvent devenir, s'ils le veulent, des « créatifs culturels »[22] et acquièrent les compétences essentielles pour réussir dans le nouvel environnement (par exemple, se servir de drones et de robots, maîtriser les flux incessants d'informations et de connaissances, exiger un travail motivant empreint de valeurs nouvelles qui ne s'apparentent pas à la carotte et au bâton[23]). Nous pouvons alors rêver que, dans un tel univers, nos petits-enfants parviendront à surmonter les dangers, les risques et les injustices hérités du monde d'avant et à générer progressivement *un nouvel ordre imaginaire* qui caractérisera une époque nouvelle de l'histoire de l'humanité. Ni fuite en avant, ni retour en arrière, l'ordre nouveau sera basé sur deux paradigmes mobilisateurs et complémentaires : d'une part, celui d'*abondance avec modération* qui définira l'équilibre de bien-être soutenable à atteindre et qui prendra le pas sur d'autres fictions parfois jugées attrayantes (celle de la pauvreté joyeuse et de l'autonomie par subsistance[24], celle des technologies sans limites et de l'usage immodéré des sciences et des techniques) ; d'autre part, celui de *conscience planétaire* qui inclura évidemment une conscience écologique et une conscience sociale, mais qui impliquera surtout de construire une intelligence collective à l'échelle planétaire[25].

Il n'est pas de monde passionnant sans esprit d'aventure et de découverte : les nouvelles technologies sont en passe de transformer l'avenir de l'humanité. *Le 21ème siècle sera le siècle des plus grands progrès techniques de toute l'histoire du monde.* Leurs bienfaits seront innombrables, mais les technologies peuvent aussi devenir inhumaines, au sens où elles pourront dépasser les capacités des êtres humains et se révéler dangereuses voire monstrueuses. Les progrès du 21ème siècle ne seront bénéfiques que si les êtres humains « apprennent à éviter les risques » (Stephen Hawkins[26]). Exemples de risques : ajouter aux armes nucléaires des drones autonomes et armés qui peuvent décider de tuer d'eux-mêmes ; accepter de reconfigurer nos corps et nos cerveaux grâce au génie génétique, aux interactions homme-machine et à l'impression 3D ; observer sans réagir la prise de pouvoir de l'Intelligence artificielle devenue capable de résoudre toujours plus de problèmes y compris d'analyser les sentiments humains (mais qui reste -pour le moment- une somme d'outils et pas de créatures vivantes). Il faudra donc que les êtres humains, seuls dotés d'une conscience et d'un esprit, sachent développer leurs capacités et qualités propres (la créativité, l'esprit critique, l'empathie...), empêcher l'usage des nouvelles technologies par des dictateurs ou des groupes d'individus malintentionnés, avoir davantage de préoccupations éthiques et juridiques que par le passé.

Le récit porteur du 21ème siècle ne serait pas complet si l'on n'ajoutait pas un élément capital : *le monde d'après ne peut pas et ne doit pas être un monde entièrement soumis aux forces du marché et dominé par l'idéologie néolibérale (Friedman, Hayek...) de la fin du 20ème siècle.* Pour le moment, nous sommes dans une phase de transition entre deux révolutions techniques et entre deux moments majeurs du capitalisme mondialisé. « Lorsque l'ancien se meurt et que le nouveau ne parvient pas à voir le jour, alors surgissent les monstres » (Gramsci). Dans l'histoire du capitalisme, les monstres (famines, crises, chômage de masse, violences, fascismes, guerres, génocides....) surviennent souvent au cours des phases longues de stagnation économique (ou de croissance non inclusive, c'est-à-dire de croissance faible et ne profitant pas équitablement à toute la population), marquées par une période de reconstitution d'un stock de grandes innovations majeures, par une reconfiguration des systèmes productifs et de la division internationale du travail, par des recompositions géopolitiques, par des politiques libérales impuissantes ou complices. Dans ces moments incertains, « nous prenons peur au moindre craquement du bois, et quand l'un de nous a peur, l'autre prend peur aussitôt, sans même savoir exactement pourquoi » (Kafka). Quand nous focalisons sur nos peurs, nous devenons incapables d'esprit critique : la raison est vaincue par les émotions, le jugement est dominé par les apparences et l'avenir s'assombrit.

II) La mondialisation néolibérale : modes de sortie

Nous l'avons déjà souligné avec force : une phase de capitalisme néolibéral qui perdure finit par générer tant d'injustices et de passions tristes (envies, haines, peurs…) que nombre d'épisodes négatifs se multiplient comme ce fût le cas au 20ème siècle. Les passions tristes conduisent à des choix politiques extrêmes. Pour le dire autrement, le néolibéralisme finit par générer du populisme qui « révolutionne la politique au 21ème siècle » (Pierre Rosanvallon[27]). Certes, le populisme est de droite ou de gauche et réunit des personnes aussi diverses que Trump, Poutine, Chavez, Orban, Erdogan, Bolsonaro, Iglesias, Correa, Kaczyński, Dutertre, Modi... Cependant, pour faire le lien avec l'histoire ancienne et sans que celle-ci se répète à l'identique, nous sommes arrivés à un point où des droites radicales (tantôt laïques, tantôt religieuses) montent en puissance un peu partout dans le monde d'autant plus qu'elles sont les seules pour le moment à s'appuyer sur un récit collectif cohérent face au récit néolibéral. Le réflexe populiste intervient dans un contexte où le monde politique est confronté à trois faits incontestables : premièrement, les élus politiques ne peuvent plus garantir à la grande classe des électeurs moyens une augmentation de leur niveau de vie à cause d'une croissance globale plus faible et d'une répartition favorable aux plus riches ; deuxièmement, les nouveaux réseaux sociaux portent des discours radicaux voire complotistes ou menaçants qui rendent inaudibles ou difficiles les argumentations rationnelles dans les débats politiques ; troisièmement, la situation est aggravée par l'arrivée de migrants qui posent aux autochtones des questions de partage et de modes de vie.

Le projet national-conservateur offre aux électeurs de tous les pays une porte de sortie crédible vis-à-vis du récit mondialiste néolibéral en proposant de revenir à des valeurs patriotiques et à un souverainisme économique et de lutter contre la volonté d'effacement identitaire du peuple historique. Prétendant représenter le peuple (*la Majorité*) et utilisant souvent une rhétorique populiste, les responsables cultivent un rejet des élites modernes (politiques, financières, économiques, médiatiques…). En Europe, pour les nationaux conservateurs, le retour des frontières nationales va de pair avec l'euroscepticisme et avec la limitation de l'immigration. Se penchant sur le passé lointain, les conservateurs européens se retrouvent sur trois points : le refus de prendre en compte la responsabilité historique de l'Occident (pays colonisés, énergies fossiles), la glorification des périodes et des pensées anti-Lumières, la défense des valeurs traditionnelles (d'où un rejet du « Mariage pour tous ») et des racines chrétiennes (d'où un rejet de l'islam). En polissant leurs discours et en se tenant (ou feignant de se tenir) à distance des groupes fascistes (qui utilisent la violence comme moyen d'action et outil politique et qui envisagent de constituer des milices armées), des groupes radicaux (focalisés sur des boucs émissaires comme le musulman ou l'immigré et sur des solutions radicales telle la remigration) et des groupes déviants (adeptes des théories du complot, climatosceptiques, « antivax », rejet de vérités scientifiques...)[28], ils parviennent à récupérer des électeurs et des valeurs abandonnés par la droite (ordre, sécurité, identité nationale...) et par la gauche (classe ouvrière, laïcité, lutte contre l'antisémitisme...). Un élément phare du projet devient « la sécurité des gens ordinaires » (Slavoj Zizek[29]).

Le récit national-conservateur (nationalisme économique et conservatisme culturel) a le mérite de la clarté puisqu'il se présente comme le versant opposé du récit libéral devenu dominant qui combine, sans les mettre en relation, le libéralisme économique de la droite et le libéralisme culturel de la gauche, récit doublement libéral qui revient à traiter le problème des discriminations sur les seuls plans identitaire, culturel et sociétal sans remettre en question le système économique du capitalisme libéral (Jean-Claude Michea[30]). C'est ce que Nancy Fraser appelle très justement le « néolibéralisme progressiste »[31] qui allie défense *économique* du CAC 40 (ou de Wall Street) et des 1% et promotion des droits *culturels* (LGBT, féminisme, multiculturalisme, antiracisme...).

Rosanvallon décrit les cinq caractéristiques d'un projet populiste national-conservateur. Un, alors que la gauche classique délaisse progressivement la défense de la classe ouvrière, le projet populiste s'en préoccupe et l'inclut dans un ensemble plus vaste : celui du peuple qui devient la figure centrale de la démocratie. Deux : il s'agit de créer alors le mythe d'un homme providentiel qui incarne le peuple au contraire des élites et de l'oligarchie. Trois, il est important de favoriser des relations directes entre l'homme providentiel et son peuple notamment en supprimant les corps intermédiaires et en privilégiant des procédures comme le référendum. Quatre, l'Etat doit mettre en place toutes les actions qui protègent et valorisent le peuple dans les ordres économique (protectionnisme et nationalisme) et culturel (contrôle de l'immigration et politiques d'assimilation). Cinq, les responsables créent et cultivent un régime de passions et d'émotions autour d'un récit simplificateur voire d'essence complotiste sous forme binaire (les bons et les méchants). Le récit simplificateur porte souvent sur les faiblesses présumées des Etats démocratiques et sur les prétendues performances des régimes autoritaires et illibéraux qui ignorent l'Etat de droit[32].

On perçoit bien la différence entre le populisme multiculturaliste de l'extrême gauche et le populisme anti-diversitaire de l'extrême droite. Certes, le concept de populisme est un peu fourre-tout, mais il est compréhensible pour tous : il symbolise une mobilisation espérée du « peuple » contre les « élites ». En France, si les deux populismes préconisent des politiques économiques non libérales et une attention particulière à ceux qui en ont le plus besoin au sein du peuple, pour l'un, ce sont les immigrés parmi toutes les minorités supposées discriminées et pour l'autre les travailleurs précaires du peuple majoritaire. Pour l'un, les élites honnies ont une dimension prioritairement occidentale et économique (l'oligarchie des plus riches qui contrôlent les médias et qui financent les politiques), tandis que pour l'autre, elles sont plus culturelles et il s'agit davantage d'une vision du monde (contre les élites cosmopolites et l'intelligentsia de gauche) que d'un programme socioéconomique. Les uns ont la phobie d'une certaine extrême droite supposée raciste et les autres de ce qu'ils appellent un « marxisme culturel » de l'extrême gauche. L'absence d'alternative crédible au récit néolibéral fait que les deux populismes se nourrissent l'un de l'autre. En France, chacun d'entre nous peut observer que les candidats à la dernière élection présidentielle, membres de ce l'on peut appeler « l'élite de l'anti-élitisme »[33] totalisent 61,1 % des voix en 2022 (contre 49,8% en 2017 et 33% en 2012) : Le Pen, Mélenchon, Zemmour, Lassalle, Dupont-Aignan, Poutou, Artaud. En fait, pour les électeurs, hormis des références à des idéologies du 20ème siècle qui ne font plus recettes et en l'absence d'une montée en puissance de l'écologie politique, les choix à effectuer sont des choix tronqués : entre les populismes (communautariste ou national-conservateur) et le néolibéralisme progressiste.

Si nous nous sommes attardés sur les populismes tels qu'on les voit dans des pays comme la France, nous devons bien reconnaître la multiplication des types de populismes (en tant que rejet des élites) qui ont éclos un peu partout dans le monde. Certains populistes se sont concentrés sur des causes uniques sans forcément rechercher le pouvoir : l'anglais Nigel Farage s'est consacré à la critique des élites européennes et à l'adoption du Brexit ; l'italien Beppe Grillo a orienté ses efforts à condamner la corruption de ce qu'il appelle la caste politique. A l'inverse, l'argentin Javier Milei, qui dépasse en violences verbales Trump lui-même, vise le pouvoir pour faire une table rase du passé et appliquer un logiciel radical (qu'il appelle lui-même « plan tronçonneuse ») qui s'apparente à l'anarcho-capitalisme : baisse des dépenses publiques de 30 à 15% du PIB, élimination des aides sociales, fin de l'école gratuite, suppression de la Banque centrale, libéralisation du port d'armes et des marchés de la drogue, déni du réchauffement climatique, culte du machisme. Par ailleurs, si les populistes français hésitent à jouer frontalement la carte religieuse (s'appuyer sur les musulmans pour les uns, sur les chrétiens pour les autres) en raison de la non-croyance majoritaire en France (80% de la population[34]), plusieurs leaders populistes (Erdogan ou Modi) font de la religion principale de leur pays une référence pour constituer une « majorité morale » et brimer (parfois violemment) les droits et préférences des minorités.

La montée en puissance des droites radicales et de l'extrême droite dans le monde est rendue possible par trois facteurs qui additionnent leurs effets de façon différente selon les pays.

-l'incapacité (ou le manque de volonté) des élites libérales à s'attaquer aux problèmes qui génèrent la montée des votes populistes : déclin des classes moyennes, précarisation du travail, délocalisations, montée de l'immigration, baisse de l'Etat-providence et de la qualité des services publics, inégalités et injustices croissantes, insécurité, mépris des élites envers « ceux qui ne sont rien » et comportements décomplexés des plus riches, impositions de changements de modes de vie, non-respect éventuel des résultats des élections… Prétendant être seuls à détenir *la Technicité*, leurs leaders s'affirment comme « premiers de cordée » légitimes et font partie des « anywhere », nomades riches et ouverts sur le monde à venir et pour qui bouger représente une opportunité et qui s'opposent aux « somewhere », ceux qui sont plus enracinés, plus sédentaires (souvent par nécessité) et pour qui bouger et changer, c'est risquer de perdre tout[35]. On observe que les élites qualifient souvent leurs adversaires politiques de populistes pour se prémunir contre les critiques faites par ceux qui sont tentés de voter contre elles : les gens simples et souvent « invisibles » (Christophe Guilluy[36]) qui veulent défendre les vertus populaires autant que leur pouvoir d'achat et exister sur la scène politique et économique (Christopher Lasch[37]).

-l'incapacité (ou le manque de volonté) des élites antilibérales à convaincre le peuple et à attirer les électeurs sur un projet attractif : prétendant représenter *le Bien* (face au Mal) et se focalisant sur une opposition systématique aux droites radicales, elles en viennent à ne plus défendre que les minorités (face à la Majorité) et à minimiser la place de la classe dans l'intersectionnalité, d'où un abandon de la classe ouvrière et une dévalorisation de valeurs essentielles comme la laïcité (devenue adjectivée) ou le féminisme (différentialisé). Leur inaptitude supposée à gouverner est aggravée par nombre de facteurs : difficultés à concilier les idéologies des différentes minorités, fréquentation de groupes indéfendables (frères musulmans, black blocs…), recours ponctuel à la culture de l'annulation (« cancel culture ») et à la violence physique, pratique de rhétorique populiste, focalisation sur des boucs émissaires ou à l'inverse sur des groupes fétichisés.

-la perte généralisée de confiance d'une majorité de la population envers tous les leaders politiques et la plupart des pouvoirs institués (les médias, la justice…) : l'effet principal est que les gens, de plus en plus désenchantés et inquiets, ne votent plus aux élections ou bien votent contre ceux qui leur paraissent présenter le plus de dangers à terme : paradoxalement, le risque de passage du national-conservatisme à une dictature plus ou moins fasciste est de plus en plus sous-estimé dans la mesure où il est mis en balance avec le risque que des élites libérales fassent passer insensiblement les pays de l'hyper-libéralisme à une dictature d'élites s'appuyant sur les nouvelles technologies et devenant « post-humaines » ou encore avec le risque que des élites anti-libérales transforment des programmes prétendument bienveillants et inclusifs en une dictature des minorités (ou de l'une d'entre elles).

On a bien ici le risque majeur de la démocratie qu'il ne faudrait pas sous-estimer : comment savoir si un leader populiste qui se présente comme démocrate ne va pas utiliser le système démocratique pour emmener son pays vers une démocratie tronquée, une démocrature ou un totalitarisme ? Selon Karl Popper, défendre la démocratie, c'est d'abord mettre tout en œuvre pour « éviter le péril de la tyrannie… et empêcher la dictature »[38]. Le but de tout idéologue populiste (politique ou religieux) n'est pas seulement de gagner les élections (sauf à titre personnel), mais aussi de faire entrer le pays dans une nouvelle ère politique et sociétale. Dans certains cas, s'il ne croit pas à ses chances de victoire par les urnes, il peut avoir une stratégie de conflictualisation et de création d'une situation « prérévolutionnaire » pour prendre le pouvoir par la rue ou par un coup d'Etat. Pour certains leaders, les militants doivent préparer une « révolution citoyenne » qui sera forcément urbaine car « la condition humaine urbaine est au cœur du processus révolutionnaire de notre époque » (Jean-Luc Mélenchon[39]). Il s'agit alors de prendre le pouvoir et de le garder par tous les moyens possibles : on entre ainsi dans un nouvel ordre (non négociable) qui fait penser au TINA des libéraux (There Is No Alternative). Pour la plupart des populistes, il ne doit pas y avoir d'alternance possible entre le peuple (incarné par son leader providentiel) et ses ennemis. L'irréversibilité passe à la fois par la liquidation des contre-pouvoirs, par la mobilisation bruyante des partisans, par les menaces sur les médias hostiles, par des changements de règles constitutionnelles permettant la possibilité de réélection illimitée et par l'usage de moyens de moins en moins démocratiques et de plus en plus répressifs.

Ece Temelkuran[40] ajoute que nous devrions être capables de déchiffrer les signaux d'alerte qui nous informent sur les étapes par lesquelles un leader populiste (souvent de droite, parfois de gauche) passe du statut de personnage insignifiant ou ridicule à celui d'autocrate terrifiant.

Selon Temelkuran, les étapes sont les suivantes :

-créer un mouvement qui est supposé différent des partis traditionnels et représenter le vrai peuple et pas les élites cosmopolites des grandes villes ni la presse élitiste (Orban : « respect pour les hongrois » ; Erdogan : « respect pour mon peuple et ses choix »).

-détraquer la raison et affoler le langage : inventer des histoires imaginaires, réfuter un argument en attaquant la personne plutôt que le contenu de l'argument, utiliser un langage infantile ou vulgaire, harceler en lignes et commencer la chasse aux sorcières.

-dissiper la honte : présenter des croyances fausses comme des faits scientifiques ou comme des récits parmi d'autres, déconnecter ses adeptes de toute empathie (on passe doucement de « comment peuvent-ils dire cela ? » à « comment peuvent-ils être si cruels ? »).

-démanteler les dispositifs judiciaires et politiques du pays (« L'heure est venue : ils feront désormais des choses que vous pensiez qu'ils ne pourraient pas faire ») : secouer l'establishment, attaquer des membres qui se croyaient intouchables, adopter des motions contraires aux traités internationaux, menacer voire liquider les opposants, se livrer à des purges au sein de son propre mouvement, assurer qu'il n'y pas d'autre alternative que le leader populiste (« tant que Poutine est là, la Russie existe » ; « si Erdogan part, la Turquie s'écroulera »).

-façonner ses propres citoyens : créer la citoyenneté idéale pour le maintien de la dictature (avec souvent un soubassement religieux oh combien utile pour réduire l'esprit critique). Les masses finissent par supplier de devenir les sujets obéissants d'un homme fort, d'un parrain, exprimant leurs « tristes passions et leur lutte pour la servitude comme s'il s'agissait de leur salut » (Spinoza).

Aujourd'hui, aucune vision attractive et crédible d'un avenir meilleur pour tous nos enfants et petits-enfants ne se dégage clairement.
La problématique est claire : nous devons sortir du capitalisme néolibéral sans passer par la case populiste national-conservatrice (ni, bien sûr, par aucune solution populiste ou extrémiste) et sans risque de guerre civile.

Le mode de sortie que nous préconisons est celui du retour à un capitalisme social adapté au 21ème siècle.

L'idée fait son chemin : la crise financière de 2008, la Covid de 2019-2021 et les premiers changements climatiques y sont pour quelque chose. Le libre-échange généralisé et l'absence de régulation publique s'avèrent aberrants si les marchés sont non seulement peu concurrentiels mais aussi dominés par des conglomérats financiers qui pèsent plus que tous les Etats réunis et qui ne visent que la rentabilité financière à court terme. Au cours de la crise financière et de la Covid, les interventions publiques sont devenues déterminantes au point d'afficher le slogan « quoi qu'il en coûte ». Après la Covid (puis la guerre en Ukraine), de plus en plus d'acteurs ont pris conscience qu'il fallait sécuriser les chaînes d'approvisionnement en biens et services essentiels[41] et réindustrialiser les pays ayant perdu leur base productive et la décision récente de la Chine de ne plus délivrer à tous les pays les métaux rares de son sous-sol confirme la nécessité de réagir urgemment. De plus, la transition économique exige de promouvoir des productions nouvelles qu'il faut traiter comme on le faisait autrefois pour les industries que l'on appelait « naissantes » : avec des subventions, des protections et des aides indirectes. Enfin, si le climat est, comme la Covid et la crise financière, un problème mondial, d'une part, il implique des actions publiques fortes, d'autre part, il aura des conséquences tellement différentes selon les pays que les politiques devront forcément être nationales.

Mieux : les prémisses d'une sortie du capitalisme néolibéral sans passer par la case populiste semblent se dessiner dans les deux pays dominants du 21ème siècle. *Il est possible que la période à venir reproduise une forme de guerre froide et de concurrence entre deux systèmes : un capitalisme d'Etat et un capitalisme redevenu social.* Avec quatre marqueurs majeurs qui seront combinés : l'accélération de la recherche-développement, la décarbonation des économies, la préférence nationale et les politiques sociales. Dans le cas du capitalisme d'Etat chinois, la liberté d'entreprendre peut conduire jusqu'à créer des grands oligopoles privés et à devenir milliardaires, mais à la condition qu'ils soient davantage au service de la politique (économique, sociale et environnementale) du gouvernement chinois que de grandir dans leur intérêt propre. Concernant les Etats-Unis d'Obama et de Biden, on note une triple évolution de l'économie américaine vers un marché décarboné, une préférence donnée au made in America et des mesures de protection sociale[42]. Le risque populiste (avec Trump) reste pourtant vivace dans la mesure où aucun démocrate ne semble capable de s'adresser, comme le fit Roosevelt (en préparant le New deal)[43], aux pauvres, aux travailleurs, aux minorités ethniques, aux citadins des banlieues et aux Blancs du Sud (que Hillary Clinton traitait, rappelons-nous, de « déplorables » tandis que Donald Trump affirmait : « j'adore les gens peu éduqués »[44]).

Dans le même esprit que celui des guerres froides, B. Tertrais diagnostique quant à lui un retour de rapports de force dans « une guerre tiède entre pays démocratiques et grandes puissances autoritaires… guerre tiède émaillée d'affrontements régionaux… qui se jouera de l'Ukraine à Taiwan, des fonds marins à l'espace extra-atmosphérique, dans les mines de lithium et dans le cyberespace… »[45]. Dans tous les cas, il y a le mot « guerre » dans la bouche des experts en géopolitique : une guerre totale semble évitable grâce à l'équilibre des forces (militaires et surtout nucléaires) en présence, mais la question qui taraude les esprits est de savoir si et comment les pays démocratiques peuvent résister aux tentatives de déstabilisation (sous des formes multiples) menées par leurs adversaires (Russie, Chine, Iran…). Alors que quelques observateurs prédisent « la défaite de l'Occident » (Emmanuel Todd[46]), beaucoup pensent avec Nicolas Tenzer (« Notre guerre »[47]) que les pays démocratiques peuvent l'emporter s'ils ne perdent pas la bataille de l'Ukraine et s'ils parviennent à élaborer « un plan d'action pour une nouvelle diplomatie de guerre ».

Dans la « feuille de route géopolitique des années à venir », se pose la question de l'avenir de l'Europe, sachant que le pays (les Etats-Unis) sur lequel repose sa sécurité peut être dirigé un jour ou l'autre par des populistes dans la lignée de Trump (avenir de l'OTAN ?). Demandons-nous avec nos lecteurs : quelle Europe voulons-nous ? De quelle Europe avons-nous besoin ? Une Europe capable de promouvoir des financements et des investissements massifs en faveur de la recherche-développement, de la réindustrialisation économique, de la transition écologique et des politiques sociales avec un protectionnisme assumé aux frontières ? Une Europe suffisamment puissante politiquement et militairement pour dessiner une architecture crédible d'ordre et de paix et pour faire contrepoids si besoin est à des puissances hostiles ? Une Europe combattant fermement les risques d'insécurité d'approvisionnement en minerais, métaux et autres produits stratégiques, quitte à les faire produire dans l'un de ses pays (problème de l'acceptation sociale de nouveaux projets miniers sur un territoire européen) ?

L'anticapitalisme, une autre utopie pour le moins risquée

Le capitalisme est un système qui repose d'une part sur la liberté d'entreprise et sur la propriété privée des moyens de production[48], d'autre part sur l'utilisation des marchés comme moyen d'allocation des ressources et de rencontre entre l'offre et la demande. Dans une démarche binaire de tout ou rien, le contraire du capitalisme implique donc la collectivisation des moyens de production et le remplacement des marchés monétaires par une planification centralisée physique.

Les écosocialistes qui défendent ce renversement radical partent de deux a priori : 1) le capitalisme n'est pas réformable et sans le renverser, le pouvoir décisionnaire ne peut pas être arraché des mains des élites financières et économiques ; 2) le socialisme peut engendrer une forme de planification démocratique qui gommera les défauts constatés dans les anciens pays socialistes de l'Est. La première hypothèse est fausse puisque le capitalisme social d'après-guerre démontre la possibilité d'une réforme du capitalisme libéral. Nous plaidons d'autant plus pour cette option de capitalisme réformé que la deuxième hypothèse d'une planification à la fois impérative et démocratique n'a jamais existé.

L'évolution naturelle du capitalisme libéral, telle que décrite par Karl Marx, vers l'exploitation et la précarisation des travailleurs, la concentration des entreprises et leur puissance devenue excessive (taille, pouvoir d'influence, monopoles ou ententes) peut être contrecarrée par les interventions d'Etat forts et volontaires sans aller jusqu'à la propriété publique généralisée des moyens de production, qui, par contre-coup, élimine la liberté d'entreprendre et les incitations propres à la propriété privée, ainsi que toute absence de contre-pouvoir possible. Des Etats forts et volontaires peuvent imposer des changements dans les modes de production ainsi que des programmes plus sociaux et plus soucieux d'environnement.

De plus, ne jetons pas le bébé (l'économie de marché) avec l'eau (capitalisme libéral) du bain. Pour produire des biens et services et les distribuer entre les individus, sans le marché (qui n'exclut pas le troc ni l'autoconsommation ni surtout l'existence de nombreux secteurs de l'existence n'obéissant pas à la rationalité économique), il n'y a que deux possibilités : la tradition ou la dictature. Nos ancêtres ont connu la tradition et la dictature : certains de nos concitoyens y trouvent des avantages et rêvent parfois de communautés traditionnelles satisfaisant collectivement leurs besoins matériels supposés limités et ayant des liens sociaux forts ou bien de dictateurs bienveillants (ou hommes forts) sachant guider leur peuple vers le bien-être. Dans l'histoire humaine, on trouve plus souvent des chefs communautaires ou religieux réactionnaires instrumentalisant la tradition à leur profit et des dictateurs pour le moins peu bienveillants.

Démondialisation économique, dé-libéralisation et transition écologique sont ainsi de plus en plus associées. Que chaque pays (ou groupe de pays) puisse choisir sa propre voie transitoire par une combinaison originale de souverainisme économique, de justice sociale et d'actions environnementales est une chose : l'autre est celle de savoir à quoi doit aboutir la transition (aux différents plans nationaux, régionaux et mondial). Comme nous le verrons dans les chapitres ultérieurs, un horizon prometteur ne peut être que celui où le capitalisme libéral cède à nouveau la place au capitalisme social, où chaque pays sort durablement de l'état de pauvreté et où les politiques de croissance économique illimitée sont remplacées à terme par des politiques de bien-être et de soutenabilités.

Le néolibéralisme : quelques précisions

Ce n'est pas parce qu'il peut avoir plusieurs significations ou plusieurs domaines d'utilisation que le néolibéralisme est un concept flou ou polémique. Le néolibéralisme exprime fondamentalement le fait de *réduire le rôle des Etats dans la vie des sociétés*. Même si aucun pays n'a atteint le niveau maximal de désengagement de l'Etat, il est important de savoir s'il suit ou non un agenda néolibéral. Par exemple, personne ne dit que la France se situe à un stade avancé de pays néolibéral, mais chacun d'entre nous peut observer si un gouvernement français choisit ou non un programme néolibéral.

Le néolibéralisme économique, qui fait l'objet de débats internes au sein même du FMI[49], implique de mener des politiques anti-keynésiennes qui consistent d'une part à réduire le rôle et la place de l'Etat (inutilité d'un Etat stratège et planificateur, privatisation de la plupart des secteurs et des fonctions de l'Etat, abandon de la protection sociale publique, réduction conjointe des impôts et des déficits publics) et d'autre part à accroître la concurrence sur les marchés (déréglementations de tous les marchés, libre expansion de la marchandisation de tous les secteurs de vie en société).

Le néolibéralisme moral (ou libertarisme radical) implique une sorte de vénération de la valeur « liberté » aux dépens d'autres valeurs (égalité, justice, vertus) : chacun est supposé libre de choisir la vie bonne ou mauvaise qui lui convient et toute action qui ne nuit pas directement à autrui ou est faite avec son consentement est permise.

Le néolibéralisme politique (ou communautarisme radical) implique un dépassement de l'approche rawlienne qui prône un système universaliste de libertés et droits égaux pour tous au profit d'une approche qui glorifie le droit de chacun de s'ancrer dans une communauté de son choix et d'en suivre absolument les règles au point qu'une communauté nationale peut finir par devenir une communauté de communautés (conduisant à des demandes d'autonomie, de séparatisme, de cultures et droits distincts).

Le néolibéralisme à l'échelle mondiale vise à déréglementer tous les marchés internationaux (abandon du protectionnisme et des droits de douane) et à libéraliser tous les échanges de biens et services, de capitaux et de personnes entre les pays de telle sorte que le développement mondial résulte d'incitations-prix et de l'accroissement des échanges entre acteurs privés plutôt que d'interventions publiques coordonnées visant à atteindre des objectifs fixés à l'avance.

III) La vision à long terme : stabilité économique et croissance du bien-être de tous dans les limites de la planète

Si nous voulons sortir de la vision libérale sans passer par la case national-conservatrice, nous avons évidemment besoin d'une vision alternative, autrement dit d'un récit collectif à un horizon long (disons 2050 et plus) qui soit, rappelons-nous, à la fois cohérent, soutenable, désirable et opérationnel.

Pour construire ce récit, nous devons commencer par expliciter sur ce que nous écrivions précédemment : il faut certes relancer les systèmes nationaux de prospective et de planification (Johanna Barasz[50]), mais aussi se donner les moyens de décrypter les enjeux du monde d'aujourd'hui et de demain (Julien Devaurex[51]).

Les prospectivistes[52] imaginent des scénarios à l'horizon 2050 en mettant l'accent sur une ou plusieurs tendances lourdes parmi ce que Jacques Lesourne appelait « les mille sentiers de l'avenir »[53].

Aux deux pôles extrêmes de la réflexion, les avis divergent : alors que certains (Aurélien Barrau, Yves Cochet, Tim Jackson, Serge Latouche, Timothée Parrique...[54]) envisagent l'effondrement de la civilisation industrielle (ou, au mieux, la décroissance), d'autres préconisent sa régénération à travers une accélération de la révolution technique et du développement de technologies bénéfiques (Nick Srnicek, Jeremy Rifkin, Gilles Babinet...[55]) au profit, notamment, d'une nouvelle croissance dite « *verte* », voire, à terme, d'un dépassement de l'homo-sapiens (Raymond Kurzweil...[56]).

Entre les deux pôles, se situent nombre d'analyses souvent pointues, mais encore peu opérationnelles ou difficiles à concilier. Petit tour d'horizon : les auteurs répondent partiellement aux grandes questions évoquées par Al Gore[57]. A quelle vitesse les institutions et les organisations doivent-elles s'adapter pour répondre aux grands défis du 21ème siècle ? Les conditions de vie critiques des pays pauvres (notamment africains) vont-elles être enfin correctement traitées ? Quelles conséquences géopolitiques de la montée en puissance de la Chine ? Quels effets du remplacement du travail humain par des machines intelligentes ? Trouverons-nous les incitations propres à décarboner l'économie mondiale et à protéger la biodiversité ?

Nous le disions aussi dans l'avant-propos : tout le monde ne s'entend pas sur la signification et/ou sur la portée de la transition qui doit nous faire passer du monde d'avant au monde d'après. Jeremy Rifkin est plutôt focalisé sur un « New Deal vert mondial » qui ferait disparaître la civilisation fossile « avant 2030 »[58]. Pour Pascal Chabot[59], la transition est triple : énergétique, démocratique et démographique. Jean-Michel Severino et Olivier Ray[60] parlent de « grand basculement » et d'imbrication entre les questions sociales et environnementales qui sont rendues inévitables à cause de l'inversion des raretés (humaine et naturelle). Les auteurs qui évoquent une « grande transition »[61] perçoivent le monde à venir comme une troisième étape majeure de l'histoire de l'humanité. Histoire en trois temps pour nombre d'analystes ! Certains comparent la période actuelle à celle du néolithique (à l'image du chemin qui mène des chasseurs-cueilleurs aux premières sociétés agricoles et urbaines). Jacques Attali[62] perçoit l'histoire du monde comme un passage du pouvoir des mains des représentants des dieux (ordre rituel) à celui des maîtres des armes (ordre impérial) puis à celui des possesseurs de capitaux (ordre marchand) et pense que la période à venir sera celle d'un basculement de pouvoir au sein de l'ordre marchand : un changement de la structure « cœur, milieu et périphérie » qui perdurera si elle parvient à maîtriser ce qu'il considère comme les trois menaces mortelles des décennies à venir (le climat, l'hyperconflit, l'artificialisation du vivant). Robert Salmon[63] évoque une « période charnière dans l'histoire humaine » et met l'accent sur quelques enjeux : basculement du centre du monde de l'Occident vers l'Orient, crises migratoire et climatique, remplacement des hommes par les machines...

Selon Tony Seba et James Arbib[64], l'histoire enseigne que les pays dominants sont ceux qui ont associé des capabilités organisationnelles (croyances, institutions et systèmes d'incitation) meilleures avec des capabilités technologiques croissantes : si nous savons bien nous y prendre, nous pouvons créer, tous ensemble, la plus extraordinaire civilisation de l'histoire humaine. Naturellement, les pays n'atteindront pas tous le même stade : certains seront dominants et d'autres en retard, certains avanceront et d'autres reculeront. Daron Acemoglu et James Robinson[65] pensent qu'au-delà de la géographie, du climat, du potentiel technologique disponible ou des facteurs culturels et religieux, c'est la présence ou l'absence de certaines institutions politiques et économiques « inclusives » qui assure ou empêche le progrès vers la prospérité. Pour beaucoup d'auteurs, les jeux sont en partie faits parce qu'une grande révolution scientifique et technique est en cours et aura des effets sociétaux majeurs inévitables, mais on aurait sans doute tort d'en rester à une sorte de déterminisme technologique. Karl Popper[66] dirait que nous pouvons à la fois tirer des leçons de l'histoire et donner un sens à notre histoire. Les décisions publiques et privées ont un rôle-clé à jouer selon qu'elles contribuent à participer activement ou non au *processus technologique* (financer de la R-D, se situer à la frontière technologique, créer des produits et déposer des brevets), selon qu'elles pèsent ou non sur les *tendances lourdes* des prochaines décennies (changement climatiques, raréfaction des ressources naturelles non renouvelables, démographie, migrations et urbanisation, changements géopolitiques, multiculturalisme…) et enfin selon la façon (atténuation ou adaptation) qu'elles adoptent pour prendre en compte les *risques majeurs* (catastrophes climatiques ou naturelles, problèmes sanitaires ou pandémiques, risques de violences, terrorisme ou cyberattaques, crises économiques ou financières, crises politiques…).

On peut noter que l'approche par scénarios des grandes équipes prospectivistes[67] démontre à elle seule que l'avenir reste un domaine de liberté et de volonté et, comme l'affirment Christiana Figueres et Tom Rivett-Carnac[68], nous avons le pouvoir d'inventer notre avenir. Domaine de liberté et de volonté, l'avenir est forcément aussi un domaine d'incertitudes. Le lecteur peut s'en rendre compte lui-même en se livrant à un petit exercice : imaginez que nous vivions dans les années 1970 et que nous nous réunissions sur le thème « comment seront les premières décennies du prochain siècle ? ». Il est peu probable que nous aurions anticipé le réchauffement climatique (création du GIEC en novembre 1988), la chute du mur de Berlin (novembre 1991) et la mondialisation néolibérale, les attentats-suicides du World Trade Center (septembre 2001) et les dangers de l'islamisme radical, les nouvelles innovations technologiques majeures (exemple de la vache transgénique Rosita en avril 2011), l'expansion de revendications identitaires et « woke »[69] (exemple de la création du mouvement « Black Lives Matter » en juillet 2013), l'apparition de nouvelles pandémies mondiales (démarrage de la Covid en Chine : décembre 2019), le retour de l'antisémitisme dans les pays occidentaux (octobre 2023).

Comme la plupart des événements nouveaux ont une dimension mondiale, plusieurs auteurs soulignent la nécessité d'acquérir une « conscience planétaire »[70] (prise de conscience du fait que nous sommes dépendants les uns les autres, dépendants aussi de la nature) et que nous devons traiter de plus en plus de « biens publics mondiaux » ou de « biens communs » auxquels nous sommes tous liés, toutes choses qui exigent des changements éthiques et des compétences nouvelles (Jérémy Lamri, Guy Le Boterf[71]) plus faciles à générer si l'on adopte une perspective « gagnant-gagnant » et si l'on sort d'une phase économique néolibérale aux impacts souvent jugés délétères.

Sur ce dernier point, on observe un basculement de la pensée dominante. Même pour les internationalistes libéraux (Michel Camdessus, Klaus Schwab[72]), l'ordre mondial doit évoluer et il est temps de revenir à un cycle plus interventionniste : pour ces auteurs, préserver le capitalisme à long terme suppose à la fois d'accélérer la révolution technique, de protéger l'environnement et de basculer vers davantage de protection sociale et de lutte contre les inégalités. Certes, les propositions des libéraux réformateurs restent marginales : ciblées (éradiquer l'extrême-pauvreté) ou modestes (taxer légèrement les firmes multinationales, faire évoluer la finance internationale, affronter le problème des ressources naturelles rares) au regard de courants plus radicaux. Les économistes « keynésiens » (Joseph Stiglitz, Esther Duflo, Thomas Piketty…[73]) préconisent une réduction drastique des inégalités, des politiques publiques financées par taxation des riches ou par déficits (rendus soutenables par des politiques monétaires accommodantes) ainsi qu'une « remondialisation vertueuse » où le Nord et le Sud, les riches et les pauvres, font converger leurs politiques et où le local ne doit plus s'opposer au global. Pour sa part, Xavier Ricard Lanata[74] privilégie un scénario qui combine gouvernance démocratique mondiale et déglobalisation économique.

Par ailleurs, dans la lignée du club de Rome, les économistes écologistes (Robert Costanza, Herman Daly…[75]) s'opposent aux approches libérales des économistes de l'environnement qui font de l'environnement comme du social des annexes de l'économique (des externalités) au lieu de considérer l'économique comme encastré dans le social, lui-même encastré dans l'environnement. Un aspect important de la nouvelle approche est que la transition doit être juste et qu'il faut en même temps atténuer les inégalités et les crises environnementales (Lucas Chancel, Eloi Laurent…[76]). Pour les économistes radicaux, les transformations doivent être fondamentales et globales plutôt que partielles et progressives : repenser les concepts de bien-être, de progrès et même de croissance dans un monde sans croissance économique[77] ; mettre fin au capitalisme libéral voire au capitalisme tout court[78]. Pour certains critiques radicaux et pessimistes, soit « le capitalisme se suicide » de lui-même (Christine Kerdellant[79]), soit « s'en débarrasser est une question de survie » (Paul Jorion[80]).

Dans cet ouvrage, nous proposerons de fonder le récit collectif sur un paradigme que nous avons présenté dans l'avant-propos et qu'il nous revient d'expliciter longuement : la transition de tous les pays du monde vers des économies stables de bien-être généralisé, adaptées aux limites planétaires et aux connaissances scientifiques du moment.

Dans les pays du Nord, il s'agit de réussir la transition écologique et de préparer l'atterrissage vers l'état stable de bien-être généralisé. La transition énergétique et écologique exprime prioritairement une sortie rapide des activités à haut carbone grâce à des interventions publiques volontaristes, à des changements de comportements des acteurs et à des avancées technologiques. La transition écologique débouche sur une croissance de l'activité économique à court et moyen terme car elle implique surtout une modification des modes de production et des habitudes de consommation : remplacement d'énergies fossiles importées par des énergies non fossiles produites en partie localement ; relocalisation d'activités et augmentation d'achats de produits décarbonés de proximité ; investissements massifs en faveur de l'efficacité énergétique et de la recherche-développement. En même temps, la réussite de l'atterrissage ultérieur implique de ne pas négliger le fait que le pays doit avoir atteint un niveau de bien-être élevé et généralisé : une façon de procéder consiste à passer progressivement et effectivement de l'état d'esprit du 20ème siècle à celui du 21ème siècle pour guider les décisions publiques. A l'époque de la planification indicative d'après-guerre, la croissance du PIB était la seule variable qui orientait les débats et qui avait conduit aux grands programmes de reconstruction et aux investissements volontaristes : énergétiques, industriels et agricoles. Sans abandonner le PIB, il est temps d'adopter une approche multicritère qui tienne pour aussi importantes toutes les composantes du développement durable et qui comprenne des variables comme l'espérance de vie en bonne santé, l'empreinte carbone et la biodiversité, la pauvreté et les inégalités.

Dans les pays du sud, la phase de transition doit être celle d'un rattrapage accéléré d'un niveau de bien-être suffisant. Pour ce faire, les barrières technologiques et financières internationales doivent être levées, tandis que les institutions politiques et économiques des pays doivent sortir du modèle extractif (où l'élite au pouvoir renie l'Etat de droit et capture les richesses souvent obtenues par des recettes de produits primaires exportés avec la complicité d'intervenants étrangers[81]). Naturellement, le rattrapage accéléré implique une période de croissance économique forte (supérieure à celle des pays du Nord). L'harmonisation entre les politiques des différents pays est importante : toute relocalisation, rationalisation voire décroissance d'activités dans le Nord peut avoir des impacts négatifs à court terme dans les pays du Sud en matière de débouchés, d'emplois, de fiscalité ou de devises[82].

Cet essai a pour but de contribuer à rendre opérationnel ce paradigme. En faire un paradigme dominant n'est pas une « mince affaire ».

Il ne suffit pas que des prémisses soient indiscutables (la raréfaction de ressources naturelles non renouvelables, la saturation des besoins essentiels dans un pays riche) pour que la théorie qui en découle soit reconnue par les pairs, acceptée par l'opinion publique et considérée comme faisable par les décideurs.

Prenons l'exemple des théories de l'économie stationnaire promues par les membres du Club de Rome. Cinquante années après la publication du rapport Meadows « The limits to growth » (1972), le bilan est mitigé : les théoriciens du Club de Rome et de l'économie stationnaire restent encore minoritaires dans la sphère académique et ont une influence limitée sur les décisions publiques. Pour preuve, alors qu'historiquement le rapport Meadows est marginalisé par le rapport Brundtland « Notre avenir à tous » (1987) qui ne le cite même pas et qui encense le concept plus consensuel du développement durable, le rapport « Building a Sustainable and Desirable Economy in Society in Nature », élaboré collectivement par les auteurs fétiches de l'économie stationnaire dans le cadre de la préparation de la conférence de Rio (2012), est mis à l'écart en faveur des rapports de l'OCDE « Towards green growth » et de la Banque mondiale « Inclusive green growth » qui promeuvent la croissance verte, devenue le paradigme économique dominant du début du 21ème siècle.

Tout n'est pas perdu. Se positionnant à mi-chemin entre croissance verte et décroissance, opposés tant aux économistes néolibéraux qu'aux partisans du catastrophisme, les promoteurs du couple (économie stable, bien-être croissant) avancent pas à pas. Autour des concepts de bien-être et de soutenabilité, se crée progressivement une vision partagée d'une société à la fois désirable et viable : il y a encore beaucoup de chemin à accomplir pour affiner cette vision, mais des recherches et des formations existent maintenant dans le monde entier sur le bien-être et sur les soutenabilités, tandis que des décideurs commandent des rapports à leur sujet. Il reste le problème des actions : à force d'attendre, on finit par suivre le précepte « trop peu, trop tard ». On retrouve là les questions sous-jacentes aux travaux sur la transition écologique : pourquoi les politiques publiques ne sont-elles pas à la hauteur des enjeux et faudra-t-il attendre des crises colossales, des conflits meurtriers ou des catastrophes pour changer de cap comme ce fût le cas au 20ème siècle ? Nous reviendrons longuement sur ces problèmes dans les parties suivantes et nous tâcherons d'y apporter une contribution utile.

L'économie stationnaire d'abondance (ou de bien-être généralisé) est à l'image de l'universalisme imaginé par Condorcet : un rêve d'avenir, un horizon mobilisateur pour nos engagements et nos actions. Une économie stationnaire vise à combiner au mieux trois facettes (une taille soutenable, une distribution juste, une allocation efficiente) en vue d'un objectif de long terme : *maintenir une haute qualité de vie pour tous les êtres humains*. A partir du moment où une qualité de vie satisfaisante (« *sufficient* ») est atteinte, il s'agit de la conserver pour soi et pour les générations futures : il faut remplacer l'objectif « *toujours plus* » (« *more* ») par l'objectif « *stop à une croissance inutile* » (« *enough is enough* »). Répétons-le : dans le nouveau monde à promouvoir, les politiques publiques sont axées sur le bien-être et les soutenabilités et non plus sur la seule croissance du PIB. Ne nous méprenons pas : il n'y a ici aucune glorification d'un « *toujours moins* » qui voudrait faire du « *monde d'après* » une sorte de « *monde d'avant* » en fantasmant un passé idéalisé.

Il est question de générer un imaginaire personnel, collectif et universel (nos croyances, nos valeurs, nos comportements) autour d'une économie stable avec bien-être maximal. Simplement, imaginez que vous êtes dans la situation d'une personne suffisamment riche matériellement : elle peut avoir pour objectif de ne pas redevenir pauvre (scénario I), de devenir encore plus riche (scénario II) ou de maintenir durablement sa richesse (scénario III). Le scénario I traduit la situation de la plus grande partie de l'histoire de l'humanité et définit ce que l'on peut appeler une culture de la survie : c'est l'équilibre stationnaire de pauvreté tel que décrit par les économistes classiques pessimistes (Malthus, Ricardo). Le scénario II caractérise un imaginaire et une culture de la croissance économique infinie : individuellement, faisons tout pour devenir super-riche ou milliardaire ; collectivement, visons une croissance forte quelles que soient ses nuisances. Ne serait-il pas meilleur de privilégier le scénario III, de choisir comme cap celui de la stabilisation du bien-être et de remplacer la culture de la croissance économique par celle de la durabilité ! Le dernier paragraphe du Rapport de 1972 (Club de Rome) allait dans ce sens : « une révolution de la durabilité vers un monde bien meilleur pour l'immense majorité d'entre nous est possible »[83]. Les propos de Keynes[84] renforcent également ce point de vue : quand le problème économique, qui est « le problème permanent de l'espèce humaine » est résolu durablement, c'est-à-dire où tous les besoins ayant un caractère *absolu* sont satisfaits et où chacun peut consacrer sa vie, comme il l'entend, à des buts non économiques, une croissance globale de la consommation matérielle n'est plus nécessaire.

On peut même parler d'abondance car celle-ci se définit par rapport à des désirs : lorsque chacun vise l'excellence personnelle et non la victoire sur autrui, quand les désirs ne sont plus animés par la cupidité et se limitent à des biens essentiels et quand les personnes vivent dans une société égalitaire et sobre (où, à partir d'un niveau satisfaisant de bien-être équitablement réparti, chacun est éduqué pour continuer à désirer ce qu'il possède déjà[85]), l'état d'abondance peut être facilement atteint. Pour ce faire, il faut évidemment sortir de la phase cyclique longue du capitalisme néolibéral.

Abondance ou bien-être généralisé, peu importe le qualificatif pourvu qu'il soit porteur d'espoir et réaliste. Certes, on a tous en tête que, compte tenu des limites planétaires, il est plus raisonnable de prôner une convergence plutôt qu'un rattrapage : convergence vers un niveau de bien-être satisfaisant pour tous dans un monde où certains individus (ou pays) ont « trop » [86] et d'autres individus (et pays) « trop peu » et qui doit inclure dans l'éthique du 21ème siècle les principes du limitarisme et du suffisantisme. Quand on parle de tenir compte des limites planétaires pour un pays, on entend notamment sa contribution aux changements climatiques et sa neutralité carbone, sa contribution à l'extraction des ressources non renouvelables du sous-sol, ses disponibilités en eau douce et en terres (pour l'usage agricole et les espaces naturels), l'évolution de ses pollutions et de ses déchets, la gestion des écosystèmes marins, le maintien de la biodiversité. Mais rien n'est joué à l'avance car les limites peuvent aussi être repoussées par une progression des connaissances scientifiques.

Le récit de l'économie stationnaire d'abondance, qui se situe à mi-chemin entre le mythe d'une croissance verte illimitée et celui d'une décroissance supposée porteuse de bien-être, n'implique pas une obsession de stationnarité : de nombreux éléments du bien-être peuvent croître et certains de façon illimitée (les connaissances, les relations immatérielles, les échanges hors marchés…) ; de plus, toutes les composantes du PIB n'ont pas vocation à stagner : on peut faire croître les dépenses d'investissement et, au sein de celles-ci, les dépenses de recherche-développement (R-D), mais l'on est ici sur une part minime du PIB (les dépenses de R-D atteignent au mieux 2 à 3% du PIB). Si le progrès technique permet de repousser les limites planétaires et de générer de véritables avancées en termes de biens ou services innovants de production ou de consommation, tant mieux : alors, une croissance nouvelle, mais temporaire, est possible et souhaitable.

La croissance verte (ou la décarbonation) et la décroissance (ou la sobriété) doivent être explorées de concert et articulées. Il y a des activités qui doivent augmenter et des activités qui doivent baisser. Ce qui doit décroître : l'extraction et l'utilisation de produits fossiles et de ressources naturelles non renouvelables, la production et la consommation de biens et services à base fossile, le gaspillage, l'obsolescence programmée, les nouveautés artificielles, les inefficiences, les pollutions, la faiblesse des circuits courts et circulaires, les biens et déchets non recyclés. Ce qui doit croître : la production et la consommation de biens et services décarbonés, les dépenses de R-D, les biens et services non monétaires, les dépenses en faveur du bien-être et de la redistribution.

Naturellement, il n'est pas question d'arrêter le progrès technique et le développement humain qui sont l'essence de l'être humain. Les découvertes, les inventions et les innovations suscitent notre curiosité et répondent à nos besoins et désirs. Il faut varier les plaisirs, dirait Epicure : un peu de superflu fait plaisir, une nouveauté (générée notamment par le progrès technologique) entraîne du contentement, une amélioration du cadre de vie qui fait passer du simplement utile à l'agréable est attractive, un cadeau bien choisi nous enchante, un voyage apporte des agréments, une surprise génère de la joie et de l'émerveillement. Exercice de *benchmarking* positif : s'inspirer non pas de ceux qui s'imposent des ruptures de vie punitives, mais de ceux qui imaginent des solutions rentables sans sacrifice comportemental. On peut être surpris de la frilosité des ménages, des entreprises, des villes, des régions et des Etats :

pourquoi ne pas aller de l'avant et dans le sens des 1500 initiatives existantes, propres et rentables, qui sont autant d'opportunités économiques et des 50 projets de lois qui invitent à utiliser des nouvelles technologies déjà disponibles, efficaces et rentables à moyen terme (source : Fondation Solar Impulse) ?

On l'a dit et répété : une vision suivie d'actions peut changer le monde. Oui, mais quelles actions ? Evidemment, de bonnes actions et de bonnes pratiques pour aller dans le sens de la vision. C'est là que le bât blesse. Si le pouvoir se gagne en partie par les idées, celles-ci luttent aussi pour leur survie (dans le cas d'idées anciennes) ou leur survenue (dans l'optique d'idées nouvelles). On ne compte plus le nombre d'ouvrages qui tentent de nous convaincre que nous pouvons « vivre mieux sans croissance »[87] ou bien que nous serons plus heureux en « préférant l'être à l'avoir »[88], ou encore qu'il nous est possible, presque sans effort, d'atteindre « deux fois plus de bien-être en consommant deux fois moins de ressources »[89]. Beaucoup d'entre nous ressentent que ce sont souvent des vœux pieux, qui plus est émis à notre attention par des gens plus riches matériellement que nous, comme si nous, mais pas eux, devions devenir des héros (ou des victimes).

L'expert institutionnel, supposé compétent, qui prend les décisions et qui souhaite que les individus adoptent les bons comportements a plusieurs façons de considérer ces individus. Un, il peut les considérer comme non raisonnables et recommander que l'Etat tutélaire ou paternaliste, tel un père à l'égard de ses enfants, mette en place un système d'obligations, de sanctions et de contrôles (comme dans le domaine routier). Deux, il peut penser qu'ils sont mal informés des conséquences de leurs actes et se contenter de leur diffuser la bonne information : c'est le mythe de la « vérité à communiquer »[90]. L'expert les informe, ils le croient et comprennent qu'ils doivent changer leurs comportements (s'ils ne le font pas vraiment, l'expert est tenté d'élever la voix). Trois, il peut adopter le principe d'un échange ou d'un contrat implicite selon la formule d'Adam Smith : « donnez-moi ce dont j'ai besoin et vous aurez de moi ce dont vous avez besoin vous-même ». Il faut alors voir la chose selon son aspect positif : moi Etat, j'ai besoin que vous adoptiez de bonnes pratiques parce que celles-ci ont des externalités positives considérables ; vous consommateurs, êtes prêts à adopter les pratiques si cela est rentable et ne diminue pas votre bien-être (tant mieux si, en plus, c'est bon pour l'environnement). Les acteurs inertes qui n'ont pas une fibre écologique radicale sont bien sûr soucieux d'environnement, mais il s'agit d'une croyance « *molle* » qui a du mal à s'imposer face aux autres motivations d'autant plus lorsqu'il s'agit non d'une petite bifurcation, mais d'un véritable basculement vers de nouveaux comportements pour se déplacer, se chauffer, s'éclairer, vivre… (les autres motivations sont nombreuses : coût, sécurité, plaisir, habitudes, routines, confort, esthétique, reconnaissance sociale…).

Pour le pauvre d'un pays pauvre, c'est encore pire que pour l'individu médian d'un pays riche : tout se conjugue pour lui faire prendre ce que l'expert appellerait des *mauvaises décisions* (culture traditionnelle, manque d'informations, préjugés et pression sociale ou communautaire, manque de confiance dans les institutions, présence d'un maximum d'obstacles ou de barrières, absence de perspectives à moyen et long terme). Des aides massives (sous forme de prêts) pour offrir le plus de biens et services publics de qualité (des écoles primaires, des centres de santé…) aux pauvres génèrent non seulement des effets pervers (dette, dépendance, inflation…) avec une partie des fonds souvent détournés de leur destination, mais n'ont pas de résultats significatifs parce que les pauvres ne changent pas leurs comportements et ne les fréquentent pas. Les experts ne sont pas tous d'accord, mais les arguments des deux bords sont crédibles. *Les libéraux* disent : il n'y a aucune raison de subventionner ou de rendre gratuit un bien ou service qui n'est pas très coûteux et qui est très rentable pour un individu (car il lui assure une bonne santé, une bonne éducation et des retours financiers par la suite) et ce qui est important est de l'informer et de le convaincre des bénéfices attendus de cette action. *Les interventionnistes* affirment : bien que la rentabilité individuelle soit élevée, le niveau encore plus élevé de la rentabilité collective et les fortes externalités des actions de santé préventive, de nutrition et de scolarisation primaire justifient un achat de bonnes pratiques des ménages pauvres. Les évaluations ex-post et les expérimentations aboutissent au même constat : les libéraux et les interventionnistes détiennent une part de vérité et une part d'erreur. La stratégie d'information et de communication des libéraux ne suffit généralement pas à convaincre les ménages de la valeur d'une vaccination ou de nutriments ni du besoin de rétention des filles jusqu'au bout du cycle primaire car même s'ils comprennent les bienfaits de ces actions, il s'agit de *croyances molles* qui ne résistent pas à leurs *croyances fortes* et aux pressions sociales (préférences pour leur consommation alimentaire traditionnelle, pour des paiements de guérison tardive d'une maladie plutôt que de paiements préventifs en situation de bonne santé et pour le mariage précoce de leurs filles). La solution miracle est le financement basé sur les résultats : en plus d'un bon système IEC (information, éducation, communication), des transferts conditionnels versés aux ménages pauvres (par exemple, des paiements faits tous les deux mois de 10% de leurs revenus contre des résultats (un taux d'assiduité d'au moins 80% des jours scolaires, une fréquentation régulière exigée du centre de santé pour les enfants voire pour toute la famille). Pour que l'offre soit vraiment de qualité, on peut aussi donner des primes aux personnels ou signer des contrats avec les écoles et les centres de santé contre des résultats voire des impacts bien ciblés (achèvement du cycle primaire avec des connaissances, baisse des maladies évitables).

Dans les pays riches, la cible privilégiée est évidemment la grande classe moyenne à laquelle on demande des efforts volontaires alors qu'elle a déjà subi de plein fouet les effets des politiques libérales (précarisation des emplois, pression fiscale accrue) et qu'on lui prépare un supplément de coût (taxer les produits carbonés qu'elle achète). Comme dans les pays pauvres, il faut changer de perspective : valoriser les comportements positifs plutôt que pénaliser les comportements négatifs, se focaliser sur les obstacles aux résultats et sur une gestion incitative par les résultats. En France, la notion de « facteur 4 », d'abord popularisée par le Club de Rome, a été détournée de sa signification initiale par la loi POPE[91] au profit de l'objectif suivant : diviser par quatre les émissions de CO2 dans les pays riches pour atteindre l'objectif de division par deux du CO2 mondial d'ici 2050. Nous sommes tentés de reprendre cette formule de « *nouveau facteur 4* » pour décrire les quatre conditions du changement des comportements, conditions nécessaires pour atteindre l'objectif de baisse du CO2.

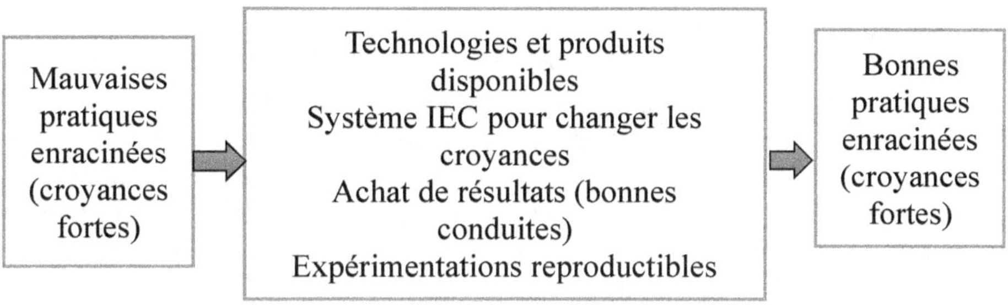

Le principe du facteur 4 est simple : si les quatre conditions sont réunies, la conversion aux bonnes pratiques à grande échelle a lieu. Pratiquement, les croyances fortes indésirables disparaissent et les croyances « molles » favorables deviennent les nouvelles croyances fortes. Concernant les technologies nouvelles et les produits innovants, on met trop souvent la charrue avant les bœufs : on veut supprimer très vite un bien jugé polluant alors qu'il n'y a pas encore d'alternative efficace et crédible. Le système IEC (information, éducation, communication) est important pour transformer une croyance « molle » en croyance « dure », mais est inopérant s'il n'est pas accompagné des trois autres composantes. L'achat de résultats est essentiel parce que dans ce qui est un changement drastique de mode de vie, l'usager doit toucher une compensation par rapport aux risques qu'il prend et à l'abandon de ses habitudes. L'existence d'expérimentations réussies et reproductibles est évidemment un facteur majeur des changements de comportements aussi bien des producteurs que des consommateurs et cela est vrai à tous les niveaux (individus, communautés, villes, régions, pays). Par exemple, Rob Hopkins, initiateur du mouvement « Villes en transition » qui plaide pour « une révolution de l'imagination »[92] et pour une multiplication des initiatives à tous les niveaux, a voulu faire de la ville de Totness une ville modèle et il est vrai que lorsqu'on évalue ses résultats (en termes de bien-être) et qu'on les compare par exemple à ceux de Douelle, ville-témoin choisie historiquement par Jean Fourastié pour symboliser les changements du 20ème siècle, l'analyse coûts-bénéfices est globalement en faveur de Totness[93].

Avec le cadre logique du nouveau facteur 4, on a une certitude : si des technologies efficientes existent, si des expérimentions probantes sont visibles, si un système IEC efficace est mis en place et si l'achat de résultats garantit le gain de ressources en même temps que l'amélioration de bien-être, une absence éventuelle de changement devient un phénomène incompréhensible et irrationnel (qui peut justifier un passage du stade des incitations à celui des obligations).

IV) L'état d'esprit : des compétences pour vivre et penser au 21ème siècle

Selon l'UNESCO, chacun d'entre nous devrait acquérir et/ou cultiver ce que les experts appellent les 4C ou « les quatre grandes compétences nécessaires pour vivre au 21ème siècle »[94] qui sont : la créativité pour penser autrement, apprendre de ses erreurs et trouver des solutions nouvelles à des problèmes complexes ; l'esprit critique pour déjouer les fausses informations ou les croyances non fondées et prendre les bonnes décisions ; la collaboration pour progresser avec l'aide des autres et faire émerger une intelligence collective ; la communication pour mieux présenter ses idées et améliorer le dialogue et ses relations à autrui.

Toute personne qui possèderait ces qualités serait spontanément amenée à participer activement et utilement à la réflexion sur la vision du monde à venir et sur l'opérationnalisation de cette vision. Tâche oh combien importante car il s'agit ni plus ni moins de changer le monde ! Du haut de sa longue expérience et de ses 101 ans (en 2022), Edgar Morin nous invite même à « changer de civilisation » et à « modeler différemment notre terre-patrie » en décloisonnant nos consciences, en conjurant nos peurs, en hybridant nos imaginations et, ainsi, à « réenchanter l'espérance »[95].

Dans la lignée de Morin, allons donc encore plus loin. Le monde à venir devient toujours plus complexe à comprendre et à gérer avec la nouvelle révolution scientifique et technique, avec la diffusion mondiale des idées et la cohabitation des cultures, avec les incertitudes et les risques. Ce monde exige des qualités et capacités qui dépassent celles des générations précédentes et qui impliquent de nouvelles pratiques d'enseignement et d'apprentissage permanent en famille, à l'école, au sein des entreprises et des associations. Un bon test pour savoir si nos enfants et petits-enfants, acteurs principaux du monde futur, sont (et seront) bien formés est de vérifier qu'ils deviennent des jeunes gens curieux, cultivés, capables de formuler des théories scientifiques et de poser des questions éthiques, mais aussi passionnés d'art et de culture, sportifs, tolérants face aux autres cultures et aptes à résoudre des conflits. On peut alors prodiguer un conseil utile aux parents, formateurs, responsables : tant que vous n'avez pas atteint cet idéal, il vous faut adapter vos pratiques d'enseignement et d'éducation. Les quatre compétences de l'UNESCO sont à mettre en relation avec ce que Howard Gardner appelle « les cinq formes d'intelligence pour affronter l'avenir »[96] : l'esprit discipliné (affuter sans cesse ses compétences), l'esprit de synthèse (maîtriser le flux incessant d'informations, de connaissances et d'innovations), l'esprit créatif (être capables de chercher, d'innover, de s'adapter), l'esprit respectueux (cultiver la tolérance dans un esprit de réciprocité, le respect des autres et de la nature), l'esprit éthique (en posant la question-clé de Rawls : dans quel monde aimerions-nous vivre si nous ne connaissions par avance ni notre position, ni nos ressources ?).

Conscience et engagement vont de pair. « Ne doutez jamais qu'un petit groupe d'individus conscients et engagés peut changer le monde », disait Margaret Mead[97]. Notre espoir est que de plus en plus de gens, dotés par éducation ou par expérience personnelle des quatre compétences et d'« intelligences multiples », cultivent à la fois un état d'esprit prospectif et une pensée complexe pour faire de l'avenir non pas quelque chose de prédéterminé et de triste, mais aussi le résultat positif de leur volonté et de leur invention.

A) Un état d'esprit prospectif pour une vision encastrée dans l'histoire longue

Adopter un état d'esprit prospectif, c'est prendre de la hauteur et accepter de dialoguer en s'ouvrant aux différents points de vue. C'est aussi adopter une perspective de long terme qui transcende la préférence pour le présent et les vues à court terme de la plupart des acteurs (la rentabilité financière pour les actionnaires, le cycle électoral pour les politiques, la satisfaction immédiate pour les consommateurs).

Le mérite d'une perspective de long terme est de lutter contre le risque d'une double amnésie (qui est justement celle dont se plaignent respectivement les auteurs optimistes -sur le passé- et les auteurs pessimistes -sur le futur-) :

-la première amnésie dangereuse est celle du *passé* : ne plus se rappeler d'où nous venons, comment les pays développés ont pu s'extirper de siècles de famines, maladies et guerres, avec cette fameuse rupture du 17ème siècle et du 18ème siècle en Occident. Cette amnésie peut conduire la plupart des gens à ignorer leur passé, certains auteurs à remettre en question les notions de progrès et de développement comme s'il n'y avait pas des évolutions favorables ou des facteurs explicatifs et généralisables (à tous les pays) de la croissance, du développement humain durable et de la « vie bonne » sur terre

-la seconde amnésie, toute aussi dangereuse, est celle qui nous priverait d'une *mémoire du futur* en condamnant toute démarche prospective et en faisant comme s'il n'y avait pas ou plus de scénarios alternatifs et de marges de manœuvre, y compris pour les pays les moins avancés (économiquement) du monde, et donc comme si notre défi commun n'était justement pas de lutter contre les famines, maladies et guerres, d'éliminer la pauvreté partout dans le monde et d'anticiper les problèmes nouveaux (par exemple, climatiques et environnementaux) sans catastrophisme.

Faire un va et vient de la réflexion rétrospective et prospective à la prise de décision, c'est adopter une perspective critique de long terme qui permet souvent de relativiser les problèmes observés à court terme, c'est aussi évaluer le passé et penser le futur pour agir mieux et plus sereinement aujourd'hui. Le cerveau humain a, paraît-il, une étrange faculté[98] : « je n'ai plus de mémoire » et « nous n'avons plus d'avenir » vont ensemble. Mieux : le second précède le premier. Lorsque nous sommes privés d'un avenir heureux, nous n'avons plus le désir de nous rappeler d'un passé heureux. Notre expérience suit un ordre « avenir, passé, présent » et notre mémoire est toujours orientée vers le futur[99].

Ni prophétie, ni prévision, la prospective n'a pas pour objet de prédire l'avenir, mais d'aider à le construire. La perspective de long terme est nécessaire pour faire de l'avenir un triple domaine de liberté, de pouvoir et de volonté : le développement prend et demande du temps, car il implique souvent des changements (comportements, mentalités…) à l'échelle d'une génération.

Acquérir un état d'esprit prospectif, c'est changer d'attitude vis-à-vis de l'avenir :

-attitude passive : subir le changement (souvent en se plaignant ou en cherchant des bouc émissaires)

-attitude réactive : attendre le changement pour réagir (il est souvent trop tard)

-attitude prospective : être à la fois *préactif* (se préparer à un changement anticipé qui s'impose à nous) et *proactif* (agir à l'avance pour provoquer un changement souhaitable).

Le mot-clé est ici *le temps long* : celui de l'avenir (à préparer) et celui du passé (à comprendre). Nous sommes responsables du futur lointain, mais avec cette double incertitude sur les effets de nos actions et sur les désirs des gens du futur. En bref, il nous faut « construire du temps long à partir du présent sans préjuger du futur » (Pierre Caye[100]).

B) Une pensée complexe et ouverte pour relier tout « ce qui doit être tissé ensemble »

La pensée complexe et l'ouverture d'esprit sont deux moteurs essentiels d'une stratégie de « reliance » faite pour apaiser les tensions, préparer sereinement l'avenir dans un monde complexe et conflictuel à tous les niveaux, où l'on a besoin de relier les idées pour gérer le problème de la transdisciplinarité et de relier les individus pour maîtriser le problème du multiculturalisme. Par complexité, Morin[101] se réfère à juste titre au sens latin élémentaire du mot « complexus » : « ce qui est tissé ensemble ». Des idées constituantes d'une pensée féconde peuvent être différentes, mais il faut cesser de les opposer ou de choisir l'une ou l'autre : il y a le plus souvent des interactions, des effets de rétroactivité entre elles et finalement le tout peut être plus riche que la somme des deux. Par ailleurs, Rebecca Mitchell et Stephen Nicholas définissent l'ouverture d'esprit comme « la manière dont les personnes abordent les opinions et les connaissances des autres et intègrent l'idée que d'autres devraient être libres d'exprimer leurs opinions et que la valeur de leurs connaissances devrait être reconnue »[102]. La reliance combat la division (pour les idées) et l'isolement (pour les personnes).

C'est un travail de longue haleine qui nous est demandé surtout s'il n'a pas été pratiqué par notre entourage ni enseigné dans nos écoles : rappelons-le, il s'agit d'acquérir les quatre compétences du 21ème siècle (créativité, esprit critique, collaboration, communication) et de cultiver un état d'esprit prospectif, complexe et ouvert ! Fare ce travail sur soi est exigeant et il est tentant d'y renoncer. Le philosophe Bertrand Russell soulignait combien il est utile pour une « pensée libre » de cultiver « la volonté de douter » plutôt que « la volonté de croire »[103] et demandait que l'éducation des enfants élargisse leur esprit en faisant bien la distinction entre d'un côté la transmission des informations et des savoirs (la lecture, l'écriture, les mathématiques, la géographie…) et de l'autre côté l'apprentissage de l'intelligence critique et de la pensée ouverte[104].

La tendance actuelle est d'aller dans le sens inverse de l'ouverture d'esprit. Les plateformes et les réseaux sociaux poussent à trois évolutions défavorables : une radicalisation (se retrouver entre gens qui pensent les mêmes choses, ce qui aboutit à durcir sa pensée dans un seul sens et à refuser, dans le débat public ou même à l'école, toute pensée ou information contraire) ; une brutalisation des relations (qui commence souvent sur le Net compte tenu de l'anonymat possible, mais qui s'étend ensuite au monde réel : insultes, menaces, violences en tous genres) ; finalement une polarisation des débats et des affrontements entre les extrêmismes, tandis que nous sommes tous pris dans les pièges et les filets de la surenchère, de l'agressivité et de l'absence de nuance. Par exemple, si vous fréquentez exclusivement un site d'information d'extrême gauche, vous devenez obsédés par les agissements et les possibles violences des intégristes chrétiens et de l'extrême droite, tandis que si vous consultez un site d'extrême droite, c'est la peur des intégristes musulmans et de l'extrême gauche qui vous taraude. Si nous ne sommes pas ouverts aux pensées contradictoires et si nous ne sommes pas un tant soit peu empathiques ni capables de nous maîtriser (les êtres humains sur les nouveaux outils de réseaux sociaux s'apparentent aux hommes dans leurs voitures : les insultes et menaces pleuvent à la moindre contrariété), nous ne pourrons pas exprimer la complexité des problèmes, des solutions et de la pensée humaine.

La pensée radicalement fermée d'auteurs qui pensent les mêmes choses conduit forcément à trois dérives : celle de la surenchère (pour montrer qu'on est le meilleur dans sa tribu, ce qui mène à parfois exclure les personnes les plus proches et à générer des sous-clans), celle de la dénonciation et de l'ostracisation de toutes les pensées adverses y compris donc les pensées complexes (ce qui conduit à militer pour leur effacement de l'espace public : dénonciation, boycott, censure, humiliation publique, harcèlement, bannissement), celle du conformisme idéologique et du « politiquement correct » des médias de grande écoute. Face à ces risques de radicalisation (très présents aux Etats-Unis et dans d'autres pays occidentaux : la « *cancel culture* »[105]), de nombreux intellectuels, artistes et personnalités mènent des combats pour dénoncer cette culture de l'annulation et les obstacles à la libre circulation des idées, et condamnent l'« intolérance à l'égard des opinions divergentes »[106].

Avoir une pensée complexe et ouverte, c'est se donner les moyens d'interconnecter toutes les dimensions de la réalité en étant inventif et critique, en évitant toute forme de réductionnisme et en sortant, si besoin est, du champ de sa propre pensée et de sa propre discipline. La pensée complexe et ouverte est une activité avant tout rationnelle, basée sur le questionnement, le croisement des sources et des pensées, la remise en cause des préjugés, des émotions et des opinions toutes faites. La pensée complexe avec un état d'esprit critique devient par définition une pensée critique en action, c'est-à-dire « le processus intellectuel conscient qui consiste, de manière active et efficace, à conceptualiser, appliquer, analyser, synthétiser et/ou évaluer les données collectées ou engendrées par l'observation, l'expérience, la réflexion, le raisonnement, ou la communication, afin de se guider dans ses convictions et ses actions »[107].

De façon plus pragmatique, nous pouvons nous efforcer de suivre quatre lignes directrices :

-*adopter une attitude pionnière* qui « consiste à remettre en systématiquement en question ses certitudes pour réfléchir en dehors de son cadre de référence »[108]. Bertrand Piccard ajoute que « les pionniers apprécient les défis qui les obligent à sortir de leur zone de confort ».

-*sortir des raisonnements binaires* : la pensée binaire est une habitude mentale dont nous devons nous débarrasser, habitude qui consiste à voir la réalité en termes de deux éléments opposés : bien ou mal ; juste ou faux ; si l'un a raison, l'autre a tort. La pensée binaire, souvent non argumentée, nous empêche de raisonner correctement et de dialoguer paisiblement. Par exemple, on peut être à la fois optimiste et pessimiste selon les points de vue et les domaines. On a vu aussi que cela était vrai aussi pour la phase d'atterrissage vers l'économie quasi-stationnaire de bien-être : c'est le point de rencontre entre la croissance verte et la décroissance.

-pratiquer un cadre logique de réflexion : lorsque que nous faisons face à un problème, nous devons nous livrer à une réflexion approfondie (une sorte de brainstorming collectif) sur l'ensemble de ses causes sans éviter les domaines sensibles ou politiquement incorrects. Quelles sont les causes de résultats scolaires globalement mauvais dans le système d'éducation primaire d'un pays ? Quelles sont les causes du niveau élevé des taux de mortalité infantile ou bien de l'absence d'investissements privés dans un autre pays ? Naturellement, on ne doit pas se limiter à résoudre des problèmes, car il faut aussi savoir cultiver des atouts, mais le principe est simple : on s'intéresse à des éléments importants de développement ou de bien-être et on admet que si un problème a six causes, il faut s'attaquer aux six causes et non seulement à certaines d'entre elles. Avec la méthode du cadre logique, on passe d'une gestion (notamment budgétaire) axée sur les moyens et sur l'offre de produits (des écoles, des hôpitaux...) à une gestion axée sur les résultats et sur les impacts.

-croiser les disciplines et dépasser les frontières : il nous faut sortir de notre zone de confort qui est celle de notre domaine de plus en plus spécialisé de compétence. Pour comprendre un problème mondial important, le conseil majeur que l'on peut donner est de dépasser les frontières. Soit en acquérant des connaissances (c'est facile de nos jours et souvent gratuit), soit en mettant en place des équipes pluridisciplinaires (pourquoi pas au niveau mondial). Première barrière à faire tomber si besoin est : celle des petites spécialisations au sein de la même grande discipline. Deuxième barrière : celle des disciplines Troisième barrière : celle entre l'administration, l'université, la recherche et le monde socioéconomique. Quatrième barrière : celle entre pays et continents.

Finalement, il s'agit de profiter d'une forme d'intelligence collective pour mieux maîtriser les grands enjeux économiques et sociétaux et pour co-créer notre avenir commun. L'intelligence collective fait qu'un ensemble d'agents différents, mais bien intentionnés et coopérant, peut analyser des situations ou résoudre des problèmes plus efficacement que ne pourraient le faire ces agents de façon isolée. Encore doit-on faire l'hypothèse que les agents concernés aient le même état d'esprit et la volonté de dialoguer. L'ouverture à l'autre et aux divergences a des limites qui tiennent au fait que l'autre peut ne pas avoir le même esprit d'ouverture de tolérance ou d'objectivité. Comme dans la méthode du voile d'ignorance de Rawls (où l'on demande à des individus choisis au hasard de faire le choix d'actions publiques en ignorant leur propre position dans la société et en imaginant qu'ils pourraient être les personnes les plus défavorisées), on présuppose toujours que les individus sont rationnels et raisonnables. Selon les préceptes de la théorie des jeux à plusieurs coups, on peut commencer le premier coup en jouant la carte de la coopération, mais il faut être prêt à changer d'attitude au deuxième coup si l'autre est stratégique, non coopératif et menaçant. Avec des personnes stratégiques, des leaders prédateurs, des religieux intégristes et des militants violents, il ne peut y avoir de débat contradictoire et fécond (on est ici dans le champ de l'irréconciliable).

La sphère privée non marchande, un formidable terrain de jeu, de coopération et de responsabilité

Il existe un certain nombre d'actions qui contribuent à casser la dyarchie entre l'Etat et le Marché et à transformer le capitalisme néolibéral : le bénévolat, l'entr'aide, la gestion de biens communs, la participation au tiers-secteur (associations, coopératives, mutuelles, fondations…). Toutes ces actions vont dans le sens de l'intérêt général et démontrent la possibilité d'habiter le monde différemment.

Agir individuellement (grâce à son temps libre) ou collectivement (sans viser un profit maximal) est souvent perçu négativement par les auteurs libéraux. En particulier, les « biens communs » sont parfois décrits comme non viables (la « tragédie des communs »), alors qu'ils ne sont pillés ou dévastés que s'ils sont mal gérés (ou pas gérés du tout) et laissés à la merci d'individus stratégiques et passagers clandestins.

Le cœur d'un bien commun est non seulement qu'il porte sur une ressource bien précise (un lac, une forêt, une institution de quartier, un partage de connaissances au niveau mondial…), mais aussi que soient définis les droits et obligations ainsi que la forme de gouvernance pour faire respecter ces droits et obligations. Les conditions de réussite recensées par Elinor Ostrom[109] comprennent notamment des mécanismes de résolution des conflits peu coûteux et faciles à mettre en œuvre, une échelle graduée de sanctions pour ceux qui violent les règles de la communauté, une reconnaissance des règles et de l'institution par les Autorités publiques. Les membres qui gèrent le bien commun peuvent accorder à d'autres personnes les droits d'accès et d'usage (éventuellement sous forme de paiements). De même, à la limite, les droits de propriété et d'aliénation peuvent être détenus par l'Etat ou un propriétaire privé à la condition de ne pas modifier la gouvernance.

L'Association internationale pour l'Etude des Communs (IASC) intègre dans son domaine de travail les communs matériels (naturels ou non) dont les ressources sont limitées et divisibles (ruraux et urbains, incluant nombre d'aménités de proximité) et les communs immatériels (éventuellement mondiaux : informations, connaissances…) qui sont indivisibles et qui génèrent souvent des rendements croissants. Les communs ruraux visent à protéger la terre et les ressources naturelles, tandis que les communs urbains servent à recréer des liens sociaux de proximité et les communs numériques des externalités positives à distance. Naturellement, certains communs peuvent conjuguer des dimensions matérielles et immatérielles[110]. Sur l'Afrique, l'équipe de l'AFD[111] distingue les modèles marchands de ressources partagées (services financiers de caution solidaire, gestion des ressources d'un fleuve...), les modèles hors marché basés sur le don et le contre-don (tontines...) et les modèles mixtes (comités de gestion d'un centre de santé communautaire ou d'une école...).

Chapitre 2
Réconcilier les optimistes et les pessimistes autour d'une vision à long terme qui soit suivie d'actions

Le débat entre les optimistes et les pessimistes est un point de départ essentiel pour appréhender l'histoire longue (passée, présente et à venir) de notre monde. En adoptant l'état d'esprit que nous venons de préconiser dans le chapitre précédent, nous allons nous apercevoir que les deux groupes de penseurs gagneraient à faire converger leurs analyses car chacun apporte une part de vérité qui est nécessaire à la compréhension des grands enjeux du 21ème siècle.

I) Optimistes et pessimistes : un premier tour de table

Imaginons un Candide qui débarque sur la terre et qui cherche à comprendre ce qui s'y passe et quel avenir est promis aux humains. Il n'a aucun apriori, mais veut tout comprendre et dispose d'un « jugement assez droit, avec l'esprit le plus simple » (Voltaire), cet esprit simple et droit étant aussi critique et lui permettant de repérer les biais, les mensonges, les exagérations, les dissonances des uns et des autres.

Candide participe coup sur coup à deux tables rondes : dans la première, il est confronté à trois optimistes (Steven Pinker, Hans Rosling, Max Roser), tandis que dans la deuxième, il rencontre trois pessimistes (Yves Cochet, Nicolas Hulot et Jean Jouzel). L'avenir du monde tel que le lui présentent les deux groupes est complètement antinomique : qui croire, se demande Candide, lesquels sont les plus crédibles ? Comment parvenir à démêler le vrai du faux ? Le problème est d'autant plus primordial qu'il existe un phénomène bien connu des économistes : celui des prophéties autoréalisatrices.

Le choix de l'américain Pinker, du suédois Rosling et de l'anglais (d'origine allemande) Roser paraît judicieux pour caractériser l'optimisme raisonné des Lumières au 21ème siècle. L'ouvrage de Pinker (« *Le triomphe des Lumières* »[112]), le livre posthume de Rosling (« *Factfullness* » [113]) et la publication web de Roser (« *Our world in data* »[114]) sont considérés comme les œuvres majeures de ces dernières décennies par Bill Gates, Barack Obama, Warren Buffet et nombre d'intellectuels anglo-saxons. Pinker défend l'universalisme des Lumières face à l'écologisme pessimiste et au communautarisme identitaire et montre à partir des faits que la raison, la science et l'humanisme ont, plus que tout autre projet intellectuel, réduit les souffrances de l'humanité et peuvent continuer à le faire. Rosling, qui est par ailleurs spécialiste reconnu de la santé dans les pays en développement, a mis récemment toute son énergie pour créer un logiciel permettant à la population mondiale disposant d'Internet de visualiser gratuitement le développement international à travers des données et des graphiques : son but est de montrer à chacun d'entre nous pourquoi il a une vue négative et déformée de la situation du monde et pourquoi le monde va mieux que nous ne le pensons. Roser décrit également comment les conditions ont changé positivement à long terme et pense qu'on ne peut pas viser un monde meilleur sans savoir dans quels domaines et comment il a déjà progressé par le passé. Les trois auteurs s'attachent à montrer que, grâce à certaines valeurs universelles (la raison, la liberté....), des progrès monumentaux ont eu lieu dans le monde au cours de ces deux ou trois derniers siècles et surtout dans les cinquante ou soixante dernières années, ce qui permet selon eux de s'attaquer aux vrais défis à venir (les changements climatiques, les menaces nucléaires, les grands écarts de développement) selon la formule célèbre : « le monde va mieux, le monde peut aller encore mieux ». La preuve, disent-ils, répondez franchement à la question suivante : si vous êtes une personne moyenne ou pauvre de la société dans votre pays occidental et même dans la plupart des pays du monde, examinez les siècles passés et dites dans quel demi-siècle vous préférez vivre ou avez intérêt à vivre : nul doute que si vous êtes objectif, vous répondez « le demi-siècle récent » (disons de façon élargie les années 1950-2020). La génération de français baby-boomers (nés dans les années 1945-1955) est la première génération de toute l'histoire de la France à ne jamais avoir connu le servage ou l'esclavage (supprimés depuis longtemps), ni la guerre (pour un français, la dernière est celle d'Algérie), ni le chômage et la crise (la dernière grande crise capitaliste est celle de 1929), ni les pénuries et drames alimentaires, ni l'absence de protection contre les principaux risques de l'existence (protection sociale, sécurité...) et elle voit se passer nombre de changements que l'on peut qualifier de progrès : la décolonisation et la montée en puissance du Tiers-Monde, l'égalité croissante entre hommes et femmes, l'amélioration du sort des homosexuels, les grandes réformes sociétales (liberté des médias, abolition de la peine de mort, institution de l'IVG...), la possibilité de nombreuses années de retraite en bonne santé et l'arrivée à la retraite avec une génération de parents encore en vie.

Après une cure de quelques jours auprès de Pinker, de Roser ou des enfants de Rosling (Ola et Anna), Candide est impressionné et manifeste son admiration : « waouh ! quelle évolution formidable et quel bel avenir en perspective ! C'est presque trop beau pour être vrai ».

La deuxième table ronde, celle des pessimistes, ne tarde pas à doucher l'enthousiasme de Candide. Là aussi, le choix des français Cochet, Hulot et Jouzel paraît cohérent. Les deux premiers ne sont pas seulement militants ou penseurs écologistes radicaux, mais ont eu aussi des fonctions politiques, y compris celle de ministre, tandis que Jouzel est probablement le climatologue le plus connu et le plus médiatique de France, membre actif du GIEC et donc partie prenante du prix Nobel de la paix (prix obtenu par le GIEC et Al Gore en 2007). Cochet prévient Candide : tout va de mal en pis et « l'heure n'est plus à la construction d'un monde meilleur mais à la réduction du pire qui arrive. Le compte à rebours a commencé » [115]. Il ne s'agit même plus de généraliser le principe de précaution selon la fameuse formule d'un autre pessimiste Jean Pierre Dupuy (« faire comme si le pire était inévitable » [116]), car le pire pour Cochet est vraiment à venir : il a compris que notre civilisation courait vers un effondrement global. Réduire ou retarder le pire, c'est pratiquer le plus vite possible une politique de décroissance avec « moins de biens et plus de liens », avec d'autres façons de consommer, de se nourrir, de se déplacer, de communiquer et le retour à des solutions ancestrales de bon sens. Yves Cochet crée l'Institut Momentum pour réfléchir sur les moyens à mettre en œuvre pour tenter de réduire l'ampleur de l'effondrement et pour prévoir la suite. En 2011, il écrit : « l'effondrement de la société mondialisée est probable avant 2020, certain avant 2030 ». Contrairement aux plus pessimistes des pessimistes (Paul Jorion : « Le dernier qui s'en va éteint la lumière – Essai sur l'extinction de l'humanité » [117]), Cochet veut être réaliste : « l'objectif n'est plus de penser une société idéale, mais de limiter le nombre de morts » (à l'image de « la peste noire en Europe (1347-1352) : environ 50% de la population européenne mourut »). Comme l'effondrement proche va toucher à la fois les individus (absence soudaine de fourniture des besoins de base) et les institutions (plus de respect de la loi, de contrôle des armes ou de levée des impôts), les gens se regrouperont sans doute en hordes ou en groupes locaux de survie. En 2017, Cochet confirme sa prévision avec deux étapes : « la fin du monde tel que nous le connaissons (2020-2030), l'intervalle de survie (2030-2040) ». Hulot, qui est passé progressivement de la description de la nature et de la protection de l'environnement à des approches plus pessimistes et plus radicales, compare le monde actuel au Titanic et croit que celui-ci coule déjà : « les changements climatiques occasionnent 300 000 morts par an » [118]. Même s'il ne se l'applique pas à lui-même, Hulot dit qu'il s'étonne de devoir continuer à expliquer que la décroissance est inévitable à cause du pillage de la nature et de l'épuisement des ressources naturelles. « Nous sommes obligés de changer pour ne pas disparaître. L'humanité doit se ressaisir, sortir de son indifférence et faire naître un monde qui prend enfin soin de lui. Ne soyez pas trop alarmiste, ne cesse-t-on de me sermonner, vous allez effrayer. Mais si le diagnostic est faux, le traitement le sera tout autant. Si l'on vous promet à l'horizon un lac plutôt qu'un océan agité, vous armerez le bateau différemment ». Par certains aspects, Hulot et ses proches (Dominique Bourg…) mêlent conversion écologique et conversion spirituelle (« « notre sœur, notre mère la Terre, comme l'écrit le pape François, souffre. Et sa souffrance rejaillit sur les êtres humains » Mgr Pierre d'Ornellas) : dans cette optique, les écologistes et les chrétiens font converger leurs peurs de l'avenir (sur terre). Jouzel[119], membre du Conseil scientifique de la Fondation Nicolas Hulot et conseiller de Benoît Hamon, passe aussi de l'analyse stricto sensu des changements climatiques à des approches plus sociétales et plus politiques. Sur le climat, il est formel : il va y avoir au moins 3,5 degrés de hausse à cause des activités humaines dans les prochaines années et cela causera beaucoup de morts. Plus récemment, Jouzel tempère son jugement : « l'effondrement n'est pas imminent. Je nous vois plutôt griller à petit feu » (Le Monde, 2 juin 2019). Les quatre hommes (si l'on inclut Pierre Larrouturu avec lequel travaille Jean Jouzel) se démultiplient en articles, conférences et sont invités dans toutes les écoles et les campus universitaires français pour faire passer leurs messages et il apparaît clairement que l'approche climatique ou écologique sert de fondement à une revendication plus forte : faire disparaître la société capitaliste et industrielle et même sortir de l'âge de l'anthropocène (période de domination de l'être humain sur la nature et sur les autres êtres vivants).

Candide est ébranlé par ses rencontres avec les pessimistes qui contrecarrent tout ce qu'avaient dit les optimistes. Au bout du compte, Candide n'est pas dupe. Les optimistes n'ont pas complètement raison et les pessimistes non plus. Chacun met l'accent sur les faits qui les arrangent, mais les deux ensembles de faits forment un système qui doit être analysé dans son entièreté.

Par exemple, l'optimiste souligne que l'espérance de vie augmente sans s'inquiéter de l'évolution plus contrastée de l'espérance de vie en bonne santé ou bien met l'accent sur la fin des guerres entre Etats après 1945 sans observer que la promesse après Auschwitz « plus jamais cela » n'a pas été tenue : il y a toujours des génocides après 1945 dans le monde. Parfois l'optimiste déforme les faits à son avantage : par exemple, pour démontrer la baisse de la violence à long terme, Pinker regroupe tous les conflits historiques de la période mongolienne (presque un siècle et demi) en un seul épisode, alors qu'il sépare strictement les guerres récentes (les guerres franco-allemandes ou franco-anglaises, la guerre de 14, la guerre de 40…).

Même chose du côté des pessimistes. A l'exception de négationnistes notoires, la baisse de la biodiversité et le réchauffement climatique font l'objet d'un consensus entre les scientifiques. Pourquoi alors propager depuis cinquante ans (Myers[120]) un chiffre scientifiquement faux de perte de 40.000 espèces par an qui confond allègrement espèces disparues et espèces en voie de disparition, qui est basée sur la modélisation d'une expérience non généralisable (une petite île fermée) et qui fait fi des progrès réalisés depuis quelques décennies ? Pourquoi ne pas dire la vérité comme l'a fait une fois Bruno Rebelle (alors directeur de Greenpeace) « nous n'avons pas peur des OGM… Les OGM sont peut-être une merveilleuse solution pour un certain type de société. Mais justement, c'est de ce projet de société dont nous ne voulons pas »). André Gorz souligne qu'il est hostile au nucléaire, non pas à cause des risques, mais parce que cela implique un système centralisé, verrouillé et porteur d'atteintes aux libertés.

Au terme de ces rencontres, Candide a maintenant une certitude et une intuition qui ne vont plus le quitter. La certitude est que les deux approches sont complémentaires. Les deux se rejoignent en filigrane : au fond, l'optimiste ne nie pas la gravité des phénomènes environnementaux et climatiques contemporains, mais veut les replacer dans une perspective positive longue et comme un problème à résoudre (tel que les humains ont toujours su le faire) ; le pessimiste ne nie pas les progrès passés, mais pense qu'ils ne sont pas reproductibles ni généralisables à cause des limites terrestres et naturelles. L'intuition sur laquelle nous reviendrons est la suivante : une partie de la vérité apparaît non dans ce que dit l'optimiste ou le pessimiste, mais dans ce qu'il ne dit pas.

Par ailleurs, Candide l'étranger qui n'a pas peur d'être ostracisé met les pieds dans le plat : est-ce qu'on n'a pas ici deux discours qui ne touchent qu'une faible partie (riche) de la population mondiale, celle qui n'a pas à se soucier quotidiennement de satisfaire ses besoins essentiels ? Pourquoi les optimistes américains évitent-ils avec tant de soin de mettre en relation ou au moins en parallèle le problème de la pauvreté des plus pauvres (qu'ils veulent résoudre) et le niveau de richesse des plus riches (qu'ils trouvent justifié) ? Pourquoi les pessimistes écologistes qui prônent l'austérité joyeuse et la décroissance ont-ils eux-mêmes un train de vie aussi dispendieux et coûteux en carbone ? C'est la question que le philosophe canadien Gerald Allan Cohen ose poser aux philosophes égalitaristes et si soucieux de justice et c'est le titre de son ouvrage : « Si tu es pour l'égalité, pourquoi es-tu si riche ? »[121]. Le plus étrange, souligne Cohen, est « le peu de réflexion que cette tension suscite »[122].

La dernière visite de Candide est pour un juriste qui lui explique un point crucial : faire du droit au développement (et de la lutte contre la pauvreté) et/ou du droit des générations futures (et du combat pour la biodiversité et le climat) un droit (mondial) n'est pas anodin.

Pour considérer la pauvreté (ou la biodiversité menacée) comme la violation d'un droit, il ne suffit pas qu'elle soit perçue comme un mal, il faut aussi deux conditions : 1) que l'on puisse identifier le droit humain dont la pauvreté (ou la dégradation environnementale) serait une violation ; 2) que l'on puisse identifier les actes constitutifs de cette violation et leurs auteurs. Sinon il s'agit d'un devoir de vertu et non d'un devoir de droit. « Tous les devoirs sont ou bien des devoirs de droit, c'est à dire des devoirs pour lesquels est possible une législation extérieure, ou bien des devoirs de vertu pour lesquels une telle législation n'est pas possible » (Emmanuel Kant). Les actions contre la pauvreté ou en faveur de la biodiversité et du climat sont des devoirs de droit parce chacun a le droit d'avoir accès à des ressources minimales dans un environnement garanti et parce que trois conditions sont réunies (c'est encore une tâche enthousiasmante pour le 21ème siècle) : il existe une situation alternative et désirable (universellement réalisable) ; ceux qui pâtissent le plus des injustices sociales ou environnementales ne sont pas responsables de leur état ; la situation est une externalité négative d'activités économiques et de comportements humains observables (la causalité pouvant être directe et volontaire comme dans le cas des énergies fossiles ou bien indirecte, systémique, non-intentionnelle).

II) Causes de l'influence mitigée des optimistes et des pessimistes

Avant d'aborder le fond des problèmes et quel que soit le penchant relatif de nos lecteurs, il est bon de souligner un point sur lequel se retrouvent les optimistes et les pessimistes de tous bords : *ils pensent qu'ils n'ont pas l'influence qu'ils méritent sur l'opinion mondiale et sur les décisions publiques dans les principaux pays du monde.*

Voyons cela de plus près (et trouvons ensuite des solutions à ces problèmes).

A) La question des pessimistes : pourquoi les gens ne font-ils rien (ou si peu) face à l'évidence du danger voire de la catastrophe ou du chaos qui les menacent à plus ou moins brève échéance ?

Per Espen Stoknes, psychologue et président du Centre pour la croissance verte à la Norvegian Business School, décrit *les cinq barrières mentales* qui nous empêchent d'agir efficacement contre les changements climatiques attendus et auxquelles il a décidé de s'attaquer. Il appelle cela la théorie des cinq D : « Distance, Dissonance, Doom, Denial, iDentity »[123].

La première barrière est celle de la distance : le danger est trop lointain temporellement et géographiquement. Temporellement, cela se traduit à la fois dans nos mentalités, nos habitudes et nos méthodes de choix des actions privées et publiques. Comme le disait Keynes, « à long terme, nous sommes tous morts », auquel Ludwig von Mises aimait à répondre : « brûler ses meubles n'est pas forcément une bonne méthode pour chauffer son logis ». Géographiquement, les dangers les plus importants risquent de se produire dans des zones éloignées, ce qui retarde évidemment les réactions et les besoins d'adaptation.

La deuxième barrière est celle du fatalisme et de la lassitude par accoutumance. Cela fait maintenant plus de cinquante ans (le célèbre rapport Meadows date de 1970) qu'on assiste à une communication alarmiste. Les propos récents de Nicolas Hulot (janvier 2019) sont exactement les même que ceux de Paul Ehrlich en 1970 : « J'ai peur, (…), j'ai une fille de 14 ans que j'aime énormément. Je connais beaucoup de jeunes, et leur monde est en train d'être détruit. Mon monde est en train d'être détruit » (nous citons ici Ehrlich). En fait, la prévision était fausse, son monde ne s'est pas effondré et sa fille a eu une vie agréable parce que les décideurs n'ont pas tenu compte de ses prévisions ni appliqué ses recettes. Selon le principe formalisé par Hans Jonas en 1979 (« la peur est la fois un devoir moral et un principe de connaissance et d'action »[124]), les responsables et les médias nous ont fait entrer dans un monde de peurs permanentes (Bruno Tertais[125]) qui finissent par rendre inaudibles les risques vrais et sérieux.

La troisième barrière est celle de la dissonance cognitive. La dissonance survient quand des personnes sont confrontées à des informations qui ne sont pas en cohérence avec leurs croyances fortes ou avec leurs actes. Si elles le peuvent, les personnes vont se livrer à une rationalisation cognitive pour réduire cette dissonance. La façon la plus courante de se comporter avec la dissonance cognitive est de céder à la facilité du biais de confirmation : c'est la tendance, suivie par la majorité des gens, de ne rechercher ou de ne prendre en considération que les informations qui confirment leurs valeurs ou leurs croyances : le biais est facilité ou renforcé sur Internet par les moteurs de recherche ainsi que par l'habitude qu'ont adopté des auteurs de blogs de citer tous les blogs amis. Leon Festinger[126] montre que plus une personne dispose de moyens intellectuels ou financiers, plus elle est capable de rationaliser ou de justifier ses valeurs ou ses comportements. Il conclut que l'appartenance au groupe culturel (politique, religieux ou autre) est plus importante que la connaissance scientifique.

La quatrième barrière est celle du déni. Le déni complète la dissonance cognitive en constituant pour une personne un mécanisme de défense radical : elle refuse carrément de prendre en considération un pan de la vérité qui serait vécu par elle comme douloureuse ou dangereuse. Cela est vrai dans les deux sens : d'un côté, les climatosceptiques nient la valeur du moindre modèle présenté par le GIEC ; de l'autre côté, alors que quelques scientifiques américains signent des pétitions contre l'urgence climatique ou contre l'origine humaine des changements climatiques, les écologistes radicaux nient l'existence même de ces climatosceptiques et attribuent l'essentiel des articles sceptiques sur les réseaux sociaux à des robots guidés et financés par des firmes pétrolières (phénomène dont l'existence est par ailleurs prouvée, mais qui n'explique pas tout).

La cinquième barrière est celle de l'identité. Le réflexe identitaire est un réflexe de fermeture soudaine de l'identité, comme un couvercle de protection, lorsque l'identité collective d'une personne ou d'une communauté se sent agressée ou menacée par des orientations ou des comportements nouveaux ou différents. C'est un mécanisme de défense particulièrement résistant qui est souvent mis en œuvre quand l'incertitude règne et que les valeurs politiques et morales d'un individu sont mises en cause. La tentation est alors de s'accrocher à son identité et de s'enfermer dans ses certitudes au-delà des faits ou de la vérité (« les valeurs mangent les faits » ou « identity trumps truth »). Comme on est ici dans un domaine sensible, les individus peuvent même en arriver au rejet des autres et à des violences quand les valeurs des uns et des autres ne sont pas compatibles (par exemple, un carnivore et un végane).

Comment lutter contre les « 5 D » ? Les psychologues et notamment Stoknes viennent à la rescousse des pessimistes (écologistes et non écologistes) en proposant des solutions pour réveiller les gens : pour créer de l'implication, il faut proposer trois idées positives face à chaque menace mentionnée (par exemple, parler de choses qui doivent faire envie, créer des liens sociaux et faire des expérimentations reproductibles) : les « milliers d'emplois » générés par la transition énergétique plutôt que la fin du pétrole et du charbon, les « merveilleuses recettes végétariennes » plutôt que la fin des barbecues, la rencontre avec une famille contente de ses panneaux solaires plutôt que la taxation de ceux qui n'ont pas de panneau solaire. On retrouve ici notre problème de croyances faibles ou fortes précédemment évoqué.

Pour éviter les changements brutaux, il faut pratiquer une politique pas à pas qui fait entrer dans un engrenage irréversible, être paternaliste libéral plutôt que dictateur : c'est la théorie du « *nudge* » ou du coup de pouce qui est une technique employée pour inciter les gens à changer sans être sous contrainte ou sans qu'il y ait sanction (changer l'assiette à la cantine, montrer un film, mettre des évidences sous les yeux…). Face au déni, on peut visualiser les bienfaits relatifs des nouvelles mesures ou des nouveaux comportements (des signaux, des barèmes, des gains affichés en termes de CO2 avec des défis lancés). Il faut enfin réitérer sans cesse les mêmes informations pour en faire un rituel auquel les gens vont s'habituer et en ancrant les thèmes comme le changement climatique dans leur quotidien, dans leur proximité immédiate plutôt que sur des perspectives lointaines comme l'avenir de la planète. Jouer sur « l'impact des mots » est aussi important, mais n'a pas toujours l'effet espéré : à force de privilégier les mots qui ont une connotation péjorative concrète et qui suscitent davantage de craintes (« pollution » ou « dérèglement » plutôt que changement climatique, « pesticides » plutôt qu'insecticides, « cancer » plutôt que maladie ou morbidité…), on suscite un rejet ou du scepticisme. Les premiers écologistes qui expliquaient clairement par exemple que des insecticides tuent des insectes, ce qui constitue un problème grave pour les oiseaux ou les autres êtres qui se nourrissent d'insectes et a des effets sur toute la chaîne, suscitaient l'approbation du plus grand nombre. Plus globalement, il faut mieux générer l'envie de changer d'identité en présentant des alternatives attrayantes, des imaginaires enthousiasmants à mille lieues des catastrophes, chaos et autres apocalypses.

Le dernier point majeur est le suivant : l'inaction climatique vient de l'absence de coordination sociale. Pour faire émerger la coopération et le passage à l'action, chacun de nous doit avoir le sentiment de ne pas être seul à contribuer et que les efforts sont équitablement distribués Si l'accent est mis sur la communication au détriment des actions, l'individu seul est peu incité à changer son comportement. « Chaque citoyen doit pouvoir suivre et observer, avec des preuves tangibles et visuelles, comment les autres, les collectivités, les entreprises, ou l'Etat agissent, pour créer une norme sociale et inciter à la contribution »[127].

B) La question des optimistes : pourquoi les gens ne se rendent-ils pas compte que le monde se porte mieux qu'avant et n'anticipent-ils pas un avenir encore meilleur ?

Nous vous proposons un jeu : vous faites le test de Rosling (légèrement réaménagé), vous répondez spontanément et rapidement (sans tricher) aux quinze questions du test, puis vous regardez les résultats et nous en discutons.

TEST (ADAPTE) DE ROSLING

1. Dans les pays pauvres du monde, quel pourcentage de filles terminent leur scolarité primaire ?

□ A: 20% □ B: 40% □ C: 60%

2. Où vit la plus grande part de la population mondiale ?

□ A: Pays à faible revenu □ B: Pays à revenu intermédiaire □ C: Pays à revenu élevé

3. Dans les 20 dernières années, la proportion de la population mondiale vivant dans une grande pauvreté :

□ A: a presque doublé □ B: est restée à peu près stable □ C: a presque été divisée par 2

4. Quelle est l'espérance de vie à la naissance moyenne dans le monde aujourd'hui ?

□ A: 50 ans □ B: 60 ans □ C: 70 ans

5. Il y a actuellement 2 milliards d'enfants de 0 à 15 ans dans le monde. Combien y en aura-t-il en 2100 selon les Nations Unies ?

□ A: 4 milliards □ B: 3 milliards □ C: 2 milliards

6. Les Nations-Unies prévoient qu'en 2100 la population mondiale aura augmenté de 4 milliards. Quelle est la principale raison ?

□ A: + d'enfants (- de 15 ans) □ B: + d'adultes (15 à 74 ans) □ C: + de vieux (75 ans et +)

7. Comment le nombre de morts en raison de catastrophes naturelles a -t-il évolué depuis 100 ans ?

□ A: plus que doublé □ B: Resté le même □ C: baissé de moitié

8. En France, le taux de mortalité infantile a fortement baissé en deux siècles et demi : il était de 300 pour mille au 18ème siècle et il est aujourd'hui de :

□ A: près de 30 pour mille □ B: près de 15 pour mille □ C: près de 3 pour mille

9. Dans le monde, combien d'enfants de 1 an sont-ils vaccinés contre les principales maladies évitables ?

□ A: 20% □ B: 50% □ C: 80%

10. Dans le monde, les hommes de 30 ans ont suivi en moyenne 10 années scolaires. Quelle est le nombre d'années pour les femmes du même âge ?

□ A: 9 années □ B: 6 années □ C: 3 années

11. En 1993, le taux d'homicides volontaires en France était de 2,6 pour cent mille (256 tués). En 25 ans, le taux annuel a-t-il ?

□ A: été à peu près stable □ B: légèrement augmenté □ C: baissé de plus de la moitié

12. En 1996, les tigres, les pandas géants et les rhinocéros noirs ont été inscrits sur la liste des espèces en danger de disparition. Combien de ces trois espèces est-elle encore en danger critique aujourd'hui ?

□ A: 2 sur 3 □ B: 1 sur 3 □ C: Aucune des 3

13. Combien de personnes dans le monde ont-elles accès à l'électricité aujourd'hui ?

□ A: 20 % □ B: 50 % □ C: 80 %

14. Le nombre de marées noires (au moins 7 tonnes de pétrole) dans le monde était en moyenne de 70 par an dans les années 1970 : à combien est-il passé dans les années 2010 ?

□ A: resté à peu près stable □ B: baissé à 20 par an □ C: baissé à - de 5 par an

15. Les experts du climat pensent que dans 100 ans la température moyenne de la planète :

□ A: aura augmenté □ B: restera à peu près stable □ C: aura légèrement baissé

FIN DU TEST

Résultats du test

1: C, 2: B, 3: C, 4: C, 5: C, 6: B, 7; C, 8: C, 9: C, 10: A, 11. C, 12: C, 13: C, 14. C, 15: A

Rosling a fait passer le test à des gens dans la rue, aux étudiants de Harvard, aux décideurs de Davos et à des chimpanzés (pour ces derniers, l'effet du hasard aboutit à un résultat de 1 sur 3, soit approximativement 33% de bonnes réponses).

Tous les groupes d'humains ont en moyenne des résultats inférieurs à ceux des chimpanzés : les étudiants de Harvard sont entre 25% et 30% et les autres tournent autour de 15 à 20%. Si l'on met à part la quinzième question sur le climat à laquelle tous les français savent répondre, certains ne donnent qu'une seule bonne réponse sur 14, alors que toutes les bonnes réponses sont les plus positives et dénotent des progrès incroyables dans l'histoire de l'humanité que les personnes (y compris celles formées avec bac + 7 et/ou avec un état d'esprit américain) semblent ignorer.

Comment peut-on programmer de bonnes politiques pour un avenir encore meilleur si l'on ne parvient pas à appréhender la réalité de l'évolution passée et de la situation actuelle ? C'est la question posée par Rosling, d'où ses combats pour mieux diffuser les bonnes informations et pour lutter à la fois contre les risques de désinformation et contre les biais cognitifs.

Les auteurs (Rosling, Pinker…) invoquent deux séries de raisons majeures qui expliquent cette situation non satisfaisante : une barrière mentale et une lutte d'influence.

La barrière mentale tient à la nature humaine : les individus sont spontanément victimes d'une aversion contre le risque (et la douleur) et d'un biais de négativité. Héritiers d'une période qui ambitionnait de faire pratiquement disparaître tous les risques de l'existence, les habitants des pays riches, désormais habitués à leur confort et à l'absence de risque, n'acceptent plus le moindre risque de même qu'ils ne supportent plus par exemple la moindre douleur ni la moindre contrariété. Dans le cas de l'environnement, le besoin de qualité et de minimisation des risques croît aussi avec le progrès économique et technique : la production d'informations croissantes sur les risques va de pair avec l'utilisation de méthodes et appareils de mesure de plus en plus sensibles, ce qui aboutit à un choix de normes de plus en plus rigoureuses et répressives.

Le biais de négativité est la tendance à donner plus de poids aux expériences négatives qu'aux expériences positives et à s'en souvenir davantage, mais il a cependant des effets ambigus : si, dans le prolongement de l'aversion contre le risque, il conduit à surestimer les aspects négatifs et à sous-estimer les aspects positifs du présent, la mémoire peut aussi être sélective sur le passé (surestimer les souvenirs positifs sur un passé très lointain, être pessimiste sur les évolutions qui aboutissent aux événements négatifs actuels). Le biais de négativité a un côté parfois malsain qui conduit nombre de personnes à préférer voir dans les émissions télévisées des nouvelles mauvaises (crises, meurtres, alertes…) ou émotivement remuantes (avec pleurs) auxquelles répondent les journaux télévisés, les documentaires et la télé-réalité : c'est la loi de l'offre et de la demande et c'est aussi la loi du direct car les mauvaises nouvelles sont subites alors que les bonnes choses se construisent dans le temps (imaginons un journal publié seulement deux fois en 1949 et en 2019 : de quoi parlerait le journal de 2019 ?). Le biais de disponibilité (Tversky et Kahneman) renforce notre tendance à déformer notre vision du monde : « nous évaluons la probabilité ou la fréquence d'un événement à l'aune de la facilité avec laquelle des occurrences nous viennent à l'esprit » (Pinker). Ce qui apparaît le plus et immédiatement nous reste à l'esprit : lorsqu'on vit dans une phase négative du capitalisme, on oublie évidemment plus facilement les trends positifs et les phases positives.

Le deuxième facteur est soulevé par Pinker : depuis des siècles, une partie de plus en plus importante de l'intelligentsia influente est, selon lui, « « progressophobe ». Il cite notamment les propos du sociologue Robert Nisbet : « le scepticisme à l'égard du progrès occidental, autrefois confiné à un très petit nombre d'intellectuels du XIXème siècle, s'est développé et étendu (…) non seulement à la grande majorité des intellectuels, mais aussi à des millions d'autres personnes en Occident »[128].

Karl Popper a le même avis : selon lui, notre société est la plus libre, la plus confortable, la plus pacifique et la moins injuste à avoir existé alors que nombre d'intellectuels qui influent sur l'enseignement et les médias déclarent que nous vivons dans une sorte d'« enfer » et préconisent de détruire notre liberté sous prétexte que cette liberté ne serait qu'illusion. Cela conduit à une forme d'écart d'optimisme (« *optimism gap* ») au sein des classes moyennes : une personne reconnaît que sa situation personnelle n'est pas si mauvaise que cela et qu'elle a été bien soignée, que la plage où elle se prélasse est propre, ou qu'elle n'a jamais subi la moindre agression, mais prétend que globalement, conformément à ce que disent les intellectuels et les médias, il n'y a pas de progrès, que la protection sociale et les finances publiques sont au bord du gouffre, que l'insécurité est forte, que l'environnement est dégradé et qu'il y a plein de crises à venir.

Dès lors, selon les auteurs optimistes, il faut diffuser en même temps deux « scoops » : « un : le monde a fait des progrès spectaculaires dans chaque domaine mesurable du bien-être humain, sans exception » (y compris sur le plan moral) et « deux : presque personne n'est au courant » (ce qui veut dire : ni bien informé et/ou ni rationnel). Pour Roser, il faut aussi être méthodique et s'attaquer à chacun des instincts ou biais auxquels, sans réflexion ou sans formation à l'esprit critique, nous avons tendance à céder spontanément (se focaliser sur les informations négatives, chercher des boucs émissaires, généraliser ou essentialiser…).

III) Réalité des faits : la part de vérité des optimistes et des pessimistes

L'état d'esprit prospectif permet de réconcilier les points de vue. « Pessimisme et optimisme ne sont que deux pôles, comme dans un champ magnétique, entre lesquels chacun fluctue au gré de son tempérament ou de sa chance, mais qui ne sont vraiment utiles qu'ensemble, ce qui suppose qu'on ne reste prisonnier d'aucun des deux (…), écrit André Comte-Sponville, (...), les optimistes ont bien de la chance. Les pessimistes, bien du travail. Que les premiers n'oublient pas d'être prudents, ni les seconds d'aimer la vie »[129].

A) Les optimistes ont raison de montrer que le monde a progressé sur de nombreux points depuis trois siècles

A quoi ressemblerons-nous demain ? Voyons déjà ce que nous sommes devenus historiquement. Pour les optimistes, l'évolution à très long terme n'est qu'une suite de progrès dans les conditions de vie des humains et il n'y a aucune raison que ces progrès s'arrêtent : ils doivent se poursuivre dans lignée de leur évolution passée et cela concerne tous les domaines de la vie humaine.

a) Le progrès des connaissances

Un consensus est possible sur un point : la notion de progrès est incontestable en ce qui concerne la connaissance scientifique de la nature. « La découverte progressive de la planète en a été l'un des aspects, de même que l'exploration de l'infiniment grand et de l'infiniment petit » (Marc Augé)[130]. Si les progrès ont toujours existé à toutes les périodes et sur tous les continents, le grand saut qualitatif et quantitatif apparaît à partir de la Renaissance et des Lumières : les recherches, les découvertes et les révolutions scientifiques se multiplient à partir du moment où *la chaîne du passé* (philosophie et science indissociées et sous le contrôle des religions) est rompue. Les facteurs sont multiples : meilleure diffusion des connaissances avec l'imprimerie, découvertes géographiques et progrès cartographiques, remise en cause du pouvoir absolu de l'Eglise catholique par le protestantisme, intérêts croissants des découvertes sur les plans techniques, économiques et militaires.

Naturellement, la transformation des connaissances en techniques n'est pas toujours salutaire ou inoffensive. Le progrès est un changement en mieux et tous les changements techniques ne le sont pas forcément. « Aujourd'hui plus qu'avant, il faut trouver les ressources pour sauver le progrès de ses illusions progressistes, car seul l'horizon d'un progrès peut nous faire agir, mais ce progrès doit être dissocié du changement technique car celui-ci ne peut plus être le seul étalon de mesure du bonheur des sociétés » (François Jarrige)[131].

b) Le progrès des conditions de vie

Personne ne peut nier que les progrès scientifiques et techniques ont permis d'améliorer les conditions de vie d'une majeure partie de la population mondiale et peuvent continuer à la faire dans les pays pauvres. En seulement deux siècles, on peut observer les évolutions suivantes :

SITUATION DANS LE MONDE	**Années 1800**	**Années 2010**
Revenu mondial moyen par habitant (dollars à prix constants)	200	10.000
% de pays non démocratiques	99%	44%
% de personnes en situation de pauvreté absolue	94%	10%
Espérance de vie à la naissance (années)	30	71
Taux de mortalité infantile (pour mille)	350	35
Taux de mortalité maternelle (pour 100.000 naissances)	1200	200

% de naissances assistées par un personnel qualifié	0%	72%
% de personnes vaccinées	0%	87%
Taux de scolarisation primaire	17%	86%
Nombre de pays ayant aboli la peine de mort	0	150
Nombre de pays ayant dépénalisé l'homosexualité	0	124
% de pays reconnaissant la majorité juridique des femmes	0%	91%
% de temps consacré à la guerre entre grandes puissances	70%	0%

Face aux critiques du Progrès, les faits semblent indiscutables. Le Présent est partout meilleur que le Passé. Les optimistes américains sont soutenus par le journaliste hollandais Johan Norberg, (« Non, ce n'était pas mieux avant ! »[132]) ou par l'essayiste hollandais Rutger Bregman (« Utopies réalistes ») qui confirme le diagnostic : « Dans le passé, tout était pire. Pendant à peu près 99 % de l'histoire du monde, 99 % de l'humanité a été pauvre, affamée, sale, craintive, bête, laide et malade. Au 17e siècle déjà, le philosophe Blaise Pascal décrivait la vie commune comme une immense vallée de larmes. (…). Mais tout a changé au cours des 200 dernières années »[133].

c) Les progrès moraux

Le rêve des Lumières était de faire progresser l'humanité. Quel amoureux des Lumières n'a pas rêvé un jour d'assister à ce moment inoubliable (Académie des sciences, 29 avril 1778) où deux vieillards célèbres s'embrassent en public sous les acclamations « comme un Solon embrassant un Sophocle » ? C'est Condorcet qui raconte l'événement : l'un (Voltaire) incarne le règne de la raison qui détruit les erreurs ou les préjugés et l'autre (Franklin) symbolise la démocratie et les droits de l'homme qui sont supposés empêcher la tyrannie. On peut penser que Condorcet voit dans le mélange de la raison et des droits de l'homme ce qui fait le cœur des Lumières et qui est supposé donner une impulsion décisive au progrès de l'esprit humain. L'optimiste Condorcet imagine alors que l'humanité se dirige irrésistiblement vers un destin meilleur. Grâce à la raison, à l'éducation et aux découvertes scientifiques, les hommes transmettent à leurs enfants et petits-enfants des connaissances toujours plus grandes et des techniques plus perfectionnées. Grâce aux révolutions française et américaine et à l'émergence des droits de l'homme, le progrès ne vise pas seulement l'accumulation du savoir, mais concerne aussi la libération progressive de tous les êtres humains avec des lois plus égalitaires, le rejet des intolérances religieuses et des dictatures politiques, l'adoucissement des mœurs. A cette époque, on pense que le progrès scientifique, le progrès social et le progrès moral vont au même pas.

Lorsqu'on adopte la norme morale des Lumières, il y a bien, à long terme, une pacification progressive des mœurs et des comportements dans les deux sens exposés par Michael Shermer[134] : une expansion de la sphère morale, une expansion des domaines moraux.

La sphère morale inclut de plus en plus de personnes qui acquièrent la légitimité et le droit de faire partie de la communauté morale. Progressivement, on est passé de la famille proche et du clan à la communauté locale, puis à des groupes de plus en plus étendus et enfin à l'humanité entière, voire aujourd'hui à tous les êtres sensibles y compris non humains. Peter Singer[135] parle d'une expansion du cercle de la sympathie. On a institué une règle d'or qui exprime au fond le fait qu'il est plus agréable d'échanger des biens, des sentiments, des idées, des gênes que de se battre, de se voler, de se tuer, de se mettre en esclavage ou en servage. La règle d'or est une éthique de réciprocité dont le principe fondamental (« Traite les autres comme tu voudrais être traité si tu étais à leur place » ou « Ne fais pas aux autres ce que tu ne voudrais pas qu'on te fasse ») est, contrairement à ce qu'on dit couramment, tout sauf universel : c'est même le contraire qu'enseignent historiquement la plupart des religions et cultures à l'égard de ceux qui n'ont pas la même religion ou la même culture. La principale difficulté d'une société pluriculturelle est justement de rassembler des personnes qui ont des interprétations différentes de la règle d'or et une conception opposée du champ de la sphère morale.

Parfois l'élargissement de la communauté morale prend du temps. A la période grecque, on se demande si les femmes ont vraiment une âme et la démocratie est réservée aux hommes libres. A la période romaine, la femme adultère est exilée, lapidée voire livrée à un cheval en rut. Au temps des monothéismes dominants, la femme est écartée de la divinité et a le statut de complément ou de moitié de l'homme, tandis que les autorités sont exclusivement masculines. Au Moyen-âge, la Tradition consiste à battre les femmes (soufflets, coups de bâtons…) et cela fait beaucoup rire les hommes. Au 16ème et au 17ème siècle, quand des femmes commencent à réagir, sous l'Inquisition, elles sont mises au pilori et des milliers de « sorcières » sont brûlées. Au 18ème siècle, les premières féministes sont conspuées et l'Eglise condamne les femmes à la souffrance et à l'obéissance, notamment dans le cadre des accouchements et du travail domestique.

On se souvient aussi du combat admirable de Martin Luther King pour élargir la sphère morale américaine aux noirs. « J'ai le rêve qu'un jour mes quatre enfants vivront dans une nation où ils ne seront pas jugés pour la couleur de leur peau, mais pour leur caractère », avait-il dit. Puis vint la fameuse marche de 5 jours jusqu'à Washington en mars 1965. Cinq mois après, le président Johnson accordait le droit de vote aux noirs (mesure qui s'inscrit dans une perspective longue de disparition espérée de tout racisme d'Etat ou systémique aux Etats-Unis).

L'extension des domaines de moralité de l'arc moral est également prégnante puisque tous les domaines de la vie en société sont concernés et vont de la gouvernance publique à la vie privée : montée des démocraties libérales et recul des théocraties et dictatures, économie (protection des droits de propriété, liberté d'échanger et de faire du commerce sans restrictions oppressives), droits humains (vie, mariage, enfants, droit de vote, liberté de parole, autonomie….), prospérité (déclin de la pauvreté, meilleures conditions de vie et possibilité d'ascenseur social), santé et longévité, paix (moins de guerres mortelles et de violences), interdiction du servage et de l'esclavage, baisse des homicides et des viols, contraintes judiciaires (abolition des tortures et des peines de mort), égalité devant la loi (tous les citoyens traités de façon plus égale qu'à aucun moment dans le passé), égalité hommes-femmes, civilité (gens plus polis, plus courtois dans leurs relations avec les autres). Certains pays sont arrivés à un point où siffler une femme dans la rue, insulter une personne ou donner une fessée à son enfant sont catalogués comme des violences à la fois immorales et illégales. Dans tel domaine, le nombre apparent d'actions jugées immorales ou illicites peut croître pour de bonnes raisons : une plus grande transparence et une plus grande incitation ou facilitation à les dénoncer ; une prise en compte de faits de moins en moins graves sur l'échelle de la violence. Par exemple, dans les enquêtes, les victimes de violences au travail ou à l'école sont nombreuses, mais la part des violences physiques a fortement diminué au profit de menaces, d'injures ou de harcèlements moraux.

Evidemment, les évolutions ne sont considérées comme des progrès que par rapport à notre code moral occidental actuel. Peut-on définir ce qu'est un progrès moral sans jugement de valeur ? Cela ne va pas de soi. Si l'on interprète de façon évolutive le code moral occidental, on peut admettre la définition suivante : le progrès moral veut dire une société de moins en moins guerrière, violente ou brutale, qui assure progressivement la survie et l'épanouissement maximaux de tous les êtres sensibles du monde. Il s'agit d'un combat perpétuel et d'une sorte d'investissement dans du capital humain et social qui doit être cultivé en permanence : il faut sans cesse élargir les capacités de pensée critique et étendre les horizons moraux des individus, ou, comme dit Joshua Golstein[136], faire la guerre à la guerre. Il reste que de la barbarie nazie aux tueries islamistes on a de quoi se poser des questions sur l'incroyable écart entre d'un côté le progrès cognitif et matériel fascinant de nos sociétés, et de l'autre côté leur incapacité non moins fascinante à construire à partir de ce progrès un monde totalement non-violent et moralement justifiable. En particulier, l'épisode nazi nous questionne dans la mesure où c'est quand même le pays considéré comme le pays le plus évolué du point de vue culturel, artistique, scientifique et industriel qui se livre à la barbarie la pire de tous les temps.

Qu'on l'appelle progrès ou non puisque cela dépend, en fin de compte, des critères du bien et du mal et de la conception que l'on a du beau, du bon et du juste, l'évolution morale est évidente. L'esclavage, l'inégalité hommes-femmes, les jeux mortels du cirque et l'infanticide sont jugés « justes » ou « normaux » dans la brillante civilisation des philosophes grecs puis dans celle des romains. Les filles non désirées (toutes les cadettes) sont tuées ou abandonnées à la décharge publique, auquel cas soit elles meurent soit elles sont recueillies par des proxénètes ou marchands d'esclaves. Les garçons jugés débiles ou chétifs sont également tués. Si les mères ont le statut d'esclaves, la plupart des nouveau-nés sont sacrifiés afin que les jeunes accouchées retournent plus vite au travail. Tout cela est considéré comme « moral » par les plus grands esprits de l'époque : Hippocrate juge « naturelle » la question de savoir « quels enfants il convient d'élever » ; Cicéron pense que la mort d'un enfant se supporte « aequo animo » (d'une âme égale) ; Sénèque trouve « raisonnable » la noyade des enfants débiles et faibles. Un enfant n'est supposé pleinement humain qu'à partir d'un an ou de sa première dent (de nos jours, il l'est dans le cadre de l'IVG à partir du 5ème ou 24ème mois de grossesse selon les pays). Le culte de la chasteté, la facilité de répudiation, l'analphabétisme et la pression mise sur les femmes pour avoir des garçons conduisent ces dernières à approuver le diktat masculin : se débarrasser le plus vite d'une fille. Il y a donc bien dans les pays occidentaux une évolution morale qui devient progressivement majoritaire et l'intolérance à la violence prend de l'ampleur dans les pays occidentaux au cours du 20ème siècle : pour prendre un exemple marquant, il faut attendre le milieu du 20ème siècle pour que le lynchage collectif d'hommes et de femmes dans certaines régions des Etats-Unis ne soit plus organisé comme une vraie fête pour les spectateurs et finisse par être interdit. Si l'abolition de la peine de mort est encore aujourd'hui un processus lent et inégal aux Etats-Unis, elle est votée en France en 1981.

La relative pacification des comportements et des mœurs dans les pays devenus riches et démocratiques aboutit au constat suivant : la violence non étatique est fortement corrélée à trois éléments majeurs qui sont l'urgence vitale (satisfaire ses besoins de base), les injustices ressenties, l'incapacité (ou le manque de volonté) d'un Etat à faire jouer son monopole de la violence. Sous ces trois conditions, la non-violence est le régime normal de la vie des citoyens qui, pour beaucoup d'entre eux (en France), n'ont jamais fait la guerre ni été confrontés à la moindre violence physique tout au long de leur vie et qui ont pour soucis majeurs des retards de train de quinze minutes ou des embouteillages dans un périphérique. Cependant, le vernis non-violent, qu'il soit privé ou public, peut facilement craquer dès que l'occasion se présente : en août 2005, une période de non-droit fait suite à l'ouragan Katrina à la Nouvelle Orléans et la situation qui dégénère (anarchie, pillages, vols et viols) fait ressortir les inégalités ou injustices ressenties, les faiblesses de l'Etat de droit et les ressorts de la nature humaine ; les attaques islamistes du 11 septembre 2011 sont suivis de distorsions publiques à l'Etat de droit (situations d'urgence, Guantanamo, tortures...) et on voit apparaître de nouveaux arbitrages entre les objectifs de liberté et de sécurité, posant aussi l'éternel problème de savoir jusqu'où une société tolérante doit être intolérante envers l'intolérance. Ainsi, il faut partir de l'idée selon laquelle la violence est toujours une option de l'action humaine (Harald Welzer[137]) qu'il s'agisse de comportement agressif pour un individu ou de guerre pour un Etat. L'assassinat ou l'holocauste ou le camp de concentration (avec ou sans visage humain) ne sont pas une « rechute dans la barbarie », mais une chose toujours possible pour résoudre un problème. Ce n'est pas une pathologie, mais une possibilité. Tuer fait sens : soit pour survivre, soit pour se venger d'une situation jugée intolérable, soit pour des fins supposées supérieures (le nazisme, l'islamisme). Il suffit d'un rien pour que le vernis tombe : une nuisance provoquée par un voisin ou une voiture qui coupe la route peuvent rendre une personne agressive et violente comme une menace d'attentat peut faire sortir un pays des règles de l'Etat de droit : « l'Humanisme, la Raison et le Droit sont trois régulations de l'action humaine qui ont historiquement succombé à chaque attaque un peu rude ». Parfois, la haine que ressentent des gens radicalisés pousse ces derniers au sadisme et à des comportements qualifiés d'inhumains : on ne se contente pas de tuer sans faire souffrir ceux que l'on s'est mis à haïr. Si les ressources venaient à manquer, nous reviendrions rapidement à cette situation où comme dit Stewart Brand, « les amateurs de paix seraient avalés et tués par les amateurs de guerre » [138].

Face aux situations d'urgence, aux inégalités indécentes et aux injustices évitables du monde actuel, on assiste logiquement à un retour en force de violences privées comme moyens privilégiés de lutte et de militance. On retrouve alors le débat historique qui a toujours fait couler beaucoup d'encre : qu'est-ce qui fait disparaître les situations injustes ? Les actions non violentes de type Martin Luther King ou les actions violentes de type Malcolm X ? Les débats sont d'une actualité brûlante car le premier est universaliste et le second communautariste et tous deux s'opposent tout en ayant le même objectif : améliorer les conditions de vie des membres de leur communauté. Malcolm X (1925-1965), produit des ghettos noirs urbains, évolue de la délinquance au radicalisme politique, en passant par la prison où il se convertit à l'islam, et appelle les noirs à des actions violentes pour promouvoir un séparatisme strict entre blancs et noirs aux Etats-Unis, un communautarisme noir et islamique à l'échelle mondiale. Martin Luther King (1929-1968), imprégné des valeurs chrétiennes et de celles de la classe moyenne aisée, s'appuie sur le réseau américain d'Eglises noires et pratique les actions non violentes, les sit-in, les boycotts, la résistance pacifique, la désobéissance civile. Sur la fin de leur vie, avant d'être tous deux assassinés à quarante mois d'intervalle (King par un suprématiste blanc, Malcolm par un extrémiste noir musulman), ils reconnaissent leur complémentarité, savent tous deux qu'on n'obtient pas de droits sans luttes, et « représentent le yin et le yang de l'Amérique noire » (James Cone[139]) : « moi aussi, je suis souvent en colère », dit King ; « mon objectif est, affirme Malcolm, d'être à la gauche du Dr. King, de défier le racisme institutionnel afin que ceux qui sont au pouvoir soient obligés de négocier avec lui ».

Dans les pays en développement, ce que l'on observe depuis quelques décennies est la recrudescence des guerres civiles et des conflits intraétatiques à connotations souvent ethniques ou religieuses. Pourquoi y-a-t-il des guerres civiles ? En utilisant une base d'informations exhaustive sur 50 ans, Paul Collier[140] aboutit à des corrélations significatives. La probabilité de guerre civile augmente en fonction de six facteurs déterminants : un niveau faible de PIB par habitant, un taux de croissance élevé de la population, une forte dépendance par rapport à une matière première, un degré élevé d'inégalité de revenu, un grand degré de diversité ethnique et religieuse, une faiblesse de l'Etat de droit. Michael Doyle et Nicholas Sambanis[141] confirment que le PIB par tête est le meilleur prédicteur du risque de guerre civile dans un pays loin devant tous les autres facteurs. Quand la sortie de pauvreté, voire la prospérité, est à portée de la main, la violence et la guerre deviennent moins attractives. La probabilité de guerre civile passe de 20 à 30% pour les pays les plus pauvres (c'est presque un pays sur trois) jusqu'à 1% pour les pays ayant un PIB par tête au-dessus de 5.000 dollars (c'est un seuil). Les conflits ethniques ou sociaux peuvent conduire à des revendications violentes en faveur de l'autonomie et peuvent se terminer soit par l'indépendance (Bangladesh, Soudan du sud), soit par la réconciliation (Afrique du sud, Irlande), soit par la victoire d'un groupe (Rwanda, Angola), soit par un cessez-le-feu (Corée, Bosnie, Géorgie), soit par une administration internationale (Cambodge, Kosovo), soit par une victoire de l'armée appuyée par une force internationale (RD Congo).

B) Les pessimistes ont raison d'être désabusés par la lenteur des progrès accomplis par la communauté mondiale pour régler les problèmes de la planète

Chaque année, les rapports du GIEC sont de plus en plus précis et de plus en plus inquiétants. Le rythme du réchauffement est sans précédent depuis 2.000 ans et les événements extrêmes deviennent plus fréquents et plus intenses. Ainsi, la crise climatique s'aggrave partout à des niveaux sans précédent et « l'espoir est maigre tant les Etats ne parviennent pas à prendre des décisions politiques ambitieuses et contraignantes »[142].

La lenteur des réactions des décideurs est sidérante alors que les événements prennent des tournures catastrophiques : « la vie sur la Terre est en état de siège et nous sommes désormais dans un territoire inexploré » (William Ripple[143]). Le GIEC parle de « voyage sans retour ». On approche de points de basculement au-delà desquels les évolutions sont irréversibles et se cumulent : la fonte des glaciers et les débits des grands fleuves, les incendies de forêts et la diminution de la couverture forestière de la terre, la fonte du permafrost et le retour de virus, l'élévation du niveau de la mer, etc.

Les scientifiques ne cessent de marteler qu'il faut atteindre la neutralité carbone le plus vite possible et que la seule solution est de sortir de la dépendance aux énergies fossiles (charbon, pétrole, gaz) qui sont responsables de quelque 90% des émissions de CO2 émises par les humains. Avec l'appui de 1.300 organisations de la société civile et de 3.000 scientifiques, 101 lauréats du prix Nobel de la paix (14), de littérature (2), de médecine (30), de physique (22), de chimie (27) et d'économie (6) demandent aux dirigeants de « laisser les combustibles fossiles dans le sol » et appellent à l'adoption d'un traité de non-prolifération des combustibles fossiles, sur le modèle du traité sur la non-prolifération des armes nucléaires de 1968[144].

Pendant ce temps, les nouveaux projets d'énergies fossiles n'arrêtent pas de voir le jour. Kjell Kühne[145] dénombre 425 « bombes à carbone », c'est-à-dire « toutes les infrastructures de charbon, de pétrole et de gaz qui pourraient émettre plus d'un milliard de tonnes de CO2 sur leur durée d'exploitation » (95 projets pétroliers et gaziers et 230 mines de charbon) qui « à elles seules, nous précipitent vers le désastre climatique ». On en trouve sur tous les continents : mines de charbon en Chine, sables bitumeux au Canada, projet Red Hill en Australie, mines de Hambach et de Garzweiler en Allemagne, projet EACOP en Afrique de l'Est. Les dix pays qui en concentrent le plus sont la Chine, la Russie, les États-Unis, l'Iran, l'Arabie saoudite, l'Australie, l'Inde, le Qatar, le Canada et l'Irak. De nouveaux pays producteurs émergent régulièrement : le Guyana, le Brésil, la Namibie… Chaque année, la production américaine de pétrole bat des records. Les prix du pétrole sont en train de baisser non pas parce que leur demande décroît en faveur de sources d'énergies non carbonées, mais parce que leur offre ne cesse de croître.

Le phénomène majeur dont les commentateurs devraient tirer les principales leçons est le suivant : *des acteurs influents (Etats, entreprises, experts) mènent des combats pour nier la nécessité d'actions urgentes contre les changements climatiques.*

Ayant pour l'essentiel perdu la première bataille scientifique et médiatique (la négation du changement climatique), les Etats producteurs et les firmes pétrolières s'orientent aujourd'hui vers la seconde bataille (la géo-ingénierie climatique) pour justifier la poursuite des exploitations de charbon, pétrole et gaz. Mieux : certains groupes pétroliers et gaziers ainsi que des grandes entreprises des secteurs les plus émetteurs de CO2 (ciment, acier) parviennent même à obtenir encore plus de subventions publiques non pas pour freiner leurs productions croissantes, mais pour accompagner celles-ci de projets permettant de tester de nouvelles technologies de captage et de stockage du CO2 (qui s'avèrent pour le moment inopérantes à grande échelle).

Les acteurs pro-fossiles se dédouanent du poids de leur responsabilité de plusieurs façons.

Un, ils disent répondre à un besoin (ce qui n'est pas faux) : « si nous arrêtons d'exploiter de nouveaux champs fossiles, la production mondiale va décroître de 5% par an, alors que la demande augmente de 5% par an ». Ils ont raison d'une certaine façon de reporter la responsabilité sur les Etats qui ne peuvent pas ou ne veulent pas programmer avec suffisamment de vigueur des solutions alternatives à court et moyen terme. Les experts du GIEC comptent les points : que peuvent-ils faire de plus ? Ils espèrent être « utiles pour la décision, mais sans intention de dicter l'action à engager ».

Deux, les acteurs pro-fossiles s'exonèrent d'efforts à mener à court terme en feignant d'attendre les solutions technologiques qui résoudront tous les problèmes : ils reportent alors la responsabilité sur les scientifiques dont ils attendent des solutions miracles et peut-être dangereuses. De leur côté, des scientifiques font des recherches pour faire avancer les connaissances : s'ils profitent de financements d'acteurs peu engagés face à l'urgence climatique, ne vont-ils pas un jour « payer le prix d'un pacte avec le diable » (Isabelle Stengers[146]) ? Yuval Noah Harari[147] les exhorte à se préoccuper davantage des implications sociales et politiques de leurs découvertes et à ne pas créer des choses sans se soucier de qui en aura l'usage ou le contrôle.

Qui peut croire que des Etats pétroliers peuvent s'engager dans des actions qui signifient leur suicide économique programmé ? Jusqu'en 2022, ils étaient même parvenus à empêcher que le pétrole et le gaz soient mentionnés dans les déclarations finales des conférences annuelles (les COP). A la COP 28 de 2023, sous la pression de la société civile et de quelques Etats, on parle pour la première fois d'énergies fossiles : il s'agit de « transitionner hors des énergies fossiles et d'atteindre la neutralité carbone en 2050 ».

D'abord, le texte n'est pas contraignant : c'est une déclaration d'intention qui n'engage que celui qui y croit.

Ensuite, le document explicite ce que l'on entend par « transitionner » : il s'agit d'utiliser des « énergies fossiles de transition » comme le gaz pour sortir progressivement du charbon et de diversifier le panel d'énergies (nucléaire, hydrogène vert...) en attendant que la sortie d'énergies fossiles carbonées soit totale grâce aux techniques de captage et de stockage du carbone à grande échelle. La boucle est alors bouclée : cerise sur le gâteau, les COP sont maintenant présidées par des dirigeants ou ex-dirigeants d'entreprises pétrolières (Sultan Al Jaber pour la COP 28 en 2023, Mukhtar Babayev pour la COP 29 en 2024).

Une autre façon observée dans les dernières COP est de détourner l'attention du problème central (les énergies fossiles) en faveur de sujets plus consensuels (la biodiversité...).

Certaines entreprises pétrolières sont passées, quant à elles, du climato scepticisme à la proclamation d'une transition énergétique qui est à venir, mais qui n'arrive jamais. Cela donne à certains de leurs actionnaires et à l'opinion publique l'image d'un futur politiquement correct que l'on attend avec impatience.

Faisons preuve de réalisme ! Lors de sa conférence de presse du 15 juin 2023, le secrétaire général des Nations unies (ONU), Antonio Guterres est clair : « regardons les choses en face. Le problème ne se situe pas seulement dans les émissions liées aux combustibles fossiles. Ce sont les combustibles fossiles eux-mêmes, un point, c'est tout ». Pour que le pétrole s'arrête, on ne doit pas attendre que des offreurs potentiels acceptent spontanément de le laisser dans le sol, mais faire en sorte que le besoin de pétrole diminue du côté des demandeurs. Il faut que de plus en plus d'Etats de financeurs et de consommateurs deviennent vertueux en changeant de politiques, de comportements et de pratiques et forment des coalitions puissantes pour influer sur le cours des choses. La Coalition dite « de la haute ambition climatique » regroupe quelques Etats (dont la France), mais pèse encore trop peu dans les arènes internationales. Depuis l'année 2020, les 1 .500 banques de développement du monde, qui gèrent autour de 10% des flux d'investissements annuels mondiaux (2.500 milliards de dollars), se sont regroupés (« Finance in common ») et ont fait la promesse d'agir davantage pour le climat et pour les ODD. Dans les pays, il y a de plus en plus d'entreprises et de banques qui cherchent à se comporter de façon plus responsable et pas seulement pour des questions d'image : en France, les critères ESG (Environnementaux, Sociaux et de Gouvernance) sont devenus un élément clé dans l'évaluation des entreprises et des investissements[148]. Parallèlement, de nombreux ménages adoptent des modes de vie à plus bas carbone en termes d'acquisition de biens, d'usage de biens et de leur traitement en fin de vie[149]. Les écologistes pessimistes ont leur part de responsabilité : militent-ils suffisamment pour éliminer les barrière mentales (dont nous avons parlé précédemment), pour se donner eux-mêmes en exemples à suivre et pour susciter des coordinations sociales élargies ?

IV) Réalité des faits : la part d'oubli des optimistes et des pessimistes

A force de vouloir défendre leurs thèses respectives (les progrès réalisés pour les uns, les risques du futur pour les autres), les optimistes et les pessimistes ont tendance à minorer des parties de l'histoire qui ont pourtant une importance majeure pour la compréhension du monde à venir et, pour certains, à tomber même dans une forme de vision caricaturale qui empêche toute analyse rationnelle.

Assurément, on ne comprendra pas le monde du 21ème siècle si l'on n'évite pas deux écueils majeurs : celui de *l'occidentalocentrisme* (pour les optimistes) et celui de *la technophobie* (pour les pessimistes).

A) Mieux comprendre la responsabilité de l'Occident dans la dynamique du 21ème siècle

Lorsqu'on se focalise sur les progrès occidentaux comme le font les optimistes rencontrés par Candide, il y a deux risques majeurs.

Le premier danger auquel n'échappe pas toujours Pinker est un risque théorique consistant à finir par raconter un nouveau grand récit de l'évolution humaine qui irait des peuples historiques supposés plus violents, moins policés, moins moraux, moins intelligents et moins heureux vers une humanité « plaisante et bienveillante » : celle des pays occidentaux contemporains, devenus les chantres du beau, du vrai, du juste, de la paix et du bien-être. Or, si l'Occident ne mène plus les guerres violentes du passé, beaucoup de violences sont liées à des situations de néocolonialisme et de dépendance économique des pays les plus pauvres vis à vis de l'aide extérieure, ainsi qu'à des luttes incessantes pour l'appropriation de matières premières, de terres fertiles ou de marchés juteux. Par ailleurs, décrire la violence intrinsèque d'un peuple « sauvage » ne constitue parfois qu'une partie de l'histoire : on peut étudier la culture violente des bantous héréros qui occupent une partie de la Namibie à partir du 16ème siècle et qui sont éleveurs, guerriers, esclavagistes, mais un fait majeur est que le peuple allemand, supposé culturellement en avance et qui prend possession du territoire à la fin du 19ème siècle, se livre en 1904, sous la direction du général Von Troha, à ce que l'on peut appeler une véritable répétition de ce que sera la Shoah. On assiste alors à la liquidation de la majorité des héréros (hommes, femmes et enfants), à l'enfermement des survivants dans des camps de concentration où la plupart meurent en captivité, à des expérimentations médicales sur les détenus par le jeune généticien Eugen Fischer (futur professeur du docteur Joseph Mengele).

Le deuxième danger est de mettre toujours l'Occident au centre du monde, ce qui a pour effet de perdre de vue l'existence ou la possibilité de périodes où l'Occident n'a pas été ou ne sera plus au centre.

Dans cette optique, nous proposons de définir et croiser trois périodes déterminantes dans l'histoire humaine des six derniers siècles.

a) *La phase de mondialisation dominée par l'Occident (1492-2013)*

L'année 1492 concrétise un moment intense à la source d'une longue période d'exploration et d'exploitation de tous les territoires et peuples de la planète qui peuvent se faire sous des formes variées[150] pouvant aller du pire au meilleur (extermination, esclavage, colonisation, spécialisations économiques, échanges culturels, services sociaux, visites d'ethnologues) et qui marque le début de ce que Immanuel Wallerstein[151] appelle l'économie-monde. Certes, il peut toujours y avoir, ici ou là, des mini-systèmes autonomes généralement basés sur une économie de subsistance et sur la satisfaction de besoins limités, mais, à partir de 1492, l'unité du monde est faite : partant du nouveau centre (l'Europe de l'Ouest), le pôle ouest-américain complète le pôle afro-asiatique. Il ne s'agit pas d'un empire-monde, mais d'une économie-monde. C'est aussi le début d'une longue histoire à l'issue de laquelle toute personne immigrée pourra légitimement dire : « si nous sommes ici, c'est parce que vous étiez là-bas »[152]. Depuis cette date, l'histoire nationale et l'histoire coloniale sont encastrées, de même que sont indissociables l'histoire nationale et celle du reste du monde.

A la temporalité propre à l'économie-monde moderne (tendances lourdes, cycles longs), correspondent aussi une tendance et des cycles dans les choix politico-culturels qui sont représentés par Zeev Sternhell[153] sous la forme d'un combat et d'une alternance entre ce qu'il appelle les Lumières et les anti-Lumières. Pour Sternhell, il existe depuis plusieurs siècles un combat de valeurs entre deux conceptions du monde : l'une qui met l'accent sur la raison, la liberté, l'égalité, la science, le progrès, la recherche du bonheur sur terre, la laïcisation des esprits ; l'autre qui défend les valeurs traditionnelles, les religions d'Etat non sécularisées, les inégalités, les communautés, les particularismes. Les Lumières occidentales ont créé une double rupture en imaginant « un projet de société qui prône un large espace de liberté personnelle, économique, religieuse, d'expression, etc. ; un espace de liberté beaucoup plus étendu que celui qui avait été revendiqué dans le passé immédiat »[154] et en prônant « un renversement inouï de l'ordre des choses, contre tous ceux qui ont un « titre » à gouverner (force, ancienneté, naissance, richesses, vertu, savoir) au profit de ceux qui ne comptent pas, qui n'ont pas de titre à être comptés »[155]. Au-delà des positions personnelles contrastées et parfois critiquables des penseurs des Lumières[156], la vision sous-jacente à long terme est celle d'un monde prospère, cosmopolite, pacifique, éduqué, sécularisé, progressiste, promouvant des droits réels (y compris sociaux) pour tous les individus. La vision anti-Lumières du monde prône l'antirationalisme, le refus de l'universel, le retour à un ordre communautarien au sein duquel l'homme ne devrait pas se poser de questions et suivre tout simplement les règles édictées par ses origines ethniques, sa culture, son histoire, sa langue, ses autorités et son Dieu. Supériorité de la foi sur la raison et subordination de l'esprit critique à l'esprit historique sont les mots d'ordre.

L'année 2013 est choisie symboliquement comme date finale de la domination absolue de l'Occident. C'est l'année où les pays occidentaux comptent pour moins de 50% du PIB mondial (en 2000, ils produisaient encore 60% du PIB mondial). Naturellement, cela ne signifie nullement la fin de la puissance occidentale, mais l'évolution vers une forme de polycentrisme. Depuis plusieurs années déjà, quelques pays émergents (Chine, Inde, Brésil, Afrique du Sud) s'affirment sur la scène internationale : avec la Russie, ils ont créé le groupe des BRICS et constitueront à eux cinq plus de 50% du PIB mondial en 2050. En 2050, à côté de la triade historique (Etats-Unis, Japon, Union européenne) et des BRICS, il faudra aussi tenir compte de l'influence grandissante de ce que l'on appelle les « *onze suivants* »[157] (Bangladesh, Corée du Sud, Égypte, Indonésie, Iran, Mexique, Nigeria, Pakistan,

Philippines, Turquie, Vietnam). Le basculement démographique et économique au détriment des pays occidentaux n'implique pas en soi une perte de puissance occidentale, mais une montée en puissance des autres pays qui signifie surtout d'une part un rejet du prétendu « droit d'ingérence » et de l'influence occidentale sous ses formes dures et néocolonialistes auxquelles certains pays occidentaux s'accrochent (la coercition, la menace, l'aide conditionnelle, les interventions militaires) sans avoir parfois les moyens de leurs ambitions, et d'autre part une méfiance (ou une déconstruction) vis à vis des valeurs morales et droits humains que l'Occident défend, mais ne respecte pas toujours lui-même et que, pour diverses raisons politiques ou culturelles, les autres pays ne partagent pas nécessairement.

Au-delà de sa part dans le PIB mondial, un pays peut rester dominant et puissant s'il combine un « *hard power* » (par ses forces militaires et nucléaires) et un *« soft power »* (par son influence créative, scientifique, linguistique, culturelle, idéologique)[158]. Le hard power (la menace, la manière forte) s'oppose au soft power (la persuasion, la manière douce). Personne n'imagine que Boston, New-York, Los Angeles ou San Francisco perdront leur caractère de villes-phares du 21ème siècle, mais d'autres villes leur seront associées ou concurrentes dans le monde. L'écart de dépenses militaires entre les Etats-Unis (près de 40% des dépenses mondiales) et les autres pays du monde reste colossal. Dans le prolongement de la guerre froide, les États-Unis et la Russie possèdent encore à eux deux 93 % des stocks mondiaux d'armes nucléaires. La puissance de l'Occident se manifeste dans de nombreux domaines : articles scientifiques publiés, pôles de recherche, fonds d'investissements, ambassades, succès musicaux ou sportifs, prix Nobel, attractivité des services éducatifs ou sanitaires et des systèmes sociaux et politiques, patrimoine architectural et tourisme, poids des idées, domination du numérique, grandes entreprises et organisations non gouvernementales (ONG), place dans les instances internationales.

b) *La phase de croissance économique mondiale fondée sur les énergies fossiles (1712-2050)*

Une date fameuse dans l'histoire de l'Occident et par ricochet de l'humanité est celle de 1712, date à laquelle on peut situer le début de l'ère fossile : invention d'une machine à vapeur (Newcomen) qui facilite l'extraction du charbon (plus tard, surviendront les améliorations déterminantes de James Watt). Dès lors, l'utilisation du charbon comme source d'énergie se généralise dans le cadre de la première révolution industrielle, puis s'accélère dans les années 1850 avec la seconde révolution industrielle qui génère une croissance jamais vue auparavant[159] et qui voit aussi émerger une nouvelle source d'énergie fossile (en 1859, le premier puits de pétrole est foré aux Etats-Unis). Il faut attendre les années 1940 pour que la troisième source (le gaz naturel) se développe et alimente les industries lourdes, les centrales électriques et les foyers des ménages.

Dans les années 2020, l'ère fossile continue de battre son plein puisque les énergies fossiles occupent plus de 80% du mix énergétique (la même part que dans les décennies précédentes). Il est raisonnable de penser que, malgré les promesses officielles, l'exploitation de nouveaux gisements va se poursuivre encore longtemps et qu'il faudra attendre au moins l'année 2050 pour voir la part des énergies fossiles descendre en dessous de 50% : encore y met-on une condition drastique, à savoir une augmentation significative de leur prix, avec ou sans taxe carbone (dans le cas contraire, sans doute le plus probable, on pourrait être encore à 69% selon les prévisions de l'*Energy Information Administration* américaine), sachant que même une baisse à 50%, toutes choses égales par ailleurs, n'est pas forcément une bonne nouvelle pour le CO2 et pour le climat puisque dans le même temps il est prévu que la consommation mondiale d'énergie doit augmenter de 50% en moins de trente ans à cause d'un accès accru à l'énergie dans le monde, de la croissance démographique et économique des pays pauvres et en transition.

L'histoire du monde fossile ne peut être découplée de celle du capitalisme. Les historiens ne sont pas tous d'accord sur les origines et les causes du capitalisme européen (entre le 14ème siècle et le 18ème siècle) : le rayonnement des grandes cités-Etats marchandes, l'expansion des systèmes bancaires et boursiers, le développement de l'éthique protestante, les évolutions techniques majeures. Cependant, il est raisonnable d'admettre que le capitalisme moderne émerge en même temps que la première révolution industrielle, c'est à dire au 18ème siècle.

Depuis le 18ème siècle, l'évolution socioéconomique peut être analysée à travers trois prismes : les trends ou tendances à long terme, les vagues à moyen terme (souvent appelées cycles de Kondratieff), les cycles conjoncturels. Il faudrait éviter de décrire ces évolutions à travers des schémas réguliers ou linéaires car ils sont en partie chaotiques et dépendent de facteurs dont les évolutions sont parfois imprévisibles ou dictées par des paramètres exogènes.

Chaque phase longue de croissance est associée à une révolution technique profonde. Celle des années 1945-1975 est sans doute l'une des plus importantes de toutes. Dans le prolongement des technologies mises au point dans les décennies antérieures, ce *quasi-âge d'or* est celui de la diffusion dans les pays occidentaux et dans le reste du monde du modèle fordiste de production et de consommation de masse. Ford exprimait la philosophie de l'époque : si nous donnons suffisamment d'argent à nos employés et ouvriers pour acheter nos voitures, nous faisons d'une pierre deux coups, car nous résolvons le problème des débouchés et nous jouons gagnant-gagnant puisque tout le monde est content et que les salaires et les profits peuvent croître de concert. L'idéal des Lumières, mettant d'accord déontologistes et utilitaristes (construire un système socioéconomique agissant moralement et assurant le bien-être du plus grand nombre) semble alors à portée de mains. Comme le souligne François Caron, le fait principal à cette période est « l'accentuation du mouvement d'institutionnalisation et de massification de la recherche »[160]. Au fur et à mesure que se développe la recherche scientifique, on observe aussi ce que les principaux sociologues ont appelé la complexification, la différenciation sociale, l'individualisation et la rationalisation. Le processus de rationalisation, particulièrement à l'œuvre dans les phases positives des cycles, recouvre trois significations complémentaires : la rationalisation comme maîtrise croissante de la nature et sortie progressive de l'univers magico-symbolique, la rationalisation comme autocontrôle et maîtrise individuelle des pulsions et des passions, la rationalisation comme augmentation du rôle de la rationalité dans les ordres et sous-ordres des sociétés.

c) *La phase de domination absolue des Etats-nations (1648-1989)*

Le traité de Westphalie (1648), qui a pour but originel de remodeler l'Europe, est à l'origine d'un nouvel ordre international fondé sur l'affrontement d'États désormais souverains et égaux en droit. Cet ordre qui subsiste encore partiellement aujourd'hui et qui remet en question les ordres supranationaux d'essence religieuse (prônés par les fondamentalistes religieux universalistes) comprend cinq piliers[161] : les gouvernements des Etats-nations sont les seuls détenteurs de la souveraineté nationale et ont le monopole de la violence légitime ; la souveraineté s'exerce sur un territoire physique ; les gouvernements des Etats-nations sont aussi les acteurs les plus puissants du monde ; il n'y pas de droit supranational, mais éventuellement un droit international issu de traités signés par les nations souveraines ; la guerre entre nations souveraines est un moyen légitime pour résoudre les différends.

Si les Etats-nations restent forts, il est de plus en plus courant de parler d'ère post-westphalienne depuis quelques décennies. L'année 1989 symbolise deux changements majeurs : d'une part, la chute du mur de Berlin est une étape symbolique et capitale de la période de l'histoire récente à la fois de l'Allemagne et des pays communistes, marquant la fin de la guerre froide entre les deux blocs et une marche (supplémentaire) vers un ordre mondial néolibéral ; d'autre part, la création du Web symbolise le monde à venir qui est celui de systèmes de réseaux informatiques reliés entre eux et de développement d'une communauté internationale et d'une société civile très active, le Web devenant une application majeure d'Internet qui en compte d'autres (mailing, visioconférences...). Avec la révolution des NTIC qui complète celle des transports, les agents privés (individus, entreprises, ONG...) sont plus incités et disposés à échanger et à coopérer que les Etats[162].

Il n'est pas facile de déterminer ce qui explique prioritairement la fragilisation du système westphalien : remise en question de la gouvernance occidentale, développement des NTIC et globalisation des informations et des échanges, mondialisation libérale et remplacement de l'Etat par le Marché...

Les mutations font trembler les cinq piliers : transfert de souveraineté vers le haut (intégration régionale : le droit européen a primauté sur le droit national ; intégration mondiale : directives de l'OMC ou des Nations Unies), vers le bas (avec la décentralisation et la mise en place d'Etats fédéraux) et de façon latérale (puissance croissante des forces du marché et des acteurs non étatiques) ; nombreux défis transnationaux et insensibles à la notion de territoire géographique (comme les épidémies, les pollutions, les catastrophes nucléaires, les flux d'Internet, la finance internationale...) ; acteurs non étatiques de plus en plus puissants et influents (firmes multinationales, organisations non gouvernementales, groupes maffieux...)[163] ; émergence des éléments précurseurs d'un droit supranational ; développement de guerres non westphaliennes : guerres civiles internes aux pays et guerres internationales ayant des motivations plus économiques, technologiques ou culturelles que géographiques.

Comment comprendre la portée et le sens des évolutions en cours ? Que peut vouloir dire une ère post-westphalienne[164] ? D'une certaine façon, la mondialisation néolibérale est représentée par la convergence entre deux mouvements qui font que « jour après jour, en même temps que l'on dépasse les nations et que l'on détruit l'État, c'est la démocratie qu'on abolit »[165].

Premier changement : dans les pays, la révolte (ou sécession) des élites[166] a remplacé la « révolte des masses ». Les élites bénéficient de privilèges croissants, habitent dans leur propre univers (quartiers protégés, écoles privées, cliniques, commerces de luxe, lieux de villégiature…) et ne veulent pas vivre avec les gens ordinaires d'une société à laquelle elles imposent des principes et des évolutions desquels elles s'exonèrent elles-mêmes. Selon Ivan Krastev, elles ont même « perdu la capacité de partager les « passions et les émotions de leur communauté »[167].

Seconde évolution : au niveau international, à partir de rencontres fréquentes entre les élites économiques nationales comme celles du Forum annuel de Davos, se dessinent les contours d'une technostructure mondialisée postnationale qui considère les Etats-nations interventionnistes comme des freins à son épanouissement.

B) Réconcilier l'écologie et la science au bénéfice des générations futures

Réconcilier l'écologie et la science est une tâche majeure pour les années à venir. D'abord, l'écologie est une vraie science qui étudie l'environnement et l'impact des activités humaines sur celui-ci : le progrès des connaissances écologiques est essentiel et on l'a bien vu pour le climat (au fur et à mesure des recherches internationales, les résultats du GIEC sur l'évolution du climat sont de plus en plus certains). Ensuite, un écologiste rationaliste est un écologiste qui se bat pour mettre la science ou la technique et sa puissance d'innovation au service d'une économie soutenable. Cependant, comme la technique n'est pas neutre, il est normal de peser le pour et le contre des techniques nouvelles : certes, il y a chez beaucoup d'écologistes une méfiance vis-à-vis du « système technicien » (Jacques Ellul), mais plusieurs auteurs historiques promeuvent plutôt des « technologies appropriées » (Ernst Schumacher) ou « des outils conviviaux » (Ivan Illich). Loin d'être technophobes, ces auteurs et leurs successeurs sont techno critiques : selon la plupart d'entre eux, une technique idéale est de petite taille, sobre énergétiquement et contrôlable par son utilisateur[168].

Pour clarifier les débats, partons du problème climatique. Pour atteindre la neutralité carbone, on doit réduire rapidement et drastiquement la consommation de produits fossiles. Or, pour réduire la consommation de produits fossiles, il y a *deux leviers majeurs : la technique ou la décroissance*. La technique est essentielle si l'on veut maintenir le bien-être de la population : un optimiste technophile souhaite accélérer le progrès scientifique et technique dans les domaines qui permettront à la fois de développer les énergies non fossiles à grande échelle, d'orienter le savoir vers les économies de ressources et le respect des limites planétaires. Tout le monde se souvient de la prophétie de l'ancien ministre saoudien Ahmed Zaki Yamani (« l'âge de pierre ne s'est pas terminé parce que le monde a manqué de pierre, et l'âge du pétrole se terminera bien avant que le monde ne manque de pétrole »), mais nous devrions tous méditer ce qu'il a ajouté dans son discours : « le véritable ennemi pour l'OPEP est la technologie »[169]. Il avait raison : pour prendre un seul exemple, l'Agence Internationale pour l'Energie prévoit que la part des véhicules électriques atteindra 35% des ventes mondiales en 2030, ce qui réduira la consommation de pétrole de 5 millions de barils par jour[170]. Mais pour un pessimiste méfiant vis à vis de la technique, prétendre atteindre les objectifs climatiques sans baisser les activités dans un pays riche relève d'une illusion techniciste. Cependant, faire décroître durablement les activités sans changer de système voire de civilisation est impossible ou néfaste. La baisse de l'activité économique, testée pendant la Covid, réduit logiquement la demande d'énergies fossiles et les émissions de CO2 baissent de 8% en 2020, ce qui est un record dans l'histoire récente, puisque les baisses ont été de 4% pendant la seconde guerre mondiale, de 3% durant la récession 1991-1992 et de 1% durant la crise financière 2008-2009. Chacun a pu faire l'expérience qu'une décroissance (qui plus est avec confinement) était bonne pour le CO2 et le climat, mais mauvaise pour l'emploi et le bien-être. Il est à noter que si les mesures d'urgence ont atténué les effets de décarbonisation en touchant tous les secteurs économiques sans distinction (à bas carbone et à haut carbone), la crise a freiné l'investissement y compris dans les branches porteuses de réduction de CO2 (par exemple, retards de production des panneaux solaires en Chine). En revanche, on observe globalement une confiance retrouvée dans le progrès scientifique : les chercheurs sont mis à contribution, car chacun attend impatiemment l'arrivée de médicaments et de vaccins contre la nouvelle maladie.

Maintien ou baisse des activités ? Il existe *quatre leviers* (le reste est accessoire) pour assurer la transition énergétique et économique d'un pays et équilibrer la production et la consommation d'énergie sans produits fossiles : les énergies stables (hydroélectrique et nucléaire), les énergies intermittentes (solaire et éolien), l'efficacité énergétique (amélioration de la performance des procédés, équipements et bâtiments), la sobriété (baisse de la consommation reposant sur un changement des modes de vie). Mettons de côté les quelques pays (Norvège, Canada, Brésil) qui disposent de suffisamment d'énergies hydroélectriques (60% à 96% de l'électricité du pays) pour compléter le dispositif avec des énergies intermittentes et ainsi apparaître comme des pays « 100% énergies renouvelables ». Pour les autres pays qui ne disposent que d'un potentiel hydroélectrique limité (10% à 20% du total), il y a deux débats majeurs : se passer ou non d'énergie nucléaire, se passer ou non des grandes technologies et infrastructures y compris énergétiques (ce qui inclut les grands parcs éoliens ou solaires et les grands barrages hydroélectriques). A partir de ce raisonnement, on comprend l'existence de trois grandes familles d'écologistes qui sont toutes favorables à l'usage des quatre leviers pour réussir la transition, mais avec des préférences et des restrictions propres à chaque groupe. Le cœur du débat porte sur la question suivante : une économie moderne peut-elle reposer sur le solaire et l'éolien ? Les premiers admettent : « non, nous avons besoin d'énergies stables » ; les seconds répondent : « oui, bientôt grâce au progrès technique » ; les derniers concluent : « non, sortons de l'économie moderne ».

Le premier groupe met l'accent sur l'importance du levier des énergies stables et particulièrement de l'énergie nucléaire. James Hansen publie en 2013 une lettre dans laquelle il écrit : « la poursuite de l'opposition à l'énergie nucléaire menace la capacité de l'humanité à éviter le danger du changement climatique »[171]. Selon, ce groupe, les avantages écologiques de l'énergie nucléaire ne se limitent pas au fait d'avoir très peu d'effets sur le CO2, mais aussi de demander une consommation en métaux largement inférieure à l'éolien et au solaire.

Le deuxième groupe veut se passer de l'énergie nucléaire y compris dans les pays sans potentiel hydroélectrique et met donc l'accent sur le levier des énergies intermittentes. Dans ce cas de figure (dépendance vis-à-vis des énergies intermittentes), on a besoin d'une accélération de la recherche scientifique, de l'innovation technologique et de la construction d'infrastructures de réseaux. Aucun pays au monde n'a encore mis sur pied, de façon autonome, un système électrique avec une forte proportion d'énergies intermittentes. Programmer un tel système à un horizon de quelques décennies suppose d'avoir résolu un certain nombre de problèmes (voir le chapitre 4), ce qui est loin d'être le cas.

Enfin, le troisième groupe d'écologistes, qui ne veut pas d'énergie nucléaire et qui ne plaide pas non plus pour des énergies intermittentes à grande échelle, met l'accent sur le seul levier qui leur paraît soutenable : celui de la sobriété. Pour certains militants, il s'agit alors d'imposer un abandon de nombreux biens et services et un mode de vie austère et économe de façon impérative et liberticide. L'idée est simple : il ne s'agit plus de remplacer les voitures à essence par des voitures électriques, mais de réduire le nombre de voitures individuelles. C'est un changement de civilisation qui est promu : il faut « remettre la technique à sa juste place », c'est à dire abandonner les grands programmes de recherche inutiles et dispendieux, le système du toujours plus d'innovations et de hautes technologies, toutes les grandes infrastructures, bref, promouvoir une société basée sur des basses technologies, durables et réparables, qui soient à la fois « économes en ressources et maîtrisables localement » (Philippe Bihouex[172]).

Chapitre 3
Réaliser les Objectifs du Développement Durable et réinventer un capitalisme social adapté au monde du 21ème siècle

Avant d'aborder les problèmes concrets des actions à mener dans les pays riches (chapitre 4) et dans les pays pauvres (chapitre 5), nous avions besoin d'un cadre général. D'abord, nous avons imaginé les trajectoires possibles à long terme des pays en passant au crible et en faisant converger les approches des auteurs optimistes et pessimistes. Ensuite, le deuxième effort que nous demandons à nos lecteurs (à travers ce chapitre) est le suivant : concevoir un système capitaliste qui ne soit pas néolibéral et redevienne social. Le couple (Etat / marché) peut pencher vers le marché (capitalisme pur ou libéral), basculer en faveur de l'Etat (capitalisme d'Etat) ou être mixte (capitalisme régulé ou social).

Si l'on prend du recul et si l'on adopte une perspective historique suffisamment large, on peut se référer aux cycles capitalistes longs. L'alternance entre capitalisme social et capitalisme néolibéral est observée depuis le 18ème siècle et s'apparente à ce que l'on a appelé les cycles longs du capitalisme (Kondratieff, Schumpeter). Dans tous les cycles, les débats entre interventionnistes et libéraux ont toujours existé : au 18ème siècle, en France, à un niveau de dépenses publiques évidemment plus faible, le débat portait sur le rôle de l'aide sociale (apportée par les paroisses aux pauvres des villages ruraux) qui, pour les économistes libéraux, freinait la mobilité et empêchait les pauvres de migrer et de se présenter comme main d'œuvre disponible pour les entreprises industrielles urbaines. Dans les cycles suivants, les débats portaient aussi sur les règlementations sociales qui étaient pour les libéraux contraires aux libertés fondamentales (avec un slogan déjà fameux « c'est mon choix » : le droit d'un enfant pauvre de 9 ans de travailler à la mine s'il le souhaite !).

Dans le dernier cycle long, le capitalisme social des années 1945-1975 est bâti autour d'une idéologie (et éthique) du libéralisme social (Keynes, Rawls) qui met l'accent sur l'investissement public et la justice sociale comme piliers du développement, alors que le capitalisme libéral des décennies suivantes repose sur une idéologie néolibérale (Friedman, Hayek) qui promeut la réduction des interventions publiques et la supériorité des marchés (re)devenus libres. Chacune des phases est nécessaire au bon fonctionnement du système car elle est adaptée aux spécificités de la période concernée et permet de corriger les erreurs et les excès de la phase antérieure. Cependant, on comprend facilement d'une part que le prolongement indu d'une phase finit par avoir des effets nocifs sur les économies et même sur les sociétés (nous l'avons souligné dans le chapitre 1), d'autre part que l'atteinte des objectifs ambitieux du Millénaire (définis en 2000) puis du Développement Durable (2015) qui impliquent des investissements publics et de la justice sociale à l'échelle mondiale est conditionnée par un retour à une phase de capitalisme social adapté au 21ème siècle et qu'il nous revient de concevoir et de favoriser.

I) Cycle capitaliste long (1945-2020) et passage de la phase sociale à la phase libérale

On peut schématiser le cycle capitaliste long 1945-2020 de la façon suivante :

Phase sociale	**Transition**
Les trente glorieuses : 1945-1975	Les années 1975-1981
Idéologie du libéralisme social (Keynes, Rawls)	
Investissements publics et justice sociale, moteurs du développement	
Accent mis sur les défaillances privées	
Indicateur de base : le TRI (taux de rendement des investissements privés à long terme)	
La croissance fluctue autour d'un taux de 5% dans les pays riches	
La part de revenus des 10% plus riches passe de 50% à 30%	

Phase libérale		**Transition**
Les années dures 1981-2000	Les années molles 2000-2008	Les années 2008-2020
Idéologie néolibérale (Friedman, Hayek)		
Déréglementations, privatisations, ouverture sur l'extérieur		
Accent mis sur les défaillances publiques		
Indicateur de base : le TRCP (taux de rendement des capitaux propres à court terme)		
La croissance fluctue autour d'un taux de 3% dans les pays riches		
La part de revenus des 10% plus riches passe de 30% à 50%		

A) La phase du capitalisme social

Les relations entre les êtres humains (sous-population ou surpopulation et déséquilibres), la nature (rareté ou surexploitation) et la technique (impuissance ou surpuissance) sont au cœur de tous les changements et de toutes les analyses depuis Adam Smith, Malthus et Ricardo. Les analyses des trente glorieuses (1945-1975), souvent considérées comme un quasi-âge d'or, n'échappent pas à la règle en évoquant, entre autres, la croissance démographique (le baby-boom), un accès aisé à des énergies bon marché (notamment fossiles), un progrès technique élevé, le tout dans un cadre volontariste de développement économique fort (avec la reconstruction et le rattrapage de pays dévastés par la guerre), de plein-emploi (avec les politiques keynésiennes) et de capitalisme inclusif et social.

Aucune personne née au cours des années d'après-guerre dans les pays occidentaux ne peut imaginer l'intensité des fluctuations dans les cycles conjoncturels qui précédent la période du quasi-âge d'or.

La crise de 1929 est l'une des plus dures de toute l'histoire capitaliste. Les difficultés de reconstruction monétaire et commerciale internationale après la première guerre mondiale font que chacun essaie tant bien que mal de maintenir ses parités (convaincu de la nécessité de monnaie forte) et de s'enfermer dans des systèmes de protection, de barrières douanières et de contrôle de change. Entre 1914 et 1926, les prix sont multipliés par 14.000 en Autriche, 2.500.000 en Pologne, 4 milliards en Russie et 1000 milliards en Allemagne (lorsqu'il y a une telle hyperinflation, il y a une fuite devant la monnaie : fuite de tous les capitaux privés et utilisation de monnaies extérieures comme moyens de paiement intérieurs). En France, les prix sont seulement multipliés par 7 car, entre-temps, le gouvernement Poincarré parvient (au prix de récession et de chômage) à stabiliser les changes. Le Royaume-Uni mène un combat perdu d'avance pour maintenir sa suprématie en luttant par tous les moyens pour avoir une monnaie forte (donc surévaluée) au prix d'une stagnation économique et de conditions sociales désastreuses, mais, bien avant la crise de 1929, les Etats-Unis deviennent le pays dominant et sa prospérité sauve l'économie mondiale pour un temps. Cette prospérité entraîne un véritable boom dans le domaine de la construction des usines et des logements. Dès lors, tout le monde se met à spéculer et c'est le krach boursier d'octobre 1929 aux Etats-Unis qui entraîne les américains et leurs partenaires dans le désastre de la crise. John Kenneth Galbraith pense que quelques grands entrepreneurs et banquiers ont tous les torts, ayant incité tous leurs compatriotes à continuer à jouer la hausse au-delà de l'imaginable et le Président Hoover dira plus tard « il y a des crimes pires que l'assassinat pour lesquels les hommes mériteraient d'être injuriés ou punis »[173].

La dépression est forte et profonde aux Etats-Unis. Au cours des jours symboliques du 28 et 29 octobre, à la bourse de New York, 42 millions de titres sont proposés à la vente et personne n'en veut : c'est la débâcle. Il s'en suit un effondrement des valeurs et des liquidités. Beaucoup de banques et d'entreprises font alors faillite. L'investissement privé total chute de 15,8 milliards de dollars en 1929 à 0,9 milliards en 1932 et n'est en rien compensé par l'investissement public. Le revenu national passe de 87,4 milliards en 1929 à 48,6 milliards en 1934. Le taux de chômage est de 38 % en 1933, soit 12,6 millions de chômeurs. Le processus cumulatif à la baisse s'explique par la conjonction du ralentissement d'activité enclenché par les réactions des consommateurs (épargner, survivre pour les chômeurs) et des entreprises (ne plus investir), des faillites bancaires (baisse des crédits), de l'absence de stabilisateurs automatiques (pas de protection pour les chômeurs passés aux Etats-Unis de 4 millions à près de 13 millions) et de politiques publiques contre-cycliques, du choix de mesures protectionnistes dans tous les pays, de l'effondrement du système monétaire international.

A partir de 1933, un mot d'ordre qui perdure jusqu'à aujourd'hui et qui sera l'une des causes du quasi-âge d'or des années 1945-1975 : *plus jamais cela !* (à partir de 1945, le slogan « plus jamais cela » englobera aussi les guerres mondiales et les génocides).

Les nouvelles politiques nationales (keynésiennes) s'attaquent à la récession et ont pour objectif le retour au plein-emploi. A partir de 1993, aux Etats-Unis, les responsables mettent en place le New Deal qui consiste à faire exactement l'inverse de ce qui avait été fait précédemment : remédier aux déficiences du système bancaire et faciliter la croissance des crédits, mener des politiques agricoles et industrielles vigoureuses par secteurs en veillant à ce que les paysans et les ouvriers aient suffisamment de revenus pour consommer et investir plus, lancer des grands travaux publics (notamment des aménagements hydro-électriques), créer des instruments sociaux d'aides aux chômeurs. La production et l'investissement privé repartent de concert, mais ils partent de tellement bas que le chômage ne peut complètement baisser : il faudra attendre les dépenses militaires et la guerre pour voir le pays revenir au plein-emploi. On retrouve cette situation dans la plupart des pays : l'expérience de Léon Blum offre même la particularité de rétablir le plein-emploi sans faire croître la production (raisons : la semaine de 40 heures, le retour à la terre de salariés urbains, la stagnation démographique).

La réussite avérée des nouvelles politiques fera dire plus tard à Paul Krugman[174] que « pour peu qu'ils y réfléchissent, la plupart des économistes voient dans la grande dépression des années 1930 une tragédie profondément gratuite et inutile » et c'est le début de la macroéconomie keynésienne qui résout d'un coup le principal problème de la prévention des dépressions aigües. De nos jours, on sait faire face aux crises : le contrôle de l'inflation avant qu'elle dérape en hyperinflation et nécessite des politiques de stabilisation trop vigoureuses, le choix d'un budget en déficit au lieu d'un budget équilibré (avec des dépenses d'investissement public importantes), le sauvetage des banques au lieu de les laisser toutes couler, une politique sociale minimale, une politique d'aide à l'innovation, à l'adaptation et à l'investissement privé, une entente internationale pour éviter les actions de freinage des échanges et désamorcer les spéculations excessives. Il peut toujours y avoir des crises et la crise de 1929 aurait eu lieu, mais courte et sans effets majeurs comme les crises des années néolibérales postmodernes (les années d'âge d'or 1945-1975 sont, par choix politiques, des années sans crise majeure).

Dans la période 1945-1975, le capitalisme social et la démocratie participative que connaissent les pays occidentaux forment un alliage original et unique dans l'histoire du monde.

Nous avons trop tendance à oublier que l'association du capitalisme et de la démocratie ne va pas de soi et que la propagation de la démocratie dans les pays occidentaux a été progressive et non brutale. Ceux qui accumulent du capital et deviennent riches ont juste besoin que la loi comporte des textes pour la défense des droits de propriété privée et que ces droits soient respectés. Il peut ainsi y avoir fondamentalement un conflit d'intérêt entre le capitalisme pur qui concentre les richesses entre les mains d'une élite financière qui s'enrichit et la démocratie qui renforce le pouvoir politique d'une majorité d'électeurs qui s'appauvrissent (et qui peuvent voter contre le capitalisme libéral). Si cette majorité est analphabète ou manipulée, elle peut aussi devenir la proie de démagogues opportunistes. L'histoire de la démocratie est souvent une histoire de conflits entre les opinions des responsables et celle du peuple et l'on voit alors les responsables trouver des techniques pour ne pas respecter les opinions du peuple : faire revoter jusqu'à l'arrivée d'un vote favorable, prendre des décisions au nom du « peuple éternel » par opposition au peuple véritable, refuser la tenue de référendums sur des « sujets sensibles », inscrire des décisions et pas seulement des principes dans les textes constitutionnels, sortir du champ des discussions des pans entiers de politiques (remis à des autorités indépendantes), se référer à des exigences ou à des normes supranationales.

A l'époque d'Adam Smith, il y a à peu près 1 riche pour 500 pauvres et pas de classe moyenne. Imaginons pour qui et ce pour quoi voteraient les 501 personnes dans une démocratie : à priori, même s'il parvient à influencer les pauvres par tous les moyens, le riche a du souci à se faire. C'est pourquoi Ricardo ne veut étendre le suffrage « qu'à cette partie du peuple qui ne saurait avoir un intérêt à renverser les droits de propriété ». Longtemps, dans les différents pays, le droit de vote n'est pas universel, mais est interdit aux pauvres et aux femmes. En Angleterre, pour contrer les revendications et convaincues que les pauvres sauront « bien voter » (ce qui sera le cas), les élites décident en 1886 que le suffrage « universel » est désormais élargi à cinq hommes adultes sur huit (ils doivent vivre dans un logement indépendant, depuis un an au moins dans la même résidence, et n'être ni domestiques, ni criminels, ni fous). Dans l'Afrique française d'avant l'indépendance, il est limité aux personnes alphabétisées. Comme le nombre de personnes alphabétisées augmente rapidement, l'élection du président de la République au suffrage universel peut faire dépendre le choix du président du vote des africains et la réforme n'est pas inscrite dans la constitution de 1958, mais le sera en 1962 juste après l'indépendance accordée aux pays africains en 1960.

Lorsque le droit de vote est vraiment universel (en France, il n'est octroyé aux femmes qu'en 1944), il n'y a en fait plus de capitalisme pur, mais un capitalisme social où le riche et les 500 pauvres sont progressivement remplacés par une large classe moyenne grâce à une politique active de redistribution et de droits économiques et sociaux pour tous, incluant l'imposition progressive sur les revenus et la taxation de la richesse, la sécurité sociale, l'enseignement obligatoire, les lois sur le salaire et sur les conditions de travail, la liberté syndicale, etc. Le conflit entre le capitalisme et la démocratie est alors largement tempéré par deux faits majeurs : la réduction des inégalités et la possibilité d'ascenseur social pour tous. Ajoutons aussi la « common decency »[175] (disposition à la bienveillance et au civisme, droiture, civilité, participation positive à la vie de la société...) qui constitue l'infrastructure morale d'une société moderne d'après la deuxième guerre mondiale et qui caractérise tous les individus de cette société. C'est grâce à ce capital social que l'économie de marché peut fonctionner avec des coûts de fonctionnement réduits et que la société réussit à inventer des arrangements favorables à tous. Dans certains pays, la « common decency » s'insère dans un processus de sacralisation de la République (avec ses valeurs) qui constitue une tentative de sortir de la raison en politique et de ré-enchanter un monde à la recherche de sens et de sacré après la baisse de l'influence des religions.

Les trente glorieuses sont ainsi presque le seul cas dans l'histoire du monde où le capitalisme et la démocratie font spontanément bon ménage. Il y a à la fois un « pas cela » qui vise le régime communiste, mais aussi un « plus jamais cela » qui concerne les fascismes d'avant-guerre. Le fascisme qui s'empare de plusieurs pays européens (et dc nombreux pays dans le monde) dans l'entre-deux-guerres forme un projet politique qui réunit plusieurs caractéristiques liées : corporatisme économique, populisme, nationalisme, militarisme et recherche de boucs émissaires extérieurs (le grand capital) et intérieurs (les communistes, les juifs...) et qui mène généralement une politique favorable aux propriétaires terriens, aux militaires, aux chefs d'entreprises nationaux et aux religieux traditionnalistes. La guerre change l'état d'esprit de tout le monde et dans les années qui suivent la guerre, *trois institutions-clés (les industriels soucieux d'intérêt national, les militants syndicalistes et politiques, l'Etat-providence)* forment un tout cohérent et mobilisateur dont les objectifs majeurs sont une croissance forte et stable à moyen terme et une absence de chômage et de pauvreté. Si l'esprit du nouveau capitalisme est à peu près le même partout, les applications nationales sont variées. L'interventionnisme de l'Etat est plus général (en France) ou plus parcellaire (aux Etats-Unis). La protection sociale est bismarckienne (c'est-à-dire basée sur les cotisations sociales des employeurs et des salariés qui la gèrent de concert : Allemagne et France) ou beveridgienne (payée par les impôts et gérée par l'Etat : Royaume-Uni). La contribution des grands chefs d'entreprises de cette époque au capitalisme social n'est pas un vain mot puisqu'aux Etats-Unis, c'est même un groupe d'entrepreneurs qui use de son influence pour faire voter en 1946 une loi qui fait du plein-emploi un but officiel de la politique économique américaine (le « Full Employment Act »). Dès 1945, le mot d'ordre « plus jamais cela » se vérifie aussi sur le plan international avec des mécanismes exceptionnels pour la période de reconstruction de l'Europe et des institutions pérennes (accords de Bretton-Woods, construction européenne...).

Dans le cas de la France, le consensus interventionniste (décideurs politiques, chefs d'entreprises, militants syndicaux) est sans doute encore plus grand que dans les autres pays européens et largement issu de l'esprit de la résistance. Le programme du Conseil National de la Résistance (CNR), rédigé dans la clandestinité et adopté le 15 mars 1944, apparaît aux yeux d'un lecteur jeune qui n'a connu que la phase libérale comme un programme quasi-révolutionnaire. A la lecture du programme, on comprend sa philosophie profonde : le rôle majeur de l'Etat pour orienter et réguler l'économie et favoriser la croissance et le plein-emploi, l'importance des droits économiques et sociaux autant que des droits civils et politiques, l'accent mis sur l'éducation et sur les possibilités d'ascenseur social, le volontarisme « colbertien » d'organiser et d'intensifier (donc de moderniser) la production. Les nationalisations sont une caractéristique originale du programme.

Historiquement, les nationalisations ont des buts multiples : l'intérêt national et l'existence de secteurs jugés stratégiques (armement, nucléaire, mines...), l'accroissement de la puissance d'intervention de l'Etat (banques, assurances...), l'existence de monopoles naturels et le soutien à des entreprises en difficulté et/ou avec des finalités de services publics (eau, électricité, postes, SNCF...), le contrôle de nouveaux marchés (radio, télévision...). On retrouve un peu tout cela avec le programme des années 1945-1946. Si les Etats prémodernes ou dictatoriaux pratiquent couramment la confiscation de propriétés privées (pauvres, condamnés, pays vaincus, otages, violations de domiciles), en France, il faut attendre la révolution française pour voir à l'œuvre le concept de nationalisation : sur les biens d'Eglise dès le 10 octobre 1789, puis le 30 mars 1792 sur les biens des nobles hostiles à la République, émigrés à l'étranger depuis le 1er juillet 1789. Jusqu'à la deuxième guerre mondiale, on n'observe pratiquement aucune nationalisation : les transports ferroviaires en 1907 et 1937 pour des raisons de difficultés financières puis de service public, le secteur de l'armement en 1936 et de la construction aérienne en 1937 pour des raisons stratégiques. Le programme de la Résistance est bien exceptionnel puisqu'il porte entre autres sur les secteurs du gaz, de l'électricité, des houillères, de la Banque de France et des quatre plus grandes banques françaises, des onze plus grandes compagnies d'assurance, sans oublier Renault (pour collaboration avec l'ennemi). Si par la suite, l'État accroît ses participations minoritaires dans un nombre important d'entreprises, il faut attendre la loi de nationalisation du 13 février 1982 pour assister au seul autre processus d'envergure français qui touche alors l'industrie et les banques (Thomson, Saint-Gobain-Pont-à-Mousson, Rhône-Poulenc, Pechiney-Ugine-Kuhlmann, Sacilor, Usinor) et les finances (Paribas, Suez, CIC, Crédit du Nord, Crédit commercial de France, Banque Rothschild, Banque Worms, Banque La Hénin...).

Il y a une sorte de va et vient entre les phases sociales et les phases libérales, puisque dans la phase libérale suivante, plusieurs vagues de privatisations n'arrêtent pas de se succéder pour revenir d'abord sur les nationalisations de 1982, puis sur celles de la Résistance : avec le retour aux affaires de la droite après son succès aux élections législatives (16 mars 1986), avec la nouvelle victoire de la droite aux élections législatives de 1993, et avec le gouvernement de Lionel Jospin entre 1997 et 2002. Dès lors, la plupart des entreprises nationalisées par le passé sont privatisées. Les gouvernements les plus récents parachèvent le travail : France Télécom, Renault, Gaz de France, SNECMA, Électricité de France, sociétés d'autoroutes...

John Maynard Keynes et John Rawls[176] sont les champions incontestés de la phase sociale d'après-guerre. Dans leurs théories, ils mettent l'accent sur le fait que le chômage et l'injustice ne sont pas des faits normaux ou des faits de nature, mais des institutions humaines. Le chômage involontaire et toutes les injustices évitables doivent faire l'objet d'un combat prioritaire. Naturellement, les temps ont changé, mais s'il faut adapter les théories, il est bon d'en garder l'esprit. Keynes et Rawls ont suscité ce que l'on peut appeler l'idéologie du libéralisme social qui était titillée à sa gauche par le marxisme et combattue à sa droite par l'utilitarisme et par le libertarisme. Dans l'après-guerre, le libéralisme social justifie le passage du capitalisme libéral au capitalisme social et se présente en alternative crédible à toute autre idéologie en faisant l'apologie tant d'une économie de marché coordonnée et régulée par un Etat fort que d'une démocratie participative (non réduite aux élections) et d'une justice sociale redistributive.

B) Comprendre le passage de la phase keynésienne à la phase néolibérale

Les années 1975-1981 représentent le passage de la phase sociale à la phase néolibérale. En réalité, on peut situer le début de la transition au 16 octobre 1973 (début du choc pétrolier), tandis que l'année 1981 fait référence à l'arrivée au pouvoir de Ronald Reagan (20 janvier 1981). Dans son discours d'investiture, Reagan annonce la couleur : « le gouvernement n'est pas la solution du problème, car il est le problème ».

Le renversement est rendu possible ou facilité par la volonté d'une classe riche (perdante de la phase sociale), par l'existence et la promotion d'une idéologie mobilisatrice (l'idéologie néolibérale), par l'effondrement progressif de la doctrine socialiste concurrente, par la suprématie retrouvée des Etats-Unis (principal adepte de l'idéologie), par l'épuisement du système technique et économique de type fordiste dans les pays riches (la plupart des habitants disposent de tous les biens de consommation durable), par l'apparition de nombreuses défaillances et couacs en fin de phase sociale (bureaucratie moins efficiente, corruption, égalitarisme injuste et passagers clandestins, inflation accrue…). Pour rappel, quelques noms et évènements majeurs : Thatcher, Solidarnosc, Khomeiny, Pinochet, Xiaoping, Reagan… ; fin du système monétaire de Bretton-Woods, éclosion de l'écologisme (sur le climat[177]) et du postmodernisme (sur la fin des grands récits non libéraux[178]), crise des produits primaires et chocs pétroliers, naissance du consensus de Washington.

Dans les causes de sortie du quasi-âge d'or, il est important de faire la part des choses entre les facteurs irréversibles et les facteurs réversibles.

a) Les facteurs irréversibles

Parmi les facteurs irréversibles qui ont le plus évolué en quelques décennies, il y a surtout l'inversion des raretés dans les systèmes de production et de consommation des pays riches.

Premier bouleversement majeur : l'explosion des liquidités internationales. La mondialisation financière qui est bien sans doute l'événement économique majeur de la deuxième moitié du 20ème siècle est la conséquence de deux types d'innovations techniques et financières : le développement des nouvelles technologies d'information et de communication et la dématérialisation complète de la monnaie. Plus tard, dans la phase libérale, elle sera accentuée par des lois de déréglementation, alors qu'il aurait fallu au contraire la réguler pour éviter les crises financières. Il est loin le temps où le développement économique était subordonné à la découverte de mines d'or et d'argent. Désormais, la création de monnaie est totalement immatérielle et correspond à l'attribution de crédits par un banquier, dont la seule limite est la capacité de remboursement de l'emprunteur qui peut hypothéquer son capital physique pour obtenir le prêt. Dans les années d'après-guerre, il y avait une pénurie de liquidités internationales : le besoin de devises était énorme avec la reconstruction et le développement des pays et n'était comblé que partiellement par le stock de dollars circulant dans le monde à la suite des déficits de la balance des paiements américaine. Avec la dématérialisation de la monnaie, il s'est alors passé le même phénomène que sur le plan intérieur : les banques situées hors des Etats-Unis se sont mises à faire des prêts en dollars et donc à créer des dollars, se payant même le luxe de prêter à des banques américaines lorsque celles-ci avaient des besoins de liquidité. Dès lors, la masse de capitaux dans le monde ne cesse de croître et tous ces capitaux n'ont plus pour unique but de servir aux échanges de biens et services. Une partie croissante d'entre eux est disponible en permanence pour des opérations purement spéculatives et ce phénomène augmente avec les chocs pétroliers où l'on voit une masse de capitaux mis soudain à la disposition de quelques princes du désert qui ne savent pas quoi en faire. La sphère financière spéculative internationale impose désormais sa loi d'autant plus que les capitaux se déplacent de plus en plus vite avec les nouvelles technologies de communication. Ainsi, les capitaux spéculatifs internationaux peuvent « flotter » d'une place à l'autre selon les anticipations de rentabilité financière immédiate et peser sur les politiques économiques nationales. Les Etats-Unis finissent par s'incliner devant le fait accompli et donnent le coup de grâce au système historique de Bretton-Woods dans les années 1971-1973 en dévaluant leur monnaie, puis en supprimant toute référence à l'or et en laissant désormais flotter leur monnaie au jour le jour.

Deuxième bouleversement majeur : la multiplication des êtres humains « inutiles » et l'abondance de main d'œuvre disponible dans le monde. Le diagnostic de Severino et Ray est implacable : « A sept milliards d'âmes aujourd'hui, neuf ou dix demain, l'homme devient si abondant que la disparition de quelques millions d'entre nous pèse marginalement sur le destin de l'espèce. Voici venue l'ère de l'homme jetable »[179]. Les marchés du travail mondiaux sont impactés par deux phénomènes qui additionnent leurs effets : la croissance démographique et la révolution technologique. La croissance démographique vient à la fois des naissances et du prolongement de la vie des personnes âgées. Dans les années glorieuses, le besoin de main d'œuvre est tel que les économies parviennent à encaisser les chocs provoqués par le baby-boom, l'arrivée des femmes sur le marché du travail, l'immigration (et même, pour la France, le rapatriement des français d'Algérie). A la fin du quasi-âge d'or, les créations d'emplois formels et décents se raréfient progressivement par rapport aux populations demandeuses d'emplois. Dans les pays riches, on voit apparaître de plus en plus de chômeurs longue durée et de petits emplois précaires. Dans les pays pauvres, le nombre de paysans sans terre et d'habitants de bidonvilles croît régulièrement.

Plusieurs facteurs doivent être pris en compte :

-l'accélération du progrès technique implique un changement de paradigme pour les actions humaines. Puisque tout change de plus en plus vite, il ne peut plus y avoir une solution, un programme ou une idéologie clé en mains qu'il suffit de proposer, d'appliquer ou d'imposer du haut de la hiérarchie pour répondre à des problèmes qui changent eux-mêmes de signification entre le temps de la réflexion et celui de l'action. Le nouveau paradigme est celui de l'apprentissage : plus le changement est rapide, plus vite il faut s'adapter. Plus vite on s'adapte, plus on doit accélérer le processus de changement auquel on doit s'adapter : véritable course poursuite engagée pour gérer au mieux son temps disponible. En schématisant à l'extrême, au bout du processus, il ne doit plus y avoir que d'un côté des hommes harassés et surmenés (par leur travail obsessionnel et leur volonté de s'adapter à l'environnement) et de l'autre côté des hommes déconnectés et désœuvrés (par leur sortie plus ou moins forcée du monde du changement), ce qui est le propre d'une société à deux vitesses débouchant sur une fracture sociale grandissante. L'élévation du degré d'abstraction et du degré d'apprentissage conduit aussi à deux phénomènes importants pour les nouvelles sociétés : le phénomène d'appariements sélectifs (les équipes gagnantes recrutent en y mettant le prix les meilleurs travailleurs à tous les postes), le phénomène des exclusions (ceux qui peinent à suivre le mouvement ont peu de chance de rattraper leur retard).

-le progrès technique dans le secteur des transports et des communications est tel que, par exemple, les coûts du transport d'une marchandise et d'une communication téléphonique entre Europe et Amérique sont respectivement divisés par 6 et par 80 : dès lors, la création de filiales étrangères et les échanges de marchandises deviennent très rentables et les travailleurs d'un pays sont alors en concurrence avec ceux des autres pays, situation que la libéralisation ultérieure des marchés accentuera à un point extrême.

-la croissance démographique des pays les plus pauvres déverse chaque année sur le marché du travail un nombre inouï de demandeurs d'emplois. Plus tard, avec l'ajustement structurel, la situation empire dans la mesure où les emplois formels, publics et privés, se raréfient drastiquement.

-la nouvelle révolution technique (robots, intelligence artificielle...) rend encore plus nécessaire le besoin de clarifier ce que l'on entend par le droit de chacun à vivre dignement et passionnément d'une activité économique ou sociale alors que se profile à l'horizon mondial l'existence d'une main d'œuvre surabondante et inemployée. Si l'on ne fait rien, on peut se retrouver avec une société de chômage de masse et avec des conflits liés à des migrations elles aussi massives. Si l'on profite du progrès pour donner un revenu à chaque individu, se pose la question : que faire de la liberté de ne rien faire ? Changer de type de société et partager des activités non seulement décentes mais aussi valorisantes semblent une voie d'autant plus prometteuse qu'elle correspond à l'air du temps dans les pays riches : après la Covid qui conduit à développer de nouvelles formes de travail (télétravail...), les populations refusent massivement de travailler dans les secteurs jugés les moins attractifs (restauration, bâtiment...) en raison de leur pénibilité et de leurs faibles rémunérations.

Enfin, troisième bouleversement majeur : l'apparition de limites dans les possibilités d'exploitation de la nature. A l'échelle de la planète, de plus en plus de ressources naturelles commencent à se révéler rares et coûteuses : eau, air, sols, biodiversité, énergies, métaux... Le diagnostic de non-soutenabilité de l'extension du mode de vie américain à l'ensemble des humains devient un fait scientifique établi. Il faut penser à réduire la pression humaine sur l'écosystème, mais aussi s'intéresser sérieusement à utiliser des ressources renouvelables et à financer des progrès technologiques permettant de reproduire la nature ou d'en trouver des substituts.

b) Les facteurs réversibles

Parmi les facteurs réversibles, il y a les changements cycliques habituels du système capitaliste avec les vagues de d'expansion et de récession et les évolutions possibles des politiques publiques et des doctrines économiques. En l'occurrence, le retournement cyclique à moyen terme est amplifié par des actions puissantes de déconstruction à la fois des théories économiques et des valeurs des Lumières occidentales. Tout économiste qui se veut « sérieux » (John Williamson[180]) est supposé abandonner les théories marxistes ou keynésiennes au profit des théories néolibérales, tandis des philosophes se demandent avec Christopher Lasch « comment il se fait que des gens sérieux continuent de croire au progrès »[181] alors que « notre monde va droit à la catastrophe » (Jean Pierre Dupuy[182]).

Intéressons-nous à un facteur central : le poids des idéologies. Comment des militants néolibéraux peuvent-ils gagner la bataille des idées dans un monde qui, au départ, leur tourne le dos ? Il faut du temps et des moyens pour faire évoluer les mentalités et les lois : mener des actions multiples combinant la propagande, la persuasion, l'enseignement et l'instrumentalisation de problèmes existants ; placer des personnes de confiance aux postes-clés (les institutions internationales, la Commission européenne, les responsables de politique publique, l'enseignement supérieur, les médias…). La bataille des idées est gagnée à court terme lorsqu'une *métamorphose* s'est produite dans l'opinion publique (naturellement, elle n'est pas figée et peut aller aussi dans l'autre sens).

Comment parvenir à cette métamorphose ? Sauf coup de chance, c'est-à-dire la possibilité d'écrire une page blanche et d'accomplir d'un coup et sans résistance le programme néolibéral à travers une « thérapie de choc » (dans une dictature telle que le Chili de Pinochet, un pays ex-communiste ou un pays pauvre au bord de la faillite), la métamorphose ne peut pas être réalisée brutalement en raison des résistances et des inerties inhérentes à une démocratie.

Pour être implanté durablement, le programme néolibéral implique deux démarches convergentes : une mise en place progressive (en trois étapes), une doctrine suffisamment convaincante (donnant l'apparence d'être fondée scientifiquement)[183].

-une mise en place progressive (avec des objectifs, une préparation psychologique et des occasions)

Les objectifs sont clairs : il faut ramener les pays occidentaux aux systèmes économiques et aux niveaux d'interventions publiques qui précèdent le quasi-âge d'or. Comme l'explique simplement Denis Kessler, conseiller influent du patronat français, dans le cas de la France, « il s'agit de sortir de 1945, et de défaire méthodiquement le programme du Conseil national de la Résistance ! »[184].

La préparation psychologique est menée par Milton Friedman et par ses collègues de Chicago auprès des principaux acteurs du monde occidental, puis de ceux des pays en développement et en transition. Avec Friedrich Hayek, il forme dès 1947 un club d'économistes libéraux : la société du Mont-Pèlerin[185] ayant son siège en Suisse. De nombreux *think tank* (Heritage Foundation, Cato Institute, American Enterprise Institute…) et des émissions télévisées diffusent sa pensée. La Banque Mondiale et le FMI sont noyautés par des partisans de l'école de Chicago dans les années 1970-1980 (Williamson,

Fisher…). De nombreux économistes du monde entier sont formés à Chicago. Il faut beaucoup de temps et de conviction pour réussir la métamorphose de l'opinion. L'école de Chicago bénéficie de nombreux financements d'une élite privée assez satisfaite au bout du compte de voir des arguments « scientifiques » aller dans le sens de ses intérêts profonds. Mais Friedman bute sur le problème de la démocratie et c'est son paradoxe : il est convaincu que la société va dans le bon sens lorsque les gens prennent des décisions de façon libre sur la base de leur intérêt personnel, sauf en ce qui concerne le problème du vote. Il peut y avoir une majorité opposée à des mesures qui favorisent l'élite économique : si les gens de la classe moyenne sont rationnels, ils doivent empêcher des réformes qui visent à élargir les disparités de revenus et de richesses et à la faire disparaître à terme. Foin de la démocratie : selon Friedman, « Hong-Kong, malgré l'absence de démocratie, est plus libre que les Etats-Unis, puisque le gouvernement y joue un rôle moins grand dans l'économie »[186]. Dans les pays dits démocratiques, les responsables libéraux savent aussi se servir de méthodes multiples pour ne pas tenir compte des préférences majoritaires.

La préparation psychologique ne suffit pas : pour que la métamorphose ait lieu non seulement dans les têtes, mais aussi sur le terrain, il faut profiter d'une crise et mettre en place dans les délais les plus courts les ingrédients de la thérapie de choc. « Seule une crise, réelle ou supposée, peut produire des changements ». La crise, ou effondrement d'une situation non favorable au marché, devient pour l'école de Chicago une sorte de Graal qui favorise l'exécution des réformes. Toutes les crises de toutes natures sont mises à profit pour réaliser le programme de l'école de Chicago en partie ou en totalité : le coup d'Etat de Pinochet au Chili en 1973, la crise pétrolière dans les pays occidentaux en 1973 et en 1980, le fardeau de la dette et l'insoutenabilité des déficits dans les pays en développement à partir de 1980, la guerre des malouines au Royaume-Uni en 1982, l'hyperinflation en Bolivie en 1985, la conversion au capitalisme dans les pays de l'ex-URSS dans les années 1990, les attentats du 11 septembre 2001 aux Etats-Unis, la guerre et l'occupation de l'Irak en 2003, le tsunami de décembre 2004 au Sri Lanka, l'ouragan Katrina dans la région de la Nouvelle-Orléans aux Etats-Unis en septembre 2005…

Le double choc pétrolier de 1973 et de 1980 qui pèse sur les coûts et les prix des pays industrialisés est l'occasion d'une conversion brutale et durable : la préférence pour le plein-emploi est remplacée par la préférence pour la stabilité des prix. Le choc pétrolier est aussi une occasion rêvée pour commencer à accomplir les réformes à un moment où le capitalisme social et démocratique de l'âge d'or est en train de céder la place progressivement à un capitalisme plus concurrentiel, moins social et moins démocratique. Les trois institutions-clés de l'âge d'or sont en train de perdre leur pouvoir et la tâche des néolibéraux est d'achever le travail de démolition. Un, « il n'y a plus de place pour les industriels-hommes d'Etat qui voyaient leur rôle comme étant de trouver le juste équilibre entre les intérêts de toutes les parties en présence, y compris leurs salariés, les habitants des villes où ils exerçaient leurs activités, et le pays dans son ensemble » (Robert Reich[187]). La mondialisation financière, qui est concrétisée par la mobilité accrue des capitaux, pousse à la compétition universelle des entreprises. Les PDG ont désormais pour horizon majeur la satisfaction des actionnaires, des banquiers et des agences de notation. Leur carrière en dépend : le turn-over des PDG s'accélère dans le temps et les renvois liés à la performance quadruplent entre 1975 et 2005. Deux, le déclin des syndicats commence lui aussi dans les années 1970 (il est antérieur à la venue au pouvoir d'hommes politiques inspirés par l'école de Chicago). La part de salariés syndiqués dans le secteur privé aux Etats-Unis baisse régulièrement de 40% en 1953 à 8% en 2006. Cela est vrai aussi dans tous les autres pays industrialisés et la conséquence est évidemment l'érosion du pouvoir de négociation des salariés concernant leurs salaires, leurs avantages sociaux et leurs conditions de travail. Trois, les Etats eux-mêmes ont des marges de manœuvre réduites par les deux dérives observées pendant les trente années d'âge d'or (la mondialisation financière et les déficits budgétaires). L'évolution démographique n'arrange rien à partir des années 1980 : l'augmentation de l'espérance de vie à la naissance et l'arrivée progressive à la retraite des baby-boomers d'après-guerre font éclater les dépenses de retraite et de santé.

La métamorphose est en route. Les gens se plaignent d'être au chômage, d'avoir des conditions de travail moins bonnes qu'avant, trouvent que leurs concitoyens sont moins civiques qu'autrefois, pensent que leurs enfants auront un avenir encore moins bon et n'ont plus aucune confiance dans leurs dirigeants politiques et économiques. Naturellement, ils en sont aussi eux-mêmes la cause. Aux Etats-Unis comme ailleurs, ils se précipitent dans des hypermarchés discount qui offrent des salaires de 15 dollars de l'heure et aucun avantage annexe là où les anciens oligopoles offraient 80 dollars et des avantages sociaux substantiels. Chaque fois qu'ils crient leur satisfaction parce qu'ils ont trouvé en ville ou sur Internet le bien ou le service à un prix encore plus bas, c'est qu'indirectement ils maintiennent la pression à la baisse des salaires, qu'ils contribuent à éliminer les commerces et usines (nationaux) de proximité et qu'ils préparent des emplois moins favorables pour leurs enfants. De même, ils se ruent sur les émissions télévisées et journaux à scandale et favorisent la baisse de la moralité ou de la culture dont ils se plaignent par ailleurs. Enfin, ils n'hésitent pas à vendre des actions qui rapportent à court terme moins de dividendes pour des actions plus rentables à court terme et accentuent ainsi la dérive vers le court-termisme et l'absence de futur qu'ils déplorent.

La Reaganomics (pour les Etats-Unis), le thatchérisme (pour le Royaume-Uni) et le consensus de Washington (pour tous les pays du monde) font de la doctrine de Friedman une norme mondiale et les préceptes de l'école de

Chicago se diffusent dans les plus grandes universités du monde (en particulier, celles de Harvard et Berkeley, auparavant plus keynésiennes[188]). Le très influent Lawrence Summers n'hésite pas à affirmer : « nous devons admettre que nous sommes maintenant tous des friedmaniens »[189]. Version utilitariste : faire travailler les enfants asiatiques dans les usines délocalisées plutôt qu'ils ne se prostituent ! Jeffrey Sachs (de l'Université de Harvard), dont le rôle ne cessera d'être important (en Bolivie, dans les pays de l'Est puis dans le défi du Millénaire), tente d'être friedmanien sans perdre son âme : il considère qu'il faut avoir une économie forte pour lutter contre la pauvreté et, pour ce faire, d'abord privilégier les arguments de Friedman (la foi dans les marchés et la bonne gestion monétaire avec une thérapie de choc si besoin est) qui sont « beaucoup plus précis que les arguments structuralistes ou pseudo-keynésiens flous qu'on entend fréquemment dans les pays en voie de développement », et dans un deuxième temps (qui n'est plus friedmanien) accompagner la libéralisation des marchés par des aides publiques en faveur des pauvres[190].

Depuis le début des années 1980, les réformes dites d'ajustement structurel pour arriver au marché pur espéré par l'école de Chicago ne prennent jamais fin tant qu'on n'a pas retrouvé exactement la situation d'avant le quasi-âge d'or. Beaucoup de pays en développement subissent des thérapies de choc lors des premiers programmes triennaux, mais retardent parfois les mesures les plus sévères et deviennent des vétérans de l'ajustement : certains en sont maintenant à leur 10ème programme triennal. Pour les Etats-Unis, toutes les crises sont l'occasion d'un élargissement du marché : la guerre en Irak à partir de 2003 est l'occasion de privatiser une grande partie du secteur militaire et de défense, tandis que l'ouragan Katrina dans la région de la Nouvelle-Orléans permet de favoriser le développement de services sociaux privés après la destruction des services publics. En France, en l'absence de crise spontanée, il est aussi possible de provoquer ou d'exacerber la crise en réduisant les impôts (sur les plus riches) et en favorisant les exonérations de cotisations sociales, ce qui ne manque pas (c'est mathématique) de conduire à une baisse des recettes et à une crise des finances publiques et de la sécurité sociale, prélude à des réformes douloureuses.

-les fondements de la nouvelle doctrine économique (trois catégories d'arguments)

D'abord, première série d'arguments, il s'agit de convaincre que les interventions publiques sont inefficaces et inefficientes. La nouvelle économie publique s'oppose frontalement à l'ancienne : alors que précédemment, on mettait l'accent sur les défaillances de marché, on va désormais tenter de démontrer que les défaillances publiques sont pires. Dans le passé, on supposait que des décideurs publics bienveillants (c'est-à-dire visant l'intérêt général) et bien informés prenaient de bonnes décisions pour réduire les défaillances des marchés. Les théories de la bureaucratie prennent le contre-pied de l'approche précédente et montrent que la relation entre décideurs politiques et bureaucrates est parfois plus complexe que prévu. Il peut y avoir une asymétrie d'information (les décideurs peuvent ne pas connaître exactement les conditions d'activités et les besoins véritables des administrations déconcentrées) et les objectifs des responsables des administrations peuvent être autres que l'intérêt collectif : la durabilité de leurs activités et des emplois de tous, la croissance de leur budget et de leurs avantages annexes… Le théorème fondateur de William Niskanen[191] (président du Cato Institute) est tout à fait étonnant et frappe les esprits : si les bureaucrates ont comme objectif unique la croissance de leur budget et non l'intérêt général, les dépenses publiques correspondent au double de ce qu'elles seraient sur un marché efficace et efficient (c'est-à-dire un marché correspondant aux vrais besoins des usagers). La situation peut être pire si les bureaucrates (ou les décideurs politiques) subissent l'influence de lobbies puissants et/ou sont corrompus. Notons que le vice de forme des théories de la bureaucratie est visible à l'œil nu : si vous prenez comme hypothèse que les responsables ne cherchent pas l'intérêt général, votre modèle conclura logiquement que les résultats ne correspondent pas à l'optimum collectif.

Les nouvelles théories appliquent une nouvelle conception de l'individu rationnel : il n'est plus seulement modérément égoïste comme l'individu parétien, il est carrément stratégique car il est prêt, si besoin est, à cacher ses comportements (risque moral), ses caractéristiques structurelles (sélection adverse) et ses préférences (passager clandestin). Lorsqu'un responsable interroge un responsable de service ou un partenaire, la question explicite « Quels sont vos besoins ou vos attentes ? » se transforme dans l'esprit du responsable en une question « que cache-t-il en disant cela ? ». Les réunions de planification concertative où l'on faisait confiance aux personnes se réunissant pour prendre des décisions collectives et où celui qui aurait été stratégique aurait été isolé deviennent des réunions d'informations et de méfiance où le perdant est celui qui n'est pas stratégique. Imaginez que le responsable budgétaire demande à plusieurs services leurs besoins pour l'année prochaine : si trois services sur quatre demandent stratégiquement une augmentation de 20% et le quatrième service honnête réclame seulement 10% et si l'augmentation budgétaire moyenne est effectivement de 10%, il faut réduire tous les budgets et le service honnête se trouve en situation de pénurie de ressources.

Dans les théories historiques de la bureaucratie, on peut quand même s'en sortir si les décideurs politiques supposés bienveillants mettent en place des actions (recherche d'informations, contractualisation préventive, contrôles, mise en concurrence…). Mais la situation se gâte si l'on adopte aussi l'hypothèse que les décideurs politiques ne sont pas bienveillants et ont des objectifs propres (pouvant aller de la réélection à l'enrichissement personnel) et les théories de la bureaucratie débouchent alors sur les théories de la corruption. Dans les pays à faible corruption, où celle-ci est le fait de bureaucrates et décideurs politiques isolés, il est toujours possible de mettre en place des mesures efficaces en termes d'informations, d'incitations, de contrôle. Lorsque la corruption est généralisée, elle crée une situation d'équilibre dans le pays et devient un problème de développement. Dans un tel pays souvent rentier, on trouve en même temps un développement économique faible, une absence de compétition et de concurrence, une préférence pour des politiques protectionnistes et de contrôle de change et des importations, une corruption perçue comme inéluctable par la population, des collusions entre politiciens et bureaucrates, des échanges d'avantages à tous les niveaux, un Etat de droit inexistant, un climat de l'investissement risqué. Toutes les nouvelles mesures donnent alors lieu à des nouvelles formes de corruption : la privatisation oligarchique, la décentralisation... Seuls des appuis durables à des structures indépendantes de la société civile et du secteur privé peuvent finir par baisser le pouvoir des monopoles, créer des contre-pouvoirs et susciter une demande forte pour changer de système.

La conclusion de toute cette masse d'analyses est lumineuse pour les néolibéraux : partout, selon eux, les défaillances publiques sont plus grandes que les défaillances du marché et mieux vaut un marché libre avec ses défaillances que des interventions publiques accentuant les inefficacités, les inefficiences et les injustices.

Ensuite, deuxième série d'arguments, il faut démontrer que les dépenses publiques n'ont pas d'effet sur le bien-être des populations. Par exemple, Vito Tanzi[192], économiste principal du FMI, compare quatre types de pays anciennement et nouvellement industrialisés dans les années 1990 selon le niveau des dépenses publiques en proportion du PIB : les pays A de 50 à 60% (Suède, Belgique, France, Norvège, Pays-Bas...), les pays B de 40 à 50% (Autriche, Espagne, Allemagne, Nouvelle Zélande...), les pays C de 30% à 40% (Australie, Japon, Etats-Unis, Royaume-Uni, Suisse...), les pays D de 20 à 30% (Chili, Corée du sud, Singapour, Hong Kong...). Tanzi pose alors une question judicieuse : les performances sont-elles meilleures dans les pays à fortes dépenses publiques ? Il répond : non. Toute son argumentation est alors basée sur le fait que non seulement les performances économiques des pays à faibles dépenses seraient meilleures, mais aussi que les performances sociales de tous les pays seraient assez voisines et finalement indépendantes des niveaux de dépenses. Dès lors, Tanzi conclut : les pays A et les pays B doivent progressivement redescendre leurs dépenses jusqu'à moins de 40% du PIB.

Si la démonstration impressionne, elle doit tout de même donner lieu à quelques remarques correctives. En particulier, le vice de forme dans la démonstration consiste à ne pas mettre sur le même pied les dépenses publiques et les dépenses privées. Lorsqu'on analyse les performances du secteur de la santé, en mettant en relation les indicateurs de résultats et les dépenses totales (publiques et privées) de santé, on s'aperçoit que les performances des pays A sont souvent supérieures à celles des autres et, en tout cas, celles des pays (Etats-Unis ou Corée du sud) qui ont privilégié le secteur privé sont nettement inférieures toutes choses égales par ailleurs. On peut même souligner combien les dépenses de santé sont inefficientes aux Etats-Unis puisque les indicateurs n'y sont pas meilleurs malgré des niveaux de PIB et de dépenses totales beaucoup plus élevés. Les dépenses privées ne sont pas forcément plus efficaces et efficientes si elles sont induites par la publicité, par des offreurs stratégiques et par la recherche de profits.

Un argument assez voisin de celui de Tanzi consiste à prétendre que les inégalités sont favorables à la croissance et donc un signe de dynamisme économique. Par exemple, une étude menée en 2008 par James Galbraith et Travis Hale[193] sur l'évolution des inégalités aux Etats-Unis montre que la croissance des revenus de 5 comtés New York (Manhattan), Santa Clara, San Francisco, San Mateo et King County permet d'expliquer près de la moitié de l'évolution des inégalités apparues à la fin des années 1990 aux États-Unis. Or ces comtés sont précisément ceux où viennent s'ancrer les entrepreneurs qui ont fait la récente fortune de l'Amérique, attirés par le capital risque : Zuckerberg (Facebook), Brin et Page (Google), Ballmer et Allen (Microsoft)… Des présentations comme celle qui vient d'être faite sont monnaie courante au sein des économistes néolibéraux, mais doivent être analysées avec précaution. Une concentration d'activités innovantes dans quelques espaces précis y entraîne forcément une augmentation des emplois qualifiés et des revenus sans qu'on puisse en tirer des leçons générales. De plus, la fameuse théorie du ruissellement selon laquelle l'enrichissement des personnes les plus riches finit par profiter aux pauvres est démentie par les faits : l'augmentation des revenus des plus riches ne sert généralement ni à des dépenses de consommation parce que les besoins ne sont pas illimités (techniquement, les économistes parlent de propension marginale à consommer décroissante en fonction du revenu), ni à des dépenses d'investissement parce que l'épargne ainsi constituée est en fait placée là où elle n'est pas taxée (les paradis fiscaux) ou sert à des spéculations internationales[194]

Enfin, troisième et dernier type de raisonnement, les auteurs assurent que les politiques interventionnistes ne sont plus adaptées au monde nouveau qui, lui-même, imposerait dans tous les pays la même politique (There Is No Alternative). Il y a évidemment une part de vérité dans le diagnostic : à la fin des années 1970, les politiques keynésiennes traditionnelles perdent une partie de leur efficacité et les systèmes de sécurité sociale deviennent déficitaires. L'une des raisons invoquées est le développement d'une masse de capitaux flottants qui déstabilise les marchés : si un pays mène une politique d'augmentation du taux d'intérêt pour stabiliser les dépenses, la conséquence est une arrivée de capitaux attirés par les taux qui contrecarre l'effet attendu. L'autre raison est que des événements comme les chocs pétroliers ont des effets à la fois sur la demande (en termes de prix) et sur l'offre (en termes de coûts), d'où des phénomènes nouveaux comme celui de la stagflation (présence simultanée d'inflation et de chômage) à laquelle les politiques keynésiennes basées sur la seule régulation de la demande sont peu adaptées. Dans le monde keynésien des trente glorieuses, il y a des cycles de stop and go où alternent l'inflation et le chômage : quand il y a trop de chômage, on relance la demande (hausse des dépenses publiques, baisse des taux d'intérêt) et quand apparaît trop d'inflation, on mène la politique inverse et une phase de récession suit une phase d'expansion. On trouve ici une autre raison du changement de perspective : à force d'avoir une préférence pour le plein-emploi (parfois pour des raisons électorales), les phases de récession ont été raccourcies, ce qui n'a pas permis aux taux d'inflation de décroître suffisamment, si bien que d'un cycle à l'autre, on s'est retrouvé avec une inflation de plus en plus forte, nécessitant un jour ou l'autre un changement de cap et donc plus de chômage. La croissance du chômage et la forte augmentation de l'espérance de vie pour les retraités conduisent à un déficit de la sécurité sociale toutes choses égales par ailleurs. On peut noter aussi un dernier point majeur précédemment souligné qui confirme le besoin de s'intéresser de plus en plus à l'offre à côté de la demande : les changements technologiques (technologies de l'information et nouveaux systèmes de transport) rendent les échanges internationaux moins coûteux et la délocalisation d'activités productives de plus en plus rentable.

Finalement, plusieurs faits et arguments rendent indiscutable une partie du diagnostic des néolibéraux : il y a dans l'évolution des décennies de la deuxième moitié du 20ème siècle des facteurs nouveaux et irréversibles dont on doit évidemment tenir compte. C'est la deuxième partie du raisonnement qui mérite discussion : les changements constatés impliquent-t-ils une simple adaptation des politiques keynésiennes et interventionnistes ou bien carrément leur abandon au profit de politiques néolibérales universelles ?

II/ Réformer l'action publique et changer la nature du capitalisme

Les grands auteurs néolibéraux historiques (Friedman, Hayek…) se sont toujours efforcés de délégitimer l'investissement public et la justice sociale[195]. Ainsi, ils ont combattu d'arrache-pied les doctrines interventionnistes d'après-guerre qui prétendaient que l'investissement public pouvait être le moteur de la croissance (Keynes) et que des mesures de justice sociale (Rawls) permettaient que la croissance soit inclusive et favorable aux plus pauvres et aux plus défavorisés. Pour les néolibéraux, les interventions publiques, et en premier lieu l'investissement public, sont néfastes pour de nombreuses raisons : elles créent des effets d'éviction pour les investissements privés ainsi que des rigidités et des distorsions sur les marchés et des effets négatifs sur l'emploi, elles sont improductives parce que les défaillances publiques (bureaucraties non soucieuses d'efficacité et d'efficience, décisions politiques irrationnelles, manque d'informations, comportements stratégiques, influences des lobbies et risques de corruption...) sont encore plus grandes que les défaillances de marché. Pour la justice sociale, c'est pire : les néolibéraux considèrent que le terme de justice sociale « relève d'un journalisme de mauvaise qualité » (Hayek[196]) et que celle-ci entraîne des dépenses indues qui favorisent les passagers clandestins (paresseux, chômeurs volontaires...) et qui découragent les innovateurs et les créateurs d'emplois en les taxant et en les ponctionnant de façon injuste.

La phase néolibérale correspond à une période de croissance mondiale plus faible du PIB (2 à 3% par an au lieu de 5%), de baisse des taux d'investissement public (de 5% du PIB à 2,5% en moyenne dans les pays occidentaux et de 10% à 6% dans de nombreux pays en développement), de croissance non inclusive et ne profitant pas à toutes les populations et à tous les pays (la part de revenu des 10% plus riches repasse de 30% à 50%, tandis que le PIB par habitant des pays pauvres reste en dessous de 1.000 dollars contre 100.000 dollars pour les pays les plus riches). Les années 1981-2000 sont les années de libéralisme dur qui mettent à genoux les pays les plus pauvres (plusieurs pays d'Afrique subsaharienne retrouvent en 2000 le niveau de PIB par habitant de 1960). Les classes riches de tous les pays et quelques grands pays en transition qui savent profiter de la mondialisation libérale sont les gagnants, tandis que les classes moyennes des pays riches et les pays les plus pauvres sont les perdants. A partir de 2000, la libéralisation se poursuit à tous les niveaux (mondial, européen, national) à un rythme moins rapide. On observe que la politique libérale, imposée aux populations contre leur gré, est source de perte de confiance et de baisse du capital social, de montée en puissance des rancœurs et haines de toutes sortes, de replis sur des identités protectrices (religieuses, régionales...), de la combinaison d'un capitalisme libéral et d'une démocratie fragilisée (sans militants et souvent réduite à des élections avec de forts taux d'abstention). Après plusieurs décennies de gouvernance néolibérale, les fractures de toutes sortes atteignent de tels niveaux que le besoin de changer de cap devient de plus en plus pressant.

Comment (et quand) peut se produire le retour à un capitalisme plus social et à une démocratie participative ? Il faut bien sûr des objectifs clairs, une préparation psychologique, des occasions et une doctrine solide. Dans la première partie de cet ouvrage, nous avons observé qu'à l'occasion d'événements récents (climat, Covid, Ukraine...), de nouvelles perspectives apparaissaient sous forme d'une transition possible sous forme non libérale (recherche-développement publique, marchés décarbonés, activités économiques relocalisées, protection sociale accrue...), mais la question était de savoir si les acteurs dominants agissaient vraiment dans ce sens et dans quel récit mobilisateur s'inscrivait cette transition. Sur le plan politique, l'enjeu était de sortir du capitalisme libéral sans passer par des régimes moins démocratiques : plus on attend, plus le risque est grand de voir un nombre croissant de pays passer à un système populiste.

L'inconséquence des élites qui veulent maintenir leurs acquis le plus longtemps possible est d'autant plus grande que, par certains de ses excès, le capitalisme néolibéral est en train de produire les germes d'un mode de sortie pour le moins violent.

D'abord, la baisse du pouvoir des trois institutions-clés de l'âge d'or (chefs d'entreprises soucieux de l'intérêt général, syndicats représentatifs, Etat redistributeur) conduit logiquement à la modification de la répartition entre salaires et profits. La masse des salariés ne profite plus des gains de productivité qui vont directement dans les poches des actionnaires et des grands patrons (ces derniers y compris en cas de faillite de l'entreprise). Certes, cela est totalement injuste et démoralise les sociétés contemporaines. L'inflation des rémunérations des PDG des grandes entreprises et des dividendes des actionnaires est l'une des caractéristiques majeures de la période actuelle. Elle n'a pas de limite dans la mesure où il n'y a pas de contre-pouvoir. Les citoyens normaux écoutent les chiffres sans sourciller (on est presque dans un monde irréel) : Patrick Artus et Marie-Paule Virard[197] donnent comme exemple Carrefour en 2005 qui attribue aux salariés une augmentation de 1,79% (inférieure à l'inflation), aux actionnaires une augmentation de 27% et au PDG remercié pour mauvais résultats une indemnité de 9 millions d'euros plus une provision de 29 millions pour sa retraite. Un autre exemple significatif est celui des Etats-Unis (la comparaison est faite en dollars 1990) : dans les années 1960, la plus grande entreprise est General Motors dont le PDG touche un revenu annuel de 4 millions de dollars qui est fortement imposé (impôts très redistributifs) et les ouvriers (syndiqués pour la plupart) un salaire de 40.000 dollars par an plus des avantages sociaux (couverture maladie...) payés par l'entreprise ; dans les années 2000, la plus grande entreprise est Wall Mart dont le PDG touche un revenu annuel de 23 millions de dollars qui est peu imposé (impôts faiblement redistributifs) et les employés (non syndiqués) un salaire de 18.000 dollars par an sans aucun avantage social. Naturellement, les inégalités concernent aussi le reste de la société : alors que Clark Gable touchait 100.000 dollars par film, Tom Hanks récolte 20 millions aujourd'hui ; un champion de base-ball, qui gagnait 60.000 dollars autrefois par an, obtient plus de 15 millions de dollars à l'époque actuelle et quelques footballeurs jusqu'à près de 100 millions.

Mais le plus grave est que « le capitalisme est en train de s'autodétruire » : l'orientation de la valeur ajoutée par les entreprises en faveur des revenus des dirigeants et des dividendes des actionnaires a pour contrepartie l'insuffisance des investissements productifs et des dépenses de recherche et d'innovation. C'est ce que l'on appelé techniquement le remplacement de l'objectif de rentabilité à long terme des investissements productifs par celui de rentabilité à court terme des capitaux propres (les capitaux des actionnaires). Si vous ajoutez le chiffre un peu fou selon lequel depuis quelques décennies, les actionnaires d'une grande entreprise obligent celles-ci à consacrer en moyenne près de 50% de ses bénéfices à racheter ses propres actions pour maintenir leur cours, il ne reste plus rien pour l'économie réelle.

Ensuite, l'existence d'inégalités de revenus et de patrimoine devenues considérables ne fait pas oublier que le néolibéralisme génère aussi nombre d'autres inégalités encore plus préoccupantes d'accès à une formation de qualité, à la santé, au crédit, à la sécurité, à la vie sociale et politique. Robert Reich[198] va plus loin dans le constat : « la démocratie est devenue malade et la politique détournée de sa vocation ». « La cause vraisemblable est le rôle croissant que joue l'argent dans la vie politique ». Si l'on prend l'exemple des Etats-Unis, dans les années 1970, l'ensemble des dépenses de campagne électorale étaient inférieures à 200 millions de dollars (en dollars réels 2000) et le nombre de lobbyistes et d'avocats inscris à Washington était inférieur à 3.000. Dans les années 2000, les dépenses dépassent les 2.000 millions et le nombre de lobbyistes celui de 30.000. Ainsi, « nos voix en tant que citoyens ne parviennent plus à se faire entendre ». Elles parviennent d'autant moins à se faire entendre que les élites vivent de plus en plus, nous l'avons souligné précédemment, d'une autre façon et dans un autre monde que les citoyens normaux.

Enfin, il est un point désormais bien documenté : le capitalisme néolibéral et la démocratie sans fraternité conduisent à des violences qui ne peuvent qu'empirer dans le temps et cela est vrai à tous les niveaux (local, national, mondial). Le laissez-faire de l'école de Chicago (le marché sans la fraternité) et un ersatz de démocratie qui se limite souvent au suffrage universel immédiat (la démocratie sans l'égalité devant la loi et sans les droits des minorités) font de beaucoup de pays en voie de développement des poudrières et provoque les pires violences et les pires cataclysmes sociaux : le pire du pire est probablement à venir en cas de minorités ethniques (nationales ou étrangères) dominantes et très visibles. Amy Chua[199] cite l'exemple des Philippines où les chinois (dont certains sont milliardaires) représentent 1% de la population et contrôlent 60% de l'économie privée du pays alors que deux-tiers des 80 millions de philippins vivent avec moins de 2 dollars par jour, 70% de la population rurale ne possède pas de terre et tous les emplois dégradants sont tenus par les philippins. Dans la plupart des pays occidentaux riches, c'est l'inverse : il existe des minorités ethniques économiquement dominées qui font généralement partie des classes sociales défavorisées, mais dont l'expansion démographique peut provoquer des heurts croissants. D'un côté, la pauvreté et de l'autre côté le sentiment d'injustice. Lorsque « s'ajoutent l'humiliation, le désespoir et le ressentiment, viennent la haine et le désir de vengeance » qui caractérisent les majorités ou les minorités dominées. A l'échelle mondiale, le marché sans la fraternité et l'absence de démocratie sont les deux vrais caractères et l'Occident joue le rôle de minorité économiquement dominante. Les efforts inouïs consacrés par l'Occident à l'unification du monde sous sa coupe et dans son intérêt propre, sans les valeurs des Lumières et comptant de moins en moins démographiquement, déterminent leur effet symétrique : l'explosion de la haine. Une haine mâtinée d'esprit de revanche pour ceux qui espèrent dépasser les pays occidentaux (Chine, Inde), d'humiliation et de ressentiment pour ceux qui rêvent des temps glorieux antérieurs (pays arabo-musulmans), de résignation et de désespoir pour ceux qui se croient marginalisés (pays africains) !

Changer de logiciel est donc impératif. Un renversement n'est possible et imminent que lorsque se conjuguent plusieurs facteurs : une remise en question des doctrines dominantes (en l'occurrence, les doctrines néolibérales) et la diffusion d'une doctrine alternative crédible et mobilisatrice, des luttes sociales à caractère de plus en plus structuré ou systématique, une grappe de techniques innovantes disponibles et des opportunités de développement économique, une concurrence grandissante de nouveaux acteurs mondiaux, une crainte généralisée de la survenue de « monstres ». C'est l'ensemble de ces facteurs qui permet de générer, sans révolution ou crise grave, des situations et des compromis nouveaux et acceptables par toutes les parties prenantes. Certes les élites doivent sacrifier une partie de leurs privilèges au profit des classes moyennes et pauvres (et les pays riches au profit des pays pauvres, les générations actuelles au profit des générations futures). Mais, à trop attendre, elles risqueraient de perdre encore plus si se déclenchait une crise paroxystique qui viendrait soit de l'aggravation d'une crise particulière (crise financière de 2008 en pire, crise écologique, crise sanitaire, crise identitaire des banlieues, crise sociale de type Gilets jaunes, crise des « jeunes » de type 1968, crise migratoire, crise politique.....) soit de la conjonction de plusieurs crises au sortir desquelles une majorité de citoyens de toutes classes diraient trop tard « plus jamais cela ! ». Pressés par la crainte de violences ainsi que par la concurrence mondiale, les responsables peuvent aussi profiter des changements techniques et des innovations de toutes sortes pour créer des situations gagnant-gagnant.

Plusieurs facteurs se conjuguent actuellement pour rendre possible le retour d'un capitalisme plus social et plus inclusif : le revirement idéologique d'une partie de la classe riche, l'existence d'une grappe de techniques innovantes disponibles et d'un fort potentiel de développement économique (le remplacement des produits fordistes par les produits écologiques), la prise de conscience d'une partie des élites du danger de retour des « monstres », le retour à un monde multipolaire avec une concurrence grandissante de nouveaux acteurs mondiaux, la présence de luttes sociales à caractère de plus en plus structuré ou systématique.

Après plusieurs événements marquants (Accords de Paris sur le climat et de New-York sur les Objectifs de Développement Durable) et alertes successives (crise de 2008, Brexit, arrivée de régimes populistes, mouvements sociaux…), il est possible que la crise du coronavirus soit le déclencheur du retour à une phase de capitalisme social.

a) Des Accords de 2015 aux Plans de relance de 2020

En 2015, deux accords universels sont signés par tous les pays[200]. Dans l'Accord de Paris (climat), il y a *une urgence climatique* qui prime : contenir le réchauffement climatique en dessous de 2° et parvenir le plus vite possible à la neutralité carbone. Dans l'Accord de New York (Objectifs de Développement Durable), il y a *une urgence socioéconomique* : éradiquer la pauvreté dans le monde et faire en sorte que tous les habitants de la planète aient accès aux services modernes (santé, éducation, électricité…) et aux bienfaits du développement durable. A ces deux urgences, se rajoute une troisième (*l'urgence de la biodiversité*) qui est concrétisée en 2012 par la création de l'IPBES (plateforme internationale sur la biodiversité et les systèmes écosystémiques), parfois surnommée « GIEC de la biodiversité ».

Un futur consensuel et enthousiasmant est alors schématisé par un scénario qui doit faire passer le monde d'une situation critique en 2015 à une situation CO2/ODD/Biodiversité satisfaisante dans les années 2050-2070. Malheureusement, les premières années sont décevantes. Dès 2018 et 2019, les deux groupes d'experts constitués sous l'égide des Nations Unies (GIEC, RDSN)[201] tirent la sonnette d'alarme : les tendances récentes ne permettront pas d'atteindre les objectifs de 2070 et la condition sine qua non est d'accélérer les processus et de modifier les feuilles de route pour 2030 et 2050 si l'on veut vraiment maintenir le réchauffement climatique sous les 2° (ou 3°) et faire accéder tous les êtres humains au bien-être minimal auquel ils aspirent légitimement. Dans son rapport de 2019[202], l'IPBES est tout aussi pessimiste : « la santé des écosystèmes dont nous dépendons, comme toutes les autres espèces, se dégrade plus vite que jamais » ; « un million d'espèces animales et végétales – soit une sur huit – risquent de disparaître à brève échéance ». On observe alors un décalage croissant entre d'un côté la clarté des messages des principaux scientifiques et économistes mondiaux et de l'autre côté l'inconstance et l'inconsistance des actions des principaux Etats du monde. Pour preuve, la grande majorité des scientifiques mondiaux adhèrent aux principaux résultats des rapports du GIEC et de l'IPBES, tandis que 27 prix Nobel d'économie (réunissant des personnes aussi opposées idéologiquement que Robert Lucas, fondateur de la Nouvelle Economie Classique, et Amartya Sen, partisan de la justice sociale et de l'économie du bien-être) co-signent (le 16 janvier 2019) un « *Statement on Carbon Dividends Global climate change* » qui a pour écho au Congrès américain un « *Bipartisan agreement on how to combat climate change* »[203]. Pendant ce temps, la plupart des pays qui ont signé les accords ne tiennent pas leurs engagements et certains d'entre eux se mettent même en retrait de l'un ou l'autre des accords[204].

C'est dans un tel contexte qu'apparaît en janvier 2020 une épidémie qui provoque en six mois 511.037 décès dans le monde dont 177.122 en Europe[205] et qui conduit à un confinement plus ou moins long de près de la moitié de la population mondiale sur tous les continents. Il en résulte un krach économique généralisé accompagné d'un ralentissement des échanges mondiaux, d'un arrêt du tourisme international et d'une baisse spectaculaire des prix des énergies fossiles. Du côté de l'offre, on observe qu'une grande partie des travailleurs des pays du G20 sont impactés par des mesures de confinement total ou partiel. Du côté de la demande, les dépenses baissent parce que certains ménages ont des revenus plus bas et parce que de nombreuses activités (voyage, restaurant, cinéma…) sont impossibles. La réaction immédiate de la plupart des gouvernements est d'abandonner toutes les contraintes d'équilibre budgétaire et de lancer des plans de sauvetage à l'intention des travailleurs, des ménages et des entreprises : éviter les dépôts de bilan, les banqueroutes, les pénuries, les plans sociaux, soutenir financièrement les personnes en difficulté et aider le secteur de la santé à stopper la propagation du virus constituent les priorités de court terme.

A partir du milieu de l'année 2020, se pose un peu partout la question du passage de mesures d'urgence à des plans de relance de l'économie. La situation est grave : les ménages anxieux peuvent freiner leurs dépenses et constituer des épargnes de précaution ; les entrepreneurs risquent de ne pouvoir investir et d'être obligés de mettre au chômage nombre de leurs employés ; les banques sont tentées d'être plus prudentes voire frileuses dans l'octroi de nouveaux prêts. Un objectif clé des plans doit être de restaurer la confiance, de stabiliser les anticipations et de susciter une reprise conjointe des investissements publics et des investissements privés.

Dans quelques années, les historiens pourront distinguer avec plus de précision les impacts temporaires et permanents du coronavirus. Ce n'est pas la fin du monde : le capital physique n'est pas détruit comme dans une guerre et il y a surtout un retard d'investissement qui touche tous les secteurs. Les changements forcés de comportement en matière de production, de consommation et de distribution peuvent laisser des traces positives : avantages du télétravail, achats de proximité, prévention des risques liés aux chaînes d'offre internationales.

Parmi les effets notoires de l'épidémie[206], on peut souligner :

-1) le retour de l'Etat comme source de résolution des problèmes sanitaires et économiques (ce qui retarde pour le moins en France les projets libéraux de privatisation de secteurs stratégiques : aéroports, barrages hydrauliques…) ;

-2) la volonté d'aménager le cadre des échanges mondiaux : il apparaît clairement que dépendre de chaînes d'offre lointaines et incertaines pour des produits de première nécessité (sanitaires, alimentaires…) conduit à une insécurité et à une perte d'autonomie ; l'indépendance économique n'implique pas que toutes les productions soient nationales, mais au moins que des productions nationales qui sont plus coûteuses parce qu'elles sont à bas carbone et responsables socialement soient protégées de productions concurrentes venant de pays sans objectif carbone et sans législation sociale ;

-3) le poids de la dette publique : qui la paiera (les générations futures ?) et faudra-t-il vraiment la payer ? Les lourdes dettes issues de la seconde guerre mondiale avaient été réglées grâce à une forte croissance et à l'inflation, mais, à l'époque, la création monétaire était contrainte par des règles strictes (système d'étalon change-or) ;

-4) la confiance retrouvée dans le progrès scientifique : les chercheurs sont mis à contribution, car chacun attend impatiemment l'arrivée de médicaments et de vaccins contre la nouvelle maladie ;

-5) la décarbonisation de l'économie mondiale pendant la crise : nous avons souligné dans un chapitre précédent que la baisse d'activité économique avait conduit à une baisse des émissions de CO2 de 8% en 2020. Le défi consiste à bien calibrer les plans de relance après avoir fait l'expérience, une fois de plus, qu'un ralentissement de croissance (qui plus est avec confinement) était bon pour le CO2 et le climat, mais mauvais pour l'emploi et le bien-être.

Quelle sera la trajectoire des années post-covid ? La question a une traduction concrète toute simple pour les pays du G20 : comment relancer des économies en récession et favoriser l'emploi tout en amplifiant les efforts en faveur du climat (et de la biodiversité) et en se préoccupant de l'atteinte des ODD dans les pays les plus pauvres et les plus vulnérables ? Les pays du G20 sont voués à jouer un rôle majeur dans l'évolution mondiale car ils représentent les deux tiers de la population mondiale, 80% du commerce mondial, 85% du PIB mondial et 80% des émissions mondiales de CO2. Au début des années 2020, le monde est à la croisée des chemins : la Chine prépare son 14ème plan de développement 2021-2025 (qui mettra l'accent sur le développement technologique accéléré, sur les nouvelles routes commerciales, sur le besoin de financer en même temps le capital physique, humain, social et naturel)[207] ; les élections présidentielles peuvent changer la donne aux Etats-Unis ; les pays européens imaginent de nouvelles avancées institutionnelles, budgétaires et monétaires ; les pays africains créent un front commun pour exiger l'annulation de leurs dettes.

Les feuilles de route des scientifiques et des économistes tournent toujours autour d'un fil conducteur central : relier climat et ODD. Nous pouvons, si nous le voulons, passer à une nouvelle ère économique où la croissance du bien-être est entraînée par des innovations technologiques, par des investissements (publics et privés) élevés et par un souci de justice sociale à l'échelle mondiale. C'est un monde qui agit contre le réchauffement climatique, pour la biodiversité et pour les ODD : nous l'avons dit et répété, il n'y a pas d'autre histoire heureuse possible au 21ème siècle.

b) Briser les barrières mentales de la phase néolibérale

Pour passer durablement à la période sociale, il faut admettre un postulat et faire tomber trois barrières mentales[208].

-Le postulat : rejeter le fameux TINA (« there is no alternative »)

Toute situation est le fait de changements structurels inévitables et de politiques publiques (passées et présentes) évitables. Une crise financière contemporaine provient d'un facteur structurel (la dématérialisation de la monnaie et la rapidité d'échanges par les NTIC) et de politiques libérales de dérèglementation des marchés financiers et de création de paradis fiscaux. Comme chacun peut le voir, une crise française grave du coronavirus dépend d'un facteur structurel (la multiplication des échanges au niveau mondial) et de politiques libérales passées et présentes (abaissement des moyens du système de santé public, délocalisation d'activités stratégiques, affaissement de la recherche fondamentale publique, etc.). Plus encore que la crise financière de 2008, la crise du coronavirus est à la fois un révélateur anxiogène des failles et défaillances du monde néolibéral et un accélérateur de l'idée selon laquelle la maison brûle de partout (la biodiversité, le climat, l'immigration, la précarité…) et exige des changements rapides (investissements d'avenir, rattrapage des pays pauvres, consolidation de la protection sociale, baisse du CO2, etc.).

En même temps, on peut choisir des alternatives différentes selon ses propres convictions et selon que l'on est optimiste ou pessimiste, technophobe ou technophile. La première tentation radicale consiste à renoncer au développement et à s'appuyer sur les leçons de la période de confinement pour imaginer un monde nouveau où nous devrions organiser un ralentissement général à long terme, consommer moins, produire moins, travailler moins, innover moins et nous déplacer moins pour polluer moins et émettre moins de CO2. La deuxième tentation radicale consiste à croire en la possibilité d'une accélération du progrès technologique en espérant que des techniques nouvelles (captage et séquestration du CO2 à grande échelle…) permettent de continuer comme avant en matière d'énergies fossiles.

Dans le scénario dominant GIEC-RDSN[209] qui est rationnel et non radical, il y a deux objectifs liés (le climat et les ODD) qui conduisent à privilégier toutes les sources d'énergies non fossiles (barrages hydrauliques, énergie nucléaire, énergies intermittentes comme le solaire et l'éolien…) et à financer toutes les innovations prometteuses (hydrogène, captage du carbone…), mais aussi à programmer des plans d'action à plus ou moins longue échéance pour économiser l'énergie et pour décarboner tous les secteurs d'activité (le plan le plus long sera sans doute celui de l'aviation) et pour faire profiter tous les pays du monde des innovations et de financements adéquats. Selon l'éthique du libéralisme social, il s'agit de promouvoir une accélération des investissements publics dans tous les pays, de mettre en place des signaux de marchés (comme la taxe carbone) pour orienter les choix privés et de mettre en cohérence la justice climatique et la justice sociale.

-La première barrière mentale à faire tomber : l'obsession des défaillances publiques

Il est bon d'arrêter de se focaliser sur les défaillances publiques et de revenir aux racines d'une économie de marché (les défaillances du marché). Les défaillances publiques existent et sont variables d'un pays à l'autre, mais la plupart sont évitables alors que les défaillances de marché sont structurelles et ne peuvent être corrigées que par des interventions publiques. Parmi les grandes défaillances de marché, il y a les externalités (notamment environnementales), les asymétries d'information et les situations de monopole que l'on peut trouver sur les marchés énergétiques, industriels et financiers. Les néokeynésiens font aussi évoluer la réflexion vers ce que l'on peut appeler l'économie institutionnelle qui met l'accent sur le rôle des relations hors marchés : institutions (règles formelles ou informelles auxquelles les acteurs adhèrent), organisations (entités durables regroupant les acteurs : chambres de commerce, syndicats, associations, clubs...), réseaux...

-La deuxième barrière mentale à faire tomber : le rejet de l'investissement public

Il faut admettre que, loin d'évincer l'investissement privé, l'investissement public est un moteur unique et indispensable du développement. Les bienfaits de l'investissement public (et plus largement d'autres interventions publiques) ne doivent pas être perçus seulement sous l'aspect traditionnel du multiplicateur de demande (les dépenses créent des revenus qui sont eux-mêmes dépensés et ainsi de suite) qui est certainement plus faible de nos jours dans des pays comme la France à cause des importations, mais sous l'angle de l'offre nationale et des investissements privés induits. C'est peut-être le point sur lequel on n'insiste pas assez parce que les keynésiens historiques étaient sans doute trop absorbés par les aspects de demande au contraire des libéraux qui préconisent des politiques axées sur l'offre : dans une phase positive, par l'investissement public et les autres interventions publiques, l'Etat est à la fois stratège, coordinateur, inspirateur, innovateur et preneur de risques et même créateur du monde futur. Non pas qu'il soit meilleur visionnaire qu'un entrepreneur privé mais parce que lui seul peut se charger de dépenses fondamentales qui ne sont pas rentables à court terme, prendre à sa charge des risques et créer des synergies entre agents privés. C'est lui qui tient le volant de la voiture et de nombreux investissements privés nationaux (impliquant la hausse de l'offre et la création d'emplois) en résultent. C'est le cas bien évidemment dans le capitalisme d'Etat chinois, mais c'est aussi le cas dans les pays prétendument les plus libéraux comme les Etats-Unis.

Quand un Etat finance les équipements lourds et la recherche fondamentale dans des structures publiques de haut niveau (que l'on aurait appelées autrefois monopoles naturels) comme des grands centres et laboratoires de recherche, des universités de pointe, des hôpitaux universitaires avec les plus grands plateaux techniques, il forme les meilleurs étudiants et attire les meilleurs chercheurs. Pour peu qu'il mette aussi en place des partenariats avec les créateurs privés et des incitations ou aides aux investisseurs innovants, on peut dire qu'il imprime la direction, qu'il suscite des investissements privés et même qu'il co-crée de nombreux nouveaux produits et marchés[210].

Aux Etats-Unis, ce sont les grandes agences publiques (NASA, DARPA, NIH....)[211] qui sont à la base d'Internet, des énergies nouvelles, de nombreux médicaments nouveaux, des nanotechnologies, des biotechnologies. Si un entrepreneur privé génial crée l'Iphone, c'est à la fois parce qu'il vit dans un monde ouvert (liberté et innovation) et que des investissements publics antérieurs l'ont rendu possible : le programme Internet ARPANET de DARPA et les recherches universitaires publiques (Fingerworks de l'University of Delaware). Les aventures technologiques qui ont rendu Elon Musk milliardaire (Tesla Motors, SolarCity, SpaceX) ont bénéficié d'un soutien public de 4,9 milliards de dollars à travers des investissements (avec participation à la création des produits et des marchés), des subventions, des allègements fiscaux, des prêts à taux réduits, des contrats publics, des dégrèvements pour les consommateurs. Comme l'innovation comporte une part de risques et d'expérimentation, l'Etat innovateur ou financeur de l'innovation a droit à l'erreur : quand il finance la start-up Solyndra, c'est un échec ; quand il finance Tesla S, c'est un succès technologique.

On se retrouve ici avec le problème non résolu dans un monde néolibéral injuste : les pertes et les risques sont socialisés alors que les bénéfices et les récompenses sont privatisés et sont même parfois non taxés. La question est ouverte : comment les centres de recherche et les agences d'Etat qui pèsent apparemment sur les budgets publics, mais qui sont grandement responsables des innovations peuvent-ils participer aux bénéfices privés induits dans le futur ?

Dans les règles du jeu du nouveau monde, il n'est pas anormal non plus que les Etats soient en mesure d'arbitrer de façon non libérale entre la libéralisation des échanges mondiaux et les décisions d'intérêt national : si les guerres commerciales des tarifs douaniers et des dévaluations compétitives sont néfastes pour tout le monde, il existe partout un rejet des délocalisations sauvages et un besoin de garantir la pérennité de produits stratégiques ainsi que la sécurité nationale qu'elle soit alimentaire, sanitaire ou militaire et la défense d'économies engagés dans la transition écologique face aux prédateurs et aux profiteurs.

-La troisième barrière mentale à faire tomber : la peur de la création monétaire

Alors que les politiques de la période des trente glorieuses avaient pour objectif majeur le plein-emploi, les idéologues libéraux sont parvenus à nous faire adopter mentalement un autre objectif devenu primordial : celui de la stabilité des prix, d'où une méfiance instinctive envers tout risque de création monétaire excessive. Cette barrière mentale est encore plus difficile à faire tomber que les deux premières : si un petit pays isolé doit veiller à ne pas trop créer de monnaie en raison de risques inflationnistes et de perte de compétitivité, le franchissement mondialisé du Rubicon (comme dans les deux crises de 2008 et du coronavirus), c'est-à-dire la création de monnaie à grande échelle à tous les niveaux (FMI, banques centrales) pour des actions publiques vouées à une bonne cause (la recherche-développement et le capital humain, la transition écologique, la convergence entre pays pauvres et pays riches, la remise à l'honneur des politiques de redistribution et de justice sociale….) ne peut apporter que des bienfaits et permettre de réaliser les Objectifs de Développement Durable.

La crise du coronavirus rappelle par certains côtés celle de 2008. Certes, dans la crise de 2008, il s'agit d'une crise financière qui conduit à une crise de la sphère réelle et dans celle du coronavirus, c'est une crise sanitaire qui agit directement sur la sphère réelle (avec des effets indirects sur la sphère financière). Mais dans les deux cas, les banques centrales et les Etats franchissent le Rubicon et abandonnent les dictats libéraux (encore plus vite en 2020 qu'en 2008) : créer des milliers de milliards de dollars (ou d'euros) de liquidités. Il est intéressant de voir comment se passe pour la première fois le franchissement de la barrière mentale en 2008 aux Etats-Unis : la Banque centrale (la FED) commence par faire passer les taux d'intérêt de 5% à 0% (prêts gratuits), à prêter au secteur privé (bancaire et financier) contre des titres d'Etat, à faire de la transformation bancaire à grande échelle (obligations d'Etat à court terme vendues pour acheter des obligations d'Etat à long terme), puis se lance dans ce qu'elle appelle du « quantitative easing » : injecter des masses de liquidités sans conditionnalités et sans stérilisation[212] à destination des banques (par achat massif d'actifs publics) afin qu'à leur tour elles fournissent des liquidités aux entreprises et aux ménages. La barrière mentale est la suivante : il y a des choses plus graves dans la vie que la non-création de monnaie par une Banque centrale et, pour peu que l'inflation induite ne soit pas trop forte, il n'y a que des effets bénéfiques sur le bien-être, les activités et les emplois. Dans les années 2020-2021, le Trésor américain décide de verser 2000 dollars à chaque adulte et 1.400 dollars par personne à charge dans tous les ménages à revenu faible ou moyen[213].

Imagination au pouvoir : que peut-il se passer de négatif si le FMI est autorisé à créer de la monnaie à hauteur de 2% du PIB mondial (1.700 milliards de dollars) pour combler le gap des ODD sans induire d'endettement pour personne et/ou si, tout d'un coup, la Banque centrale européenne décide de créer une monnaie équivalente à 2% du PIB européen : 1% (ou 160 milliards d'euros) pour permettre aux Etats de retrouver leurs taux d'investissement public d'antan (en France, on est passé de 5% à 3% du PIB) et de financer des investissements d'avenir ; 1% (ou 800 euros par ménage) pour aider les pays à aller vers le revenu universel et la résolution des problèmes de fin de mois des ménages pauvres et dont une partie reviendrait indirectement aux Etats à travers la fiscalité ?

Face à la violence de la crise mondiale, il faut élaborer des outils en fonction des risques encourus et des objectifs recherchés. On ne va pas réussir à relancer l'investissement sans compenser les pertes des entreprises, sans soutenir les ménages en difficulté et sans se poser la question de la dette publique accrue par la gestion de la crise. Les banques centrales et le FMI doivent aller jusqu'au bout de leurs politiques monétaires non conventionnelles : des taux d'intérêt nuls voire négatifs dans les périodes de faible inflation, des rachats massifs des dettes publiques par l'intermédiaires des banques, une distribution directe de monnaie aux entreprises et aux ménages (par l'intermédiaire des Etats).

Naturellement, subventionner les nouveaux emprunts (au lieu de leur faire payer des intérêts), racheter les dettes publiques et injecter de la monnaie dans l'économie sans contreparties ne peuvent pas être considérées comme des opérations courantes : elles doivent être temporaires (sous peine de mette en danger la crédibilité de l'institution), prises en cas de crise grave et lorsqu'il y a un risque de déflation et non d'inflation. Parmi les mesures exceptionnelles à caractère social, il y a aussi le tournant européen de l'emprunt commun de 750 milliards d'euros en mai 2020 (argent emprunté en commun qui sera remboursé en commun) dont une partie servira à subventionner les pays européens en difficulté. Au plan mondial, l'IEA et le FMI ont estimé la nécessité de mobiliser 1.000 milliards de dollars (soit 0,7% du PIB mondial chaque année) qui permettent de relancer la croissance mondiale en évitant un rebond durable des émissions de CO2[214] : l'argent est largement mobilisé par la création de droits de tirage spéciaux (DTS) supplémentaires.

Les systèmes à mettre en place doivent être tels qu'ils ne favorisent pas indument les mauvais gestionnaires (très endettés) au détriment des bons[215] ni qu'ils ne financent des actions non conformes aux plans climatiques et aux ODD[216] : les financements peuvent être répartis en fonction des besoins, mais aussi de critères de performance (émissions de CO2 réduites, emplois créés). Dans le cas du FMI, ils le sont aussi en fonction des quotes-parts des pays qui désavantagent les pays pauvres.

Dans leurs débats avec les néolibéraux, les socio-économistes ne peuvent éluder le problème de la définition d'une bonne ou mauvaise gestion publique. On ne pourrait qu'applaudir le fait que la Commission européenne impose un exercice combiné de benchmarking (sur les meilleures pratiques) et de convergence des politiques fiscales et sociales (vers le haut). Un niveau faible de dépenses publiques ne veut rien dire en soi et n'est pas signe forcément de bonne gestion : les dépenses publiques de santé américaines sont faibles, mais les dépenses totales (publiques et privées) de santé par habitant sont plus élevées, plus inefficaces, plus inefficientes et plus injustes que les dépenses françaises. En revanche, lorsqu'on compare la France à d'autres pays européens ayant des systèmes sociaux proches, une question inévitable taraude l'esprit : comment la plupart des services publics français (santé, justice, police…) peuvent-ils manquer de moyens de façon si criante alors que la France est championne des dépenses publiques en pourcentage du PIB et creuse ses déficits année après année ? Evidemment, dans une telle situation, donner aux services des moyens sans rien changer par ailleurs revient à accroître encore plus et de façon irresponsable les dépenses publiques et les déficits publics.

Grâce à un exercice de benchmarking, on peut comprendre ce que veut dire non pas un pays néolibéral qui ne finance que des dépenses régaliennes minimales, mais *un pays similaire et meilleur gestionnaire*, c'est-à-dire un pays moins dépensier qui a un système de protection social voisin et des niveaux de développement proches. Disons l'Allemagne malgré sa démographie spécifique et sa structure productive différente.

Hors poids de la dette, si l'on voulait baisser mathématiquement de dix points le taux français de dépenses publiques en % du PIB et passer du déficit à l'excédent en les ramenant au niveau allemand et à la façon allemande, le gouvernement français devrait prendre neuf catégories de mesures : 1) réduire drastiquement les dépenses de fonctionnement des collectivités locales (surtout les doublons entre départements et régions, le nombre de communes et la pléthore de leurs personnels) ; 2) réduire trois types de dépenses concernant la santé : diminuer le nombre de médicaments prescrits et rembourser prioritairement les médicaments génériques ; baisser les taux de remboursement pour les ménages à revenu aisé ; alléger le poids des dépenses administratives et de nombreux plateaux techniques sophistiqués (poids très élevé en France alors que manquent les moyens de fonctionnement de base) ; 3) stopper les allègements de cotisations sociales notamment sur les bas salaires ; 4) supprimer les niches fiscales et imposer les personnes pratiquant l'exil fiscal ; 5) réduire les dépenses militaires ou les faire financer au niveau européen (la France représente quasiment toute l'Europe dans ses interventions mondiales) ; 6) réduire les prestations sociales en cas de chômage seulement partiel et accepter que les marchés du travail soient protecteurs par d'autres façons que financières ; 7) augmenter de plusieurs années l'âge du départ à la retraite ; 8) augmenter le nombre de jours et d'heures de travail (en tenant compte du fait que la productivité horaire est légèrement plus élevée en France) ; 9) réduire les subventions aux entreprises publiques en acceptant de privatiser la propriété et/ou la gestion de nombre d'entre elles (quitte à imposer des missions de service public).

Faut-il appliquer toutes les mesures « allemandes » ? On conçoit que c'est une question ouverte qui dépend à la fois des opinions individuelles et du courage politique. A notre sens, seule l'éthique du libéralisme social a la légitimité pour faciliter la mise en œuvre de réformes ambitieuses en assurant que les efforts et les bénéfices soient partagés dans un esprit de justice, et, par ailleurs, elle se conçoit dans une perspective de bonne gestion publique adaptée aux phases conjoncturelles : disposer toujours de marges de manœuvre pour maintenir aux services publics essentiels des moyens dignes et profiter des périodes de croissance et de baisse du chômage pour accumuler des excédents et les placer stratégiquement.

La période de relance post-Covid doit aussi favoriser un retour à la croissance qui ne soit pas trop émettrice de CO_2. Une enquête auprès de 231 responsables et économistes des pays du G20[217] conduit à privilégier des actions qui ont à la fois un impact positif sur le climat et un effet multiplicateur fort sur les activités et l'emploi : investissements en infrastructures et équipements bas carbone, aides aux start-up et PME innovantes, dépenses publiques et privées de R-D et de formation, appuis aux filières d'énergies non fossiles[218].

III) Délimiter l'espace de bien-être compatible avec les limites planétaires

A) Une vision à l'horizon 2050 où tout le monde vit bien dans les limites écologiques de la planète

La vision d'un monde heureux en 2050 a certes tout d'une utopie au double sens de contestation radicale du monde actuel et de représentation d'un monde meilleur, avec des politiques post-libérales, des technologies post-carbone et des modes de vie post-fordistes. Mais il s'agit aussi d'en faire une utopie concrète selon les principes de Ernst Bloch (« déceler dans le réel l'anticipation de ce qui est bien »[219]) et de Nelson Mandela pour qui ce qui compte dans un scénario prospectif, c'est le cheminement avec des actions concrètes.

Le monde possiblement heureux de 2050 est facile à définir : il nous suffit de délimiter l'espace de bien-être maximal disponible dans les limites de la planète.

Les sociétés humaines[220] doivent se considérer comme détentrices d'un patrimoine commun qu'elles doivent entretenir, voire développer de façon durable en prenant en compte toutes ses composantes : climat, biodiversité, ressources naturelles, contrôle des déchets, santé et nutrition, éducation et formation, infrastructures et équipements, patrimoine culturel, capital social et institutionnel.

Face à l'urgence climatique et à l'urgence socioéconomique, les experts du GIEC et du SDSN préconisent de se concentrer sur six transformations majeures à l'horizon 2050 :

1) une consommation et une productions devenue responsables : élimination des besoins artificiels, durabilité des produits, sobriété, fin des gaspillages, circularité et proximité des échanges, réduction des déchets non recyclés

2) des innovations et une révolution technique maîtrisée (intelligence artificielle, big data, biotechnologies…) favorables au développement humain et durable

3) des institutions visant à accroître les « capabilités » humaines pour donner un sens à la vie de tous : État de droit, éducation, santé, démographie, marchés du travail, protection sociale, adaptation à des sociétés vieillissantes

4) des lieux de vie agréables et efficients : des habitats salubres, des infrastructures adéquates, de nouvelles formes de participation et gouvernance locale

5) une décarbonisation des sources d'énergie

6) un accès de tous à une nourriture saine et à l'eau potable tout en protégeant la biodiversité, les forêts et les océans.

B) Définir les indicateurs de bien-être

Faisons un rêve. Un rêve ambitieux : vivre ensemble avec de plus en plus de liberté, de paix, de joie, de prospérité. Chacun comprend que la réalisation de ce rêve implique l'existence de ressources matérielles suffisantes (le PIB), mais dépasse largement le cadre proprement matériel et nécessite de choisir des indicateurs de bien-être au-delà du PIB.

Le PIB est un indicateur majeur pour un diagnostic macroéconomique ou pour des analyses économiques portant sur la production, les revenus ou les dépenses, mais il n'a pas vocation à mesurer des éléments essentiels pour le bien-être (la santé, la sécurité, la gouvernance, l'environnement, les inégalités) et encore moins à traiter les problèmes de stocks et de capital (naturel, financier...). De plus, si le PIB par tête est en soi un agrégat intéressant, le bon indicateur monétaire de niveau de vie est plutôt la consommation effective des ménages à prix constants, corrigée de la parité du pouvoir d'achat (PPA)[221].

La problématique du bien-être (objectif ou subjectif) s'est imposée à partir de travaux sur le développement humain durable (Sen, PNUD[222]) ainsi que dans une branche économique nouvelle appelée « économie du bonheur » (Daniel Kahneman, Bruno Frey, Richard Layard[223]). En particulier, l'OCDE a lancé l'initiative « vivre mieux » en se basant sur les préconisations du rapport Stiglitz-Sen-Fitoussi[224] qui recommande de combiner les indicateurs objectifs et subjectifs et de vérifier si les individus ont la capacité de transformer les droits et libertés apparents en droits et libertés réels, notamment la liberté pour chacun/e de choisir la bonne vie qui lui convient[225]. On retrouve peu ou prou cette approche dans la pyramide des besoins de Abraham Maslow, la liste des capabilités de Martha Nussbaum, ou les indices de Progrès social (Social Progress Imperative) et du Bonheur mondial (Réseau des Solutions pour le Développement Durable).

Comme chacun a sa propre conception d'une bonne vie, il n'est pas facile de se mettre d'accord de façon rigoureuse sur les déterminants du bien-être. Nous conseillons à chaque lecteur de faire son propre choix en examinant la liste ci-après de *douze leviers du bien-être* sur lesquels peuvent jouer les décideurs.

-Les conditions de vie matérielles

Les conditions de vie matérielles peuvent être appréhendées à travers plusieurs facteurs : se procurer les consommations élémentaires, faire face aux dépenses courantes, rencontrer des difficultés ou non à vivre dans un logement salubre.... Elles sont fortement corrélées avec les niveaux de revenus et de richesses des individus ainsi qu'avec d'autres leviers du bien-être (chômage et insécurité économique ; personnes seules et absence de liens familiaux et sociaux ; groupes, castes ou ethnies défavorisés et manque de reconnaissance et de représentation politique...). Elles s'apparentent aux besoins physiologiques fondamentaux : la faim, la soif, le désir sexuel... et la privation est un concept aussi important que la satisfaction dans la compréhension des motivations et des comportements.

-L'accès à une éducation de qualité

L'accès à une éducation de qualité est un levier majeur du bien-être d'un individu qui configure son avenir. Le droit à l'éducation n'est pas seulement le droit d'accéder à l'éducation mais aussi le droit de recevoir une éducation de bonne qualité : des compétences pour naviguer sans tanguer entre les trois espaces majeurs de sa vie (famille/voisinage, travail/loisirs, nation/monde).

-La santé physique

La santé physique est essentielle pour le bien-être global et constitue un élément majeur de la santé lato sensu telle que définie par l'Organisation Mondiale de la Santé : « la santé est un état de complet bien-être physique, mental et social, et ne consiste pas seulement en une absence de maladie ou d'infirmité ». Si tous les aspects de la santé (physiques, mentaux, émotionnels) sont interdépendants et doivent être pris en compte pour acquérir et conserver une excellente santé, on s'intéresse particulièrement à un indicateur majeur du bien-être et d'un avenir meilleur pour tous : avoir une vie plus longue en bonne santé ou sans incapacités majeures.

-La sécurité économique

L'incertitude économique par rapport au futur a un impact sur la qualité de la vie en générant de l'insécurité. Elle peut toucher toutes les générations en allant des jeunes qui craignent de ne pas trouver d'emploi décent aux plus âgés qui redoutent la faillite de leur système de retraite. C'est évidemment le fait d'être au chômage ou de risquer le chômage (risque de licenciement, risque de fin de contrat sans renouvellement) qui est le plus traumatisant lorsque le retour à un emploi n'est pas garanti. Sans mesures correctives, une croissance économique qui impose des restructurations et des recompositions productives peut faire baisser le bonheur des personnes concernées.

-Les risques psychosociaux

Les risques psychosociaux peuvent inclure des éléments (stress, épuisement, harcèlements, violences) qui ne sont pas seulement liés au travail et qui peuvent se retrouver dans d'autres circonstances de la vie d'un individu. Dans le monde néolibéral, un nombre croissant de personnes déclarent souffrir de symptômes liés à des risques psychosociaux (troubles de la concentration, du sommeil, irritabilité, nervosité, fatigue importante, palpitations…).

-La sécurité physique

La sécurité physique est un état où les dangers et les conditions pouvant provoquer des dommages d'ordre physique sont contrôlés et jugés peu inquiétants. Il s'agit d'un droit fondamental de l'être humain et d'une composante essentielle pour son bien-être et la réalisation de ses aspirations. Elle comporte un aspect objectif (situations d'insécurité observées et mesurées) et une dimension subjective (le sentiment de sécurité ou d'insécurité) qui s'influencent mutuellement de façon positive ou négative. Pour l'appréhender, il est nécessaire de réunir de l'information sur de nombreux sujets tels que la délinquance, le vandalisme, la violence conjugale, les agressions sexuelles, la maltraitance envers les aînés.

-L'accès à des activités culturelles et/ou ludiques

La pratique d'activités culturelles et/ou ludiques est un marqueur un peu spécial de la qualité d'une vie qui est corrélé avec d'autres leviers du bien-être et qui regroupe plusieurs capabilités de Nussbaum : pouvoir se déplacer librement et vivre selon sa propre conception d'une bonne vie, pouvoir faire usage de ses facultés (sensibles, imaginatives et intellectuelles), pouvoir pratiquer des activités ludiques (tels le rire et le jeu). En général, les dictatures fascistes ou religieuses n'aiment pas la culture ou brident les activités culturelles et ludiques.

-Les conditions environnementales

L'environnement influence fortement le bien-être des individus, à commencer par leur santé et leur mode de nutrition. La dégradation de l'environnement peut prendre des formes diverses : pollution de l'air, pollution des sols, pollution de l'eau, nuisances sonores, destruction de la biodiversité et des écosystèmes naturels, proximité de déchets ou de sols pollués, paysage et patrimoine naturel.

-Les liens familiaux et sociaux

La qualité des liens familiaux et sociaux est une dimension essentielle de la qualité de la vie. Plusieurs auteurs[226] démontrent que la régression du bonheur malgré une hausse du PIB par tête est souvent causée par la progression de la « pauvreté relationnelle » : « la détérioration des relations, l'aggravation de la solitude, les difficultés de communication, la peur, le sentiment d'isolement, la méfiance, l'instabilité des familles, les fractures générationnelles, le recul de la participation sociale et de l'engagement civique, la détérioration du climat social ».

-Les inégalités de revenus et de patrimoines

Le sentiment d'inégalité de revenu et de mode de vie, lorsque cette inégalité est vécue comme injuste, est l'un des leviers majeurs du bien-être et du bonheur. Le désir d'égalité est identifié à une « motivation fondamentale » et l'aversion envers l'inégalité à une « préférence intrinsèque », aversion dont on voit qu'elle se manifeste même dans le cerveau grâce à des études menée à l'aide d'une IRM[227]. Dans la plupart des pays, les gens se positionnent par rapport à un groupe de référence qui est celui des personnes auxquelles ils veulent ressembler ou dont ils pensent légitime d'avoir le même niveau et genre de vie. En matière de bonheur, il y a un indicateur qui pèse plus lourd que le revenu absolu et même que le revenu relatif : c'est le statut dans la hiérarchie ou le rang de revenu qui peut, dans certains cas, être la distance par rapport au revenu moyen du pays.

-Les degrés de reconnaissance et de représentation

Enfin, les deux derniers leviers du bien-être pour un individu concernent son degré de reconnaissance culturelle et son droit à être représenté ou à participer aux décisions. Dans une société néolibérale où le mépris des individus faibles, jetables et exploités se manifeste dans toutes les sphères de la société, de nombreux conflits, notamment sociaux, ne se comprennent pas seulement comme des conflits d'intérêt matériel, mais aussi en termes moraux : pauvres traités d'incapables, de sans-dents ou d'analphabètes, honneur bafoué, manque de respect et d'estime, déni de reconnaissance. Un manque de reconnaissance culturelle et une absence de possibilité de participation à la vie politique sont évidemment des freins majeurs au bien - être des individus : ils ont vocation à compléter les obstacles économiques dans la liste des grands obstacles au bien-être. Toutefois, le risque est que la lutte pour la reconnaissance devienne la forme paradigmatique du conflit politique, que les problèmes d'identité collective détrônent ceux de luttes de classes et que les élites économiques regardent d'un bon œil le droit à la reconnaissance pour éviter de traiter les injustices matérielles.

C) Mettre en relations bien-être et limites planétaires[228]

Les limites planétaires sont des seuils à l'échelle mondiale à ne pas dépasser pour que l'humanité puisse vivre dans un écosystème sûr. Depuis les travaux de scientifiques reconnus (Johan Rockström, Will Stephen, James Hansen, Paul Crutzen…)[229], il existe un consensus sur la définition de neuf limites pour lesquelles sont estimées des indicateurs et des valeurs seuils (qui sont déjà dépassées pour la plupart depuis une dizaine d'années) :

-changement climatique : concentration atmosphérique en CO2 inférieure à 350 ppm

-intégrité de la biosphère : taux d'extinction des espèces inférieur à dix sur un million par an et taux de maintien de la richesse des agroécosystèmes à plus de 90%

-cycles biochimiques du phosphore et de l'azote : taux maximums d'entrée dans les eaux et dans les sols (par exemple, 11 tétragrammes pour le phosphore dans les océans)

-consommation d'eau douce : taux maximal de consommation globale d'eau (surface et nappe phréatique) de 4000 km cubes par an

-changement d'usage des sols : part de la forêt originelle supérieure à 75%

-acidification des océans : taux de potentiel hydrogène des océans supérieur à 80% du niveau préindustriel

-ozone stratosphérique : taux de concentration de l'ozone stratosphérique supérieur à 275 unités dobson

-aérosols atmosphériques : non quantifié sur le plan mondial

-introduction d'entités nouvelles dans l'environnement : substances toxiques, plastiques, éléments métalliques… (pas de seuil défini).

Des analyses plus pointues permettent de mettre en relation d'une part les indicateurs de bien-être et les ODD des Nations Unies, d'autre part les interrelations entre les limites planétaires dans une optique de cohérence avec les études du GIEC.

Pour inciter les pays à aller dans le bon sens, on peut s'appuyer sur les travaux de Daniel O'Neill et de Will Stephen qui constituent une première approche d'une application aux différents pays. O'Neill[230] part de 11 indicateurs du bien-être qui sont en conformité avec les ODD. En ce qui concerne les indicateurs biophysiques, Steffen[231] propose les principales variables qui influencent la stabilité du système terrestre : changement climatique, biodiversité, changements dans l'usage des terres... Les empreintes environnementales sont aussi prises en compte dans les travaux de O'Neill.

Les analyses physiques sont faites à un moment donné qui ne tient pas compte des futures évolutions (démographique, économique, technique...) et n'introduit aucun critère éthique, mais imposent des limites globales à ne pas dépasser au cours du siècle (réchauffement inférieur à 2°, perte de biodiversité de moins de 10%, maintien de 50 à 70% des forêts, etc.). En divisant ces limites par la population totale de 7,7 milliards on obtient les limites par personne et par an : il s'agit alors de vérifier où se situent les 193 pays membres de l'ONU par rapport à ces limites.

Le résultat est certes approximatif, mais tout de même significatif : *le nombre de pays satisfaisant les seuils écologiques ou les critères de bien-être est faible*.

-diagnostic écologique : le nombre de pays (sur 193 pays) ne dépassant pas les limites (par personne et par an) est de 73 pays pour le phosphore (0,89kg), 45 pays pour l'azote (8,9kg), 43 pays pour l'empreinte écologique (1,72hg), 34 pays pour les émissions de CO2 (1,61t), 44 pays pour l'empreinte matérielle (7,2t), 84 pays pour l'eau douce (574m3), 44 pays pour la conversion des terres ou l'appropriation de la biomasse (2,62t).

-diagnostic sur le bien-être : le nombre de pays satisfaisant les conditions de bien-être sont de 59 pays pour les besoins alimentaires (minimum de 2700 kcal par personne et par jour), 40 pays pour l'espérance de vie à la naissance (supérieure à 65 ans), 37 pays pour l'accès à des installations sanitaires décentes (pour au moins 95% de la population), 68 pays pour le niveau de revenu (95% de la population au-dessus de 1,9 dollars par jour), 37 pays pour l'éducation (accès de 95% des enfants à l'enseignement secondaire), 38 pays pour l'emploi (taux de chômage égal ou inférieur à 6%), 26 pays (90% des personnes ont des amis ou de la famille sur lesquels compter), 18 pays pour la gouvernance (indice de qualité de la gouvernance, incluant des variables de liberté, de justice ou de corruption, égal ou supérieur à 0,80), 16 pays pour les inégalités de revenu (indice de Gini égal ou inférieur à 0,30), 25 pays pour le bien-être subjectif et le sens donné à sa vie (minimum de 6,5 sur une échelle de 1 à 10).

D) Cibler les priorités

Plusieurs équipes de recherche[232] s'efforcent de planifier un avenir soutenable de l'économie mondiale à travers des modèles dynamiques de Léontieff (inputs-outputs). Dans tous les modèles, des innovations technologiques majeures (batteries, hydrogène, captage du carbone…) et de bonnes politiques publiques apparaissent cruciales, mais les modèles peinent à prendre en compte les problèmes de gouvernance mondiale, notamment l'absence de coopération et de réciprocité. Les modèles convergent sur deux points majeurs : un niveau minimal de bien-être pour chaque être humain exige des politiques plus solidaires et plus redistributives ; atteindre un niveau de bien-être satisfaisant pour tous implique soit un dépassement des plafonds écologiques, soit des changements des modes de production et de consommation et des progrès techniques accélérés.

Plusieurs leçons peuvent être tirées des analyses. La première est que nombre d'améliorations du bien-être peuvent se faire sans préjudice grave pour les indicateurs écologiques : qu'est-ce qu'on attend pour avancer dans ces domaines ? La deuxième leçon est qu'il existe des priorités au sein des deux groupes (bien-être et limites) : pour peu que la « nature » et les « êtres humains » soient reconnus comme titulaires de droits, les responsables politiques de tous les pays doivent s'attaquer plus vigoureusement à deux priorités (toujours les mêmes) qui sont l'urgence climatique (le CO2) et l'urgence socioéconomique (les conditions des personnes pauvres et les inégalités de bien-être).

Pour illustrer le problème de l'urgence climatique, on peut partir de l'équation de Kaya[233] :

$$CO2 = POP \times (PIB / POP) \times (\text{Énergie} / PIB) \times (CO2 / \text{Énergie})$$

L'équation est volontairement décomposée en quatre parties : la population (POP), le revenu moyen (PIB/POP), l'intensité énergétique du PIB (Energie/PIB) et le contenu en CO2 de l'énergie (C02/Energie).

Le cas de la France démontre un point important : tant qu'il existe des inefficiences ou gaspillages (ou des innovations techniques majeures), un découplage absolu (qui associe croissance du PIB et baisse des émissions de CO2) est possible. En France, sur la période 1990-2018, les émissions de CO2 ont baissé de 19%. Cette baisse résulte en grande partie de celle de 28% de l'intensité énergétique et de celle de 26% du contenu en carbone de l'énergie primaire qui compensent la hausse de la population de 14% et la hausse du PIB par habitant de 35%. La baisse du contenu carbone de l'énergie consommée est due surtout au développement de l'énergie nucléaire dans les années 1990 et des énergies renouvelables à partir de 2005[234].

En revanche, sur le long terme et au niveau mondial, la situation est problématique. Jean-Marc Jancovici[235] pose la question : sachant que pour réaliser les objectifs du GIEC, il faudrait diviser par 3 les émissions mondiales de CO_2 en 30 ans, comment atteindre cette baisse à partir des quatre facteurs de la partie droite de l'équation ? Même si l'on accentue les efforts pour limiter la croissance démographique dans la cinquantaine de pays où elle est forte, on peut s'attendre à ce que la population mondiale soit multipliée par 1,3 et que le PIB mondial par tête soit multiplié par 2,2 (rattrapage des pays pauvres et, sans doute, rejet de la décroissance dans les pays riches). Comme l'intensité énergétique ne peut guère baisser plus que d'un facteur 2, tous les efforts doivent porter sur le contenu en CO_2 de l'énergie, donc sur la place donnée d'un côté au nucléaire pour stabiliser les énergies intermittentes[236] et de l'autre côté à la capture et séquestration du carbone[237].

Concernant les aspects socioéconomiques, l'économiste optimiste du 21ème siècle met l'accent sur trois éléments : la stagnation effective de la croissance de la population mondiale, le ralentissement logique de la croissance du PIB d'un pays devenu riche (courbe en S), la possibilité de convergence de tous les pays du monde vers un corridor compatible avec les limites planétaires existantes (qui peuvent être repoussées grâce au progrès technique) et qui se situe à distance raisonnable des zones de surconsommation et de sous-consommation.

En bas de l'échelle matérielle, il y a une zone de survie (grande pauvreté, déficit de consommation de base, de revenu, de capital, de reconnaissance, de pouvoir, de sécurité) dont il faut extraire tout être humain en urgence quitte à le faire bénéficier au départ d'un programme nutritionnel, puis de créer pour lui des formations ou des activités de type HIMO (projets à haute intensité de main d'œuvre). Dans une perspective suffisantiste[238], on veille à ce que chacun soit au-dessus d'un seuil qui lui permette d'être efficace et autonome dans la recherche de sa vie bonne. Dans le monde actuel, un niveau de vie décent comprend un ensemble de biens et services universels : nutrition (un minimum de calories par jour avec vitamines, minéraux et possibilité de conserver des produits au frais), abri (construction avec toit et murs, espace et confort suffisants, éclairage, eau et toilettes), habillement (selon climat, avec possibilités de lavage), soins de santé (proximité d'un personnel, informations, vaccins et soins préventifs, traitements curatifs de base), qualité de l'air (modes de cuisson, activités environnantes), éducation et alphabétisation (accès de tous avec un nombre d'années minimales), information et communication (téléphone, radio-télévision, internet), mobilité (options adéquates selon besoins), participation (liberté de parole et de réunion, existence d'un espace public par 1000 habitants).

En haut de l'échelle matérielle, il y a une zone de surconsommation indécente qui peut même conduire à une baisse de bien-être : obésité, addictions, capital et pouvoir exorbitants, empreinte carbone insoutenable. Selon l'approche limitariste[239], toute richesse supérieure à celle dont un individu a besoin pour s'épanouir pleinement dans la vie peut être qualifiée d'immorale. Si l'on prend l'exemple de la nutrition, alors que d'un côté 800 millions de personnes souffrent de la faim, de l'autre côté 650 millions de personnes sont obèses.

Sachant que les PIB par tête (corrigés PPA) des 193 pays membres de l'ONU se situent entre 1.000 et 100.000 dollars, on peut admettre que l'écart est injuste et insoutenable, et que le corridor pertinent se situe autour de 50.000 dollars pour assurer la cohésion sociale[240], à savoir un espace délimité par un plancher de 30.000 dollars que tous les pays pauvres doivent atteindre rapidement et un plafonds de 70.000 dollars au-delà duquel les pays devraient être incités à apporter une contribution grandissante au bien-être mondial. Comme on le verra dans le prochain chapitre, l'espace défini en termes de PIB par habitant est aussi celui qui permet à tous les pays du monde d'atteindre un niveau satisfaisant ou optimal de cohésion sociale et de bien-être. L'atteinte d'un niveau satisfaisant de bien-être dans les pays les plus pauvres au aussi pour effet de limiter la pression migratoire (réfugiés, migrants économiques) qui pèse sur les autres pays.

En conclusion, trois points nous paraissent essentiels. Un : l'urgence climatique et l'urgence socioéconomique doivent être résolues sur la base des six transformations majeures préconisées par le GIEC et le SDSN. Deux : les objectifs que doivent viser les pays sont le respect des limites planétaires et le bien-être des populations (au-delà du seul PIB par tête). Trois : l'espace de bien-être pour tous implique à la fois une accélération du progrès technique et une réflexion éthique et politique à partir du suffisantisme (« tous doivent en avoir suffisamment ») et du limitarisme (« certains en ont trop ») : le premier est indiscutable ; le second est plus incertain dans la mesure où les richesses peuvent être les fruits de l'innovation, du talent, de la prise de risque, d'un travail acharné, mais on peut aussi penser que certains niveaux de revenus et de richesses sont excessifs et inutiles, voire injustes et immoraux.

Chapitre 4
Pays riches : le courage de la transition et le choix de politiques d'atterrissage vers un état stable de bien-être soutenable

I) La vie au-dessus de 15.000 dollars : l'argent fait-il le bonheur ?

Faisons le point. Le pouvoir se gagne en partie par les idées et celles-ci luttent aussi pour leur survie. Mais les idées se heurtent aux faits : comme rien n'est tout blanc ou tout noir, deux personnes peuvent ne pas trahir les faits en mettant l'accent soit sur les bonnes nouvelles soit sur les mauvaises choses. Un avenir meilleur pour tous ? Passer d'une illusion naïve à une crainte démesurée n'a pas de sens et réciproquement. Tous les lecteurs objectifs peuvent s'entendre sur un point : si le progrès consiste à permettre à chacun de sortir de la pauvreté et de « mieux vivre » et si le développement est perçu comme un processus d'amélioration du bien-être et d'expansion des libertés réelles de toute la population mondiale sans sacrifier les générations futures, alors le progrès et le développement ne sont pas des idées mortes.

Bien plus, les optimistes et les pessimistes peuvent faire converger leurs analyses sur les problèmes majeurs à résoudre en vue d'un avenir (encore meilleur pour les premiers, moins mauvais pour les seconds) sur terre à partir d'un constat commun : *les inégalités indécentes de développement et la charge -humaine et écologique- de l'humanité sont trop grandes ou trop fortes*. Tous les intervenants sont au moins d'accord sur un principe de base : la réponse au réchauffement climatique, à la raréfaction des ressources non renouvelables, à la perte de biodiversité, aux malheurs et violences existants, à la situation de survie de nombre de personnes est « *une réponse culturelle* » (Harald Welzer)[241]. Qui sommes-nous ? Comment voulons-nous vivre ? Quel potentiel d'évolution future pour nos petits-enfants ? Concernant les pays les plus riches, on peut ajouter une question : quelle image et quel exemple donnez-vous ou voulez-vous donner au reste du monde ?

Une fois le diagnostic et le principe admis, les divergences apparaissent rapidement au niveau des solutions. Certes, sur certains points, on peut avoir des consensus : accélérer la transition démographique, sortir plus rapidement des énergies fossiles, lutter contre les injustices sociales et environnementales, revaloriser les actions publiques. Mais rapidement, on bute sur des incompréhensions concernant les différents concepts de progrès, de croissance, de bonheur et de pauvreté. Une seule certitude : le bonheur et la pauvreté sont (re)devenus des problématiques essentielles au cœur des débats du nouveau siècle au point que, par exemple, l'économie du bonheur et l'économie du développement apparaissent aujourd'hui comme des composantes majeures de la science économique.

Pour analyser en profondeur les relations entre progrès, bonheur et pauvreté, nous avons construit ce que nous appelons *le baromètre de la pauvreté et de la richesse* (en dollars 2017) :

-niveau individuel le plus faible du monde (proche de 0) : en dessous de 1 dollar par personne et par jour, la faim et la malnutrition sont prégnantes. Les 5 pays qui comptent le plus de personnes très pauvres sont le Nigéria, l'Inde, l'Ethiopie, le Bangladesh et la RD Congo

-niveau des pays les plus pauvres du monde (en dessous de 900 dollars par habitant) : Malawi, Burundi, Libéria, RD Congo, République centrafricaine, Haïti, Niger, Soudan du sud, Madagascar, Afghanistan, Corée du nord…

-seuil de pauvreté absolue (fixé par la Banque mondiale : 2,15 dollars à partir de 2017) : 500 millions d'africains subsahariens sur 1 milliard vivent en dessous du seuil de 700 dollars, 200 millions entre 700 et 1.500 dollars (entre 2 et 4 dollars par jour) et 150 millions entre 1.500 et 7.000 dollars (entre 4 et 20 dollars par jour : début de naissance d'une classe moyenne)

-seuil de sortie durable de la pauvreté et de la fragilité des Etats (5.000 dollars) : la probabilité de guerres civiles diminue fortement

-seuil de sécularisation d'un pays (10.000 dollars) : en moyenne, à ce niveau de PIB, le taux de religiosité est de 60% et commence à décroître très rapidement en sens inverse du PIB

-seuil de préoccupation environnementale (12.500 dollars) : hors financements extérieurs, les pays et les gens ont les moyens et le temps de s'occuper de la protection de l'environnement

-seuil d'inflexion de la courbe du bonheur (15.000 dollars) : point d'inflexion à partir duquel chacun est assuré contre les principaux risques de l'existence et où le bonheur subjectif croît moins vite quand le PIB par tête augmente car il dépend aussi d'autres facteurs majeurs

-niveau des pays riches (autour de 45.000 dollars) : France, Allemagne, Japon, Royaume-Uni, Corée du sud…

-niveau des pays très riches (autour de 60.000 dollars) : Etats-Unis, Australie, Singapour…

-niveau des pays les plus riches du monde (autour de 100.000 dollars) : Luxembourg, Qatar

-niveau individuel le plus élevé du monde (1,5 milliards de dollars) : les personnes les plus riches du monde gagnent 4 millions de dollars par jour.

La plus grande erreur que l'on pourrait faire à partir de notre baromètre serait d'en tirer une idée évolutionniste simpliste selon laquelle tous les pays doivent rejoindre un jour ou l'autre les valeurs libérales et démocratiques des pays occidentaux riches sous l'effet de la croissance économique. Il n'est pas question ici de démocratie et les seuils doivent être perçus à la fois comme des possibilités ou des éléments que l'on retrouve dans beaucoup de pays (mais pas tous). Par exemple, la corrélation entre PIB par tête et sécularisation est presque parfaite, mais comporte des exceptions comme la Chine (plus sécularisée que prévu), les Etats-Unis et quelques pays musulmans (moins sécularisés). Il existe des transitions indiscutables et presque universalisables : économique, démographique, épidémiologique, urbaine… Naturellement, les transitions peuvent être retardées (la transition démographique dans les pays du Sahel) ou accélérées (la transition urbaine dans les pays rentiers à faible population).

Entre les pays pauvres et les pays riches, il existe une catégorie majeure à laquelle appartiennent de nombreux pays : les pays en transition. Là encore, on ne peut comparer tous les pays et, en particulier, il faudrait considérer à part les cas de deux géants (Inde et Chine) qui, par leur masse (géographique, démographique) et leur dynamisme (économique, scientifique et géopolitique), feront le monde de demain. Il n'y a pas évidemment de chemin linéaire ni universel, mais la transition comporte plusieurs aspects majeurs.

La transition urbaine fait passer beaucoup de pays de 5% à 85% d'urbains au fur et à mesure que leur PIB par habitant croît (au niveau mondial, le cap de 50% est franchi en 2007). Toutes choses égales par ailleurs, cela implique que se développe un secteur secondaire ou tertiaire en milieu urbain : l'accumulation capitalistique dans les zones urbaines crée des effets multiplicateurs et des économies d'échelle. On peut donner un sens précis à l'expression « toutes choses égales par ailleurs » : il peut y avoir aussi de mauvaises raisons à une urbanisation brutale (famine, malnutrition, manque d'argent et de nourriture, manque de services de base, guerres, insécurité…). Les deux facteurs positifs majeurs sont le PIB par habitant et la part des emplois non agricoles qui rendent compte de l'attrait des revenus urbains et de l'exode agricole. Les autres facteurs jouent un rôle d'appoint : le rapport entre la population et les terres fertiles disponibles, le réseau routier permettant ou non des migrations faciles, le régime politique autorisant ou non les déplacements de population, l'habitude des échanges avec le reste du monde. La présence d'un port exerce souvent des effets de polarisation et d'attraction, tandis que la richesse obtenue à partir d'une matière première (pétrole…) peut conduire toute une population à vivre en milieu urbain pour profiter des effets directs et indirects des revenus de cette matière première : les taux d'urbanisation sont de 84% en Arabie saoudite, 89% au Gabon et 100% au Koweït ou au Qatar.

Dans les pays pauvres, l'entassement des populations dans des bidonvilles ou favelas est évidemment problématique. Comment fait-on pour survivre dans un faubourg pauvre de Delhi (26,4 millions d'habitants), Le Caire (24,4), Bombay (24,3), Manille (24,2), Lagos (22,8), Sao Paulo (21,1), Mexico (20,9), Bangkok (18 ,9), Dacca (18,6), Karachi (16,6), Johannesburg (14,7), Bagdad (13,0) ou Kinshasa (12,1) ? Transformer un quartier pauvre de mégapole de foyer de misère, désordre, violence et délinquance en lieu de vie agréable, d'innovation et de transformation sociale n'est évidemment possible que si les taux de natalité y décroissent, si les équipements collectifs sont fournis (alimentation en eau potable, élimination des déchets et de la pollution, systèmes de transport) et si des possibilités d'emplois et de revenus existent. L'avantage relatif de la migration en provenance de zones rurales dispersées ou de la sédentarisation de populations nomades est qu'il devient plus facile et moins coûteux d'assurer les services sociaux comme l'éducation, la santé et la planification familiale. Du coup, les deux autres transitions importantes, épidémiologique et démographique, sont facilitées et se renforcent mutuellement. Les pays les plus pauvres et/ou les plus ruraux connaissent des transitions démographiques et épidémiologiques retardées : fort taux de natalité sur fond de participation des enfants au travail communautaire et à la solidarité familiale, forte prévalence des maladies transmissibles et évitables sur fond de carences nutritionnelles.

En termes de bien-être ou de bonheur, la transition est aussi celle où l'on passe d'un stade de survie (où toute augmentation de revenu ou de biens de première nécessité est primordiale) à un stade d'abondance relative (où le bonheur ne dépend plus fondamentalement de cette augmentation). Nous abordons ici l'un des sujets majeurs du 21ème siècle : à partir de quel niveau de revenu n'avons-nous plus besoin d'augmentation pour être heureux ?

Faisons un nouveau pari presque déraisonnable : le 21ème siècle pourrait être celui de la conciliation entre les valeurs matérialistes modernes de l'« avoir » et les valeurs philosophiques antiques de l'« être ». Quand vous « avez » suffisamment, vous pouvez choisir deux conduites qui s'entrecroisent : l'une qui consiste à se défaire des habitudes de l'avoir (avoir toujours plus) et l'autre qui consiste à initier ou développer la stratégie de l'être. Souvent, un déclic est nécessaire : il peut s'agir d'une lecture, d'une rencontre, d'une pensée, d'une situation, d'un moment de fatigue, d'une retraite ou d'un confinement. Chacun peut se poser la question. Imaginez que vous êtes suffisamment riche pour pouvoir choisir entre quatre options : vivre sans électricité et sans téléviseur, vivre avec électricité et sans téléviseur, vivre avec un petit téléviseur de 200 euros à la qualité suffisante, vivre avec un grand téléviseur luxueux de 2000 euros qui est une merveille de technologie d'avant-garde. Qu'allez-vous choisir et comment allez-vous justifier votre choix ? Certes, vous pouvez vous exclamer à la façon de Socrate à la vue des objets de luxe (le grand téléviseur…) : « combien il y a là des choses dont je n'ai pas besoin ! ». Le plus probable est que vous allez être tenté de profiter du téléviseur haut de gamme sans état d'âme et sans réflexion éthique inutile. Peut-être certains auront-ils un commentaire hypocrite à la façon de celui qui court après les honneurs en feignant de leur être indifférent et qui prétend « ne même pas leur faire l'honneur de les dédaigner ». On peut aussi supposer que vous aurez une pensée pour le CO_2 produit ou pour le SDF qui n'a rien et que vous vous poserez la question judicieuse et honnête de Sénèque : « Pourquoi es-tu plus courageux dans tes paroles que dans la vie ? Pourquoi baisses-tu le ton devant une personne bien placée et vois-tu dans l'argent un instrument qui t'est indispensable ? Pourquoi une perte t'émeut-elle ? Pourquoi as-tu le souci de ta réputation et te sens-tu touché par des propos malveillants ? Pourquoi as-tu un mobilier somptueux ? Pourquoi boire chez toi un vin plus vieux que toi ? Pourquoi te faire servir ? Pourquoi ton épouse porte-t-elle aux oreilles la fortune d'une riche famille ? Pourquoi as-tu tant de possessions que la mémoire ne suffise plus à les rappeler ? ».

Qu'est-ce que le bonheur ? Ressentir du bonheur fait logiquement jouer un aspect émotionnel et un aspect cognitif. C'est pourquoi les recherches actuelles (Michael Argyle, Renaud Gaucher, Stefano Bartolini)[242] distinguent deux composantes du bonheur : les émotions positives et la satisfaction. Les émotions positives sont « un marqueur d'un fonctionnement optimal de la personne » (Gaucher) : la joie, le contentement, l'amour, la confiance, etc. Ce qui crée le plus d'émotions positives, c'est la nourriture, la boisson, la sexualité, les relations sociales, l'exercice physique, le sport, la réussite, la musique, l'art, l'architecture, la ferveur religieuse, les paysages, la nature, la relaxation, etc. La satisfaction vient de tous les jugements que l'on peut faire sur sa vie et sur soi, soit globalement, soit dans les domaines qui comptent le plus (la santé, le niveau de vie, le travail, les loisirs, le mariage, l'amitié, la sexualité). Evidemment, les facteurs objectifs ne suffisent pas à expliquer les niveaux de satisfaction car jouent d'autres facteurs : la culture et l'esprit critique, le degré d'émotion et de subjectivité, l'adaptation ou l'accoutumance, la comparaison sociale, les biais et illusions, etc.

Qu'est-ce qui favorise les émotions positives et la satisfaction d'un individu ? Cela peut dépendre de sa situation personnelle (âge, sexe, personnalité), mais aussi de son environnement culturel et religieux (ou non religieux), de ses fréquentations (amour, amitié, famille, voisinage), de ses occupations (travail, loisirs) et du sens que l'on donne à sa vie (buts principaux, valeurs, cohérence du chemin choisi, sentiment de richesse intérieure).

Lorsque l'âge de la Raison remplace celui de la Foi, la recherche de bonheur sur terre l'emporte sur la quête de paradis après la mort. Saint-Just l'écrit en 1794 : « le bonheur est une idée neuve en Europe ». Auparavant, le bonheur sur terre est mal vu (Karl Marx dirait que les riches, hypocrites, n'en font rien et disent cela pour les pauvres afin qu'ils supportent mieux leur situation), car, croit-on à l'époque, plus on souffre et plus on prend sur soi tous les malheurs du monde (un chemin de croix), plus on a des chances d'aller au « paradis ». Désormais, les individus cherchent à être le plus heureux ou le moins malheureux possible et le bonheur se réalise à travers une vie bonne et qui a du sens sur terre.

Les données subjectives sur le bonheur sont les plus faciles à collecter : il s'agit tout simplement de demander aux individus s'ils se sentent heureux ou non, ou bien quel degré de satisfaction ils éprouvent pour leur existence. La fiabilité des déclarations subjectives est le plus souvent confirmée par des mesures objectives directes ou par des évaluations indirectes du bien-être. Les mesures directes portent par exemple sur les maladies psychosomatiques (migraines, troubles digestifs), sur le rythme cardiaque et la pression sanguine, les résultats des électroencéphalogrammes, les muscles faciaux et le nombre de sourires dits « authentiques », tandis que des vérifications peuvent être faites en recueillant les opinions de la famille ou de l'entourage. Les évaluations indirectes s'appuient sur les statistiques existantes en matière de santé (hypertension, troubles mentaux, drogues et alcool, psychotropes, suicides…) et des principales composantes du bien-être. L'indicateur « mieux vivre » de l'OCDE mêle dimension subjective et personnelle (satisfaction par rapport à son existence…) et aspects objectifs et généraux (revenu, emploi, santé…).

Dans une démocratie de marché, on ne demande surtout pas à une société ou à un Etat de produire le bonheur des individus, car chacun est supposé mener la vie bonne qui lui convient dans le respect de quelques règles communes, utiles et nécessaires pour le vivre ensemble. D'un côté, il y a un système de valeurs (concernant le « bien » et le « mal ») à respecter et, de l'autre côté, il s'agit d'accroître les capabilités de tous les individus. Si l'on reprend les définitions du développement et de la pauvreté, le bonheur pour un individu (émotions, satisfaction) résulte de l'expansion de ses capabilités, c'est-à-dire de la possibilité de se développer, d'acquérir un bien-être croissant et de sortir de son état de pauvreté, de son manque de revenus, de consommation essentielle, de capital (physique, humain…), de voix, de relation et de pouvoir. Précédemment, nous avons défini douze leviers du bien-être comme bases objectives pour mettre en place des politiques permettant à chacun de suivre sa propre voie du bonheur.

Le moment est peut-être venu de comprendre que l'unidimensionnalité de l'homme (la domination de toutes les sphères par l'économie) dans une phase néolibérale extrême n'est pas propice à son bonheur et qu'une forme raisonnable d'arbitrage et de complémentarité, variable à des degrés divers selon les individus, doit s'opérer entre les biens matériels et les biens spirituels (le mot n'est pas pris ici au sens religieux). L'homme unidimensionnel de Herbert Marcuse[243] est celui qui est libéré du souci de la satisfaction de ses besoins de base, mais dont l'existence est soumise à une répression plus profonde que jamais en faisant de lui par tous les moyens un consommateur forcené.

Naturellement, la société ne va pas changer du jour au lendemain : elle ne va pas changer si l'on ne lutte pas contre les structures de domination et surtout elle ne va pas changer miraculeusement si les hommes ne changent pas eux-mêmes. Il faut qu'en chaque individu, naisse ou se développe une réflexion constructive, une prise de conscience, un désengourdissement, un déconditionnement, un changement d'état d'esprit à propos de l'être et de l'avoir. Les différences entre deux modes d'existence (le mode « avoir » et le mode « être ») sont fondamentales. « Avoir » se rapporte à des choses (biens, individus) descriptibles. Le but de la vie est alors perçu comme la satisfaction de ses désirs égoïstes. Les piliers de l'existence sont la propriété privée et le profit matériel. On doit noter la dégradation des concepts eux-mêmes dans un contexte d' « avoir » où tout peut être perçu sous cette forme : j'ai un compte en banque garni, une voiture de sport, une résidence secondaire, une femme qui ressemble aux gravures de mode (quand elle ne ressemble plus, j'en change, sauf si elle est riche), des enfants, des employés, des subalternes, des connaissances, des croyances, de la conversation, de l'autorité.

Le seuil de 15.000 dollars que nous avons établi dans notre baromètre est souvent cité par les analystes comme celui au-dessus duquel le bonheur dépend d'autres facteurs que le revenu. Les constats statistiques proviennent d'une analyse de Richard Easterlin[244] (on parle du paradoxe d'Easterlin) qui conclut à l'existence d'un point d'inflexion autour de 15.000 dollars dans la plupart des pays. Rappelons-nous les douze leviers du bien-être que nous avions définis : à partir du moment où la survie matérielle n'est plus une préoccupation, les autres facteurs jouent un rôle dans la possibilité de bonheur pour les habitants d'un pays : le niveau d'éducation, la santé et la protection sociale, les emplois, la sécurité, les possibilité de divertissement, l'état de l'environnement, le statut des croyances, la disponibilité de services publics ou de biens communs, les liens familiaux et sociaux, le degré de reconnaissance et de participation à la vie de la société.

Pour illustration, regardons quand même de plus près de quels pays il s'agit quand on franchit cette barre : il s'agit de passer des pays A de 13.000 dollars (Egypte, Mongolie, Tunisie, Namibie, Equateur, Géorgie, Jordanie, Albanie, Pérou, Sri Lanka, Afrique du sud, Equateur..) à des pays B de 15.000 dollars (Brésil, Serbie, Chine, Algérie, Colombie, Costa Rica, Maldives, Thaïlande…), puis à des pays C de 20.000 dollars (Argentine, Iran, Bulgarie, Maurice, Uruguay…) et enfin à des pays D qui approchent les 30.000 dollars (Portugal, Pologne, Hongrie, Russie, Seychelles, Estonie, Lituanie, Slovaquie…).

Il ne faut pas interpréter le paradoxe de façon rigide ou restrictive. D'abord, on peut être plus heureux dans un pays en dessous de 15.000 dollars par rapport à un pays qui est au-dessus en raison d'une meilleure combinaison des douze leviers du bien-être. Ensuite, il ne s'agit que d'un point d'inflexion : cela ne signifie pas que le bonheur se met à stagner ou à décroître à partir de ce seuil, mais qu'il augmente moins vite avec le revenu.

Sur la tendance à long terme, plusieurs analyses (Angus Deaton[245], Richard Layard[246]…) convergent. : « non seulement les populations plus riches d'un pays sont plus heureuses, mais les populations des pays les plus riches sont elles aussi plus heureuses » (Pinker). On arrive même à un résultat encore plus probant lorsqu'on prend en compte tous les éléments objectifs d'un indicateur

« mieux vivre » plutôt qu'une simple question subjective de type : « vous déclarez-vous assez heureux ou très heureux ? ». Ainsi, l'équipe SDSN des Nations-Unies (Sachs, Layard…) publie chaque année depuis 2012 un rapport mondial sur le bonheur qui prend en compte six variables : le PIB par habitant, le soutien social, l'espérance de vie en bonne santé, la liberté dans les choix de vie de l'individu, la générosité perçue et le faible niveau de corruption perçue (les sept pays en tête du classement en 2022 sont la Finlande, le Danemark, l'Islande, la Suisse, les Pays-Bas, la Suède et la Norvège). Rappelons aussi que l'indicateur « mieux vivre » de l'OCDE comprend plusieurs dimensions : revenu, emploi, logement, vie sociale, environnement, éducation, gouvernance, santé, satisfaction par rapport à son existence, sécurité et équilibre entre vie professionnelle et personnelle : le graphique construit par Romina Boarini[247] montre que le bien-être croît régulièrement tout au long de la courbe qui va de 5.000 dollars à 50.000 dollars (PIB par tête de 2010, dimensions du bien-être à poids égaux), la courbe étant parfaite et ne comportant aucune exception au sein des pays de l'OCDE.

Beaucoup de commentateurs n'ont pas suffisamment distingué ce que nous faisons tout au long de ce livre : le trend et les cycles longs. Ainsi, *le bonheur peut décroître dans une phase néolibérale malgré une hausse du PIB par tête*. La déconnexion (observée statistiquement) entre bonheur et PIB par tête dans les pays riches au cours de la phase néolibérale s'explique par le fait que nombre de facteurs négatifs l'emportent sur le facteur du revenu par tête qui reste positif. On comprend facilement que le bonheur d'un individu de la classe moyenne qui voit son revenu légèrement augmenter peut et doit décroître si cet individu est victime en même temps d'une perte de capital social, d'une précarisation de ses conditions de travail, de la baisse des acquis sociaux et de la qualité des services publics, d'un sentiment d'injustice en raison d'inégalités croissantes, de peurs et d'insécurités diverses. Par exemple, à partir des années 1975, en Europe, l'indice de santé sociale disjoncte par rapport au PIB par habitant. L'indice de santé sociale (Marc et Marque-Luisa Miringoff, Fordham Institute for Innovation in Social Policy)[248] est un indice ayant pour ambition de mesurer la qualité de vie et comprend un certain nombre de variables de bien-être social associées à des catégories d'âge : délits violents, accès à un logement décent, couverture par l'assurance-maladie, accidents de la route liés à l'alcool, mortalité infantile, maltraitance des enfants, suicide des jeunes, usage de drogue, abandon des études, enfants nés de mères adolescentes, salaire des adultes, chômage, espérance de vie à 65 ans, pauvreté des seniors.

Un dernier point à noter : les indicateurs de bonheur, de bien-être et de santé sociale baissent aussi parce que le passage d'une phase positive de Kondratieff à une phase négative signifie tout simplement une chute du taux de croissance du PIB (de plus de 5% à moins de 3% par an) avec tout ce que cela implique : chômage, problèmes de pouvoir d'achat et de fin de mois, moindre amélioration du niveau de vie…

Dans l'analyse du bonheur, trois facteurs doivent être pris en compte :

-l'utilité marginale du bonheur est décroissante quand tous les besoins de base sont assurés. Quand on est pauvre, une augmentation de revenu génère une plus grande quantité de bonheur que lorsqu'on est riche. Il est facile aussi de comprendre que les déclarations et les intensités de satisfaction dépendent du contexte de référence : nos grands-parents ont vu leur bien-être exploser quand l'eau courante (suivie par des toilettes individuelles, par un poste de télévision, etc.) est arrivée dans leur foyer, puis cela a été considéré comme normal et n'apportant pas de bonheur particulier pour les générations suivantes (qui n'ont même plus conscience du progrès inouï : corvée d'eau, temps libre, santé…). En même temps, avec la richesse, le biais pessimiste efface l'insouciance que peut avoir une personne moins riche : une peur de perdre ses acquis, une plus grande intolérance à la douleur ou à un aléa, une plus grande aversion pour les risques.

-l'augmentation du revenu procure davantage de satisfaction que le niveau de revenu. C'est l'effet relevé par Daniel Kahneman[249] : les personnes s'adaptent rapidement à un niveau de satisfaction et le trouvent normal. Une personne dont le revenu passe de 20.000 à 21.000 dollars est (à court terme) plus heureux qu'une personne qui dispose de 40.000 dollars mais dont le revenu vient de passer de 41.000 à 40.000 ou même reste à 40.000.

-selon les enquêtes, deux des facteurs décisifs du bonheur sont le degré d'égalité dans la société et le niveau de capital social (confiance, participation associative, baisse des violences). Ces deux facteurs expliquent le fait que malgré une certaine croissance du revenu par habitant dans les pays riches, le bonheur a décru pendant la phase négative de Kondratieff. Au-delà des situations réelles, les expérimentations aboutissent étonnamment au même constat : la majorité des gens préfèrent gagner 50.000 euros si les autres gagnent 25.000 euros que 100.000 euros si les autres gagnent 200.000 euros.

Arrivé à ce stade du raisonnement, la question posée par Bartolini est particulièrement pertinente : pourquoi les gens travaillent-ils de plus en plus durement dans la plupart des pays riches alors que l'argent fait de moins en moins le bonheur ?

Premier élément à prendre en considération : le bonheur dépend de plusieurs facteurs et, pour maintenir son niveau de bonheur, lorsqu'un facteur est défavorable, il est tentant de jouer sur les autres facteurs pour compenser l'effet négatif. Imaginons que le bonheur dépende fondamentalement de quatre facteurs : le revenu, la sécurité (physique, économique...), le capital social (degré de confiance et biens relationnels) et le degré d'inégalité (position sociale de l'individu). A partir du moment où, par exemple, trois facteurs essentiels (sécurité, capital social et inégalités) évoluent négativement, l'individu n'a d'autre alternative que de compenser par une recherche de revenu plus élevé : des dépenses sécuritaires, des réserves financières, des investissements, un combat pour maintenir sa position sociale.

Deuxième élément explicatif : dans une phase libérale, beaucoup de personnes travaillent plus pour ne pas gagner moins d'argent. Ce n'est pas parce que le PIB ou revenu par habitant du pays a augmenté que celui du ménage médian du pays en a fait autant. Pendant la période néolibérale, il a au contraire baissé et s'est déplacé vers le bas parce que la classe riche a réussi à récupérer 10% de ce que touchaient les classes moyennes des pays. Ainsi, si les personnes appartiennent aux classes moyennes et pauvres, elles doivent en réalité travailler plus pour simplement maintenir leur position sociale et leur revenu réel. Une pression libérale terrible a été mise pour qu'elles soient obligés de travailler plus : augmentation du chômage ou de la précarité, accueil de nombreux migrants pour peser sur les marchés du travail, baisse du pouvoir syndical, perte d'acquis sociaux et détricotage des codes du travail. Il suffit de comparer la période « glorieuse » et la période néolibérale aux Etats-Unis pour comprendre les changements : comme on l'a vu, les écarts de revenus sont devenus indécents et l'employé de Wall Mart a un salaire plus faible que l'ouvrier de General Motors et doit travailler plus d'heures supplémentaires pour avoir le même niveau de vie ; de nombreux américains n'ont pas accès aux services de santé et/ou doivent travailler toute leur vie en raison de la faiblesse de leurs retraites.

Les pathologies de la richesse en période néolibérale sont nombreuses. D'abord les exclus de la richesse qui n'ont pas accès à une protection sociale suffisante accumulent frustration, humiliation et désespoir dans la mesure où, en plus, ils sont pointés du doigt et méprisés par les gagnants (il est moins dur psychologiquement d'être pauvre dans un pays pauvre où tout le monde est pauvre). Ensuite, les classes moyennes sont en passe d'être déclassées ou craignent de l'être, d'où un stress terrible, une pression sur les enfants à l'école, une course permanente à la performance, une fatigue généralisée, une peur permanente pour ceux qui n'ont pas de CDI ou ne sont pas fonctionnaires (le rêve des libéraux est de supprimer les deux statuts). Pour les femmes, c'est souvent pire : carrière professionnelle, vie de famille, pression médiatique pour rester jeune et concurrentielle, prise en charge des parents dépendants du quatrième âge. En plus, cela coûte cher d'être moyennement riche au sein d'un groupe riche : avoir le même train de vie que les autres, les mêmes jouets pour les enfants, les mêmes loisirs, les mêmes addictions (jeux, achats, écrans), la même obligation de « réussir sa vie », le même rythme effréné, le même risque de ruptures familiales et de déclassements.

Dans toute l'histoire du capitalisme, la lutte pour le partage des gains de productivité est favorable aux salariés dans les phases positives de Kondratieff et/ou dans les périodes gérées par des élites politiques non libérales. Normalement, la partie des gains de productivité qui vont aux travailleurs se divisent en temps de loisir, salaires en hausse et conditions de travail améliorées. Ainsi, les trente glorieuses ont des effets majeurs sur le niveau des salaires, mais aussi sur les temps de loisirs (les congés payés), sur les règles (code du travail) et sur le renforcement de la protection sociale. Dans les phases négatives, les libéraux et le patronat parviennent à revenir sur les acquis sociaux : au cours du second Empire, ils annulent la loi de 1848 sur les 12 heures hebdomadaires ; en 1938, ils annulent la semaine de 40 heures et reviennent à 48 heures (les 40 heures seront rétablies en 1945).

II/ Le choix de politiques efficaces et justes à l'heure de la transition verte[250]

Entre les discours et les réalisations concrètes, il y a souvent un gouffre. À l'échelle mondiale, les faits sont têtus[251] : la transition énergétique n'a pas vraiment démarré et la question est de savoir quand nous arrêterons de consommer des énergies émettrices de CO2. De 1990 à 2022, la consommation énergétique mondiale a augmenté de 60% et la part des énergies fossiles est restée au même niveau autour de 81% (la part du charbon, qui est l'énergie la plus polluante, a même augmenté de 25% à 27%). Pire, les subventions mondiales à la consommation de combustibles fossiles n'ont jamais été aussi élevées (plus de mille milliards de dollars en 2022).

Notre réflexion nous amène à formuler *cinq propositions pour réussir la transition énergétique* :

-concevoir l'énergie comme un bien public mondial et en tirer les conséquences,

-hiérarchiser les objectifs des politiques énergétiques,

-valoriser les externalités environnementales pour orienter les choix privés et publics dans le sens d'un monde décarboné,

-entrer progressivement dans l'économie de l'intermittence,

-investir dans une transition juste.

Si les 153 pays appliquaient conjointement ces cinq propositions que recommandent peu ou prou les principaux scientifiques et économistes[252], la transition serait effective : les objectifs climatiques et les objectifs de développement durable (ODD) seraient atteints,

A) Concevoir l'énergie comme un bien public mondial et en tirer les conséquences

Les biens publics mondiaux ont trois caractères : ils ont de fortes externalités (qui débordent le cadre d'une frontière) ; ils ont un caractère d'universalité (en termes de pays, de populations, de générations présentes et futures) ; ils ont un caractère de responsabilité en matière d'externalités positives ou négatives.

Faire de l'énergie un droit n'est pas anodin. Pour considérer la privation d'énergie comme la violation d'un droit, rappelons-nous ce qu'avait dit Candide, il faut deux conditions : a) que l'on puisse identifier le droit humain dont le manque d'énergie serait une violation, b) que l'on puisse identifier les actes constitutifs de cette violation et leurs auteurs.

Le droit à l'énergie s'inscrit dans des programmes de lutte contre la pauvreté et contre les inégalités ; ces programmes sont des droits parce que la pauvreté est une externalité négative des activités socio-économiques. Ainsi, l'énergie doit être considérée comme un bien public mondial qui concerne tous les êtres humains et qui est sous la responsabilité de tous les États du monde.

De plus, l'énergie n'est pas un bien public au seul titre du développement : il l'est aussi à travers l'environnement, ce qui implique pour tous les pays du monde le droit à l'énergie et le devoir de ne pas polluer (CO2...). Toute décision publique à n'importe quelle échelle (locale, régionale, nationale, internationale) doit tenir compte de ces deux impératifs.

Il est question de bien-être équitable et durable : l'énergie est au service du bien-être humain et il ne doit pas y avoir d'arbitrage entre progrès et soutenabilité, entre décarbonation (des économies) et convergence socioéconomique (entre pays) : les deux vont de pair.

Réduire l'empreinte carbone de l'énergie et assurer le droit à l'énergie pour tous est possible matériellement : la consommation mondiale d'énergie doit doubler, mais si l'on associe des mesures adéquates (efficience énergétique, énergies renouvelables, solidarité financière) et si l'on applique les principes de suffisantisme et de limitarisme, tous les pays du monde peuvent et doivent converger vers un espace de bien-être compatible avec les limites planétaires. Une vision à long terme optimiste et faisable est la suivante : à l'horizon 2050, une consommation annuelle d'énergie par habitant de 150 à 200 gigajoules (avec une part dominante d'énergies décarbonées) pour un PIB par tête de 40.000 à 60.000 dollars.

Comme les autres biens publics mondiaux, sa production bute sur le problème majeur de l'économie publique mondiale, à savoir qu'il n'y a pas d'État supranational : faire considérer par tous les acteurs l'énergie comme un bien public mondial est un premier pas majeur. Reconnaître le caractère de bien public mondial à l'énergie, c'est admettre que l'on a besoin d'une meilleure régulation internationale et d'une coopération plus étroite des pays du monde afin de préserver ce bien essentiel pour tous les êtres humains.

Le second pas est plus difficile : que chacun accepte d'en tirer et d'en assumer les conséquences en fonction de ses responsabilités et de ses moyens. Si tous les pays du monde sont concernés, les décisions du G20[253] importent plus que celles des autres pays, d'abord parce que le G20 est devenu le principal centre de coopération économique et financière internationale et surtout parce que les pays du G20 représentent à eux seuls 80% des émissions mondiales de CO2. Sur le plan géopolitique, ceux qui s'assoient à la table du G20 sont les mêmes que ceux qui siègent aux tables de négociation des accords sur l'énergie et ceux qui provoquent ou arbitrent les guerres contemporaines. La situation est d'autant plus problématique que les mêmes pays sont ceux qui tirent une part importante de leurs revenus de la production d'énergies (fossiles et non fossiles), mais aussi qui financent le plus de recherches dans les technologies innovantes.

B) Choisir et hiérarchiser les objectifs des politiques énergétiques

Pour clarifier et réussir les objectifs (d'un projet, d'un programme, d'une politique nationale), trois réflexions doivent être menées de front : définir des objectifs SMART[254] (c'est-à-dire clairs, précis, réalistes et mesurables), hiérarchiser les objectifs, affecter de façon optimale les instruments aux objectifs selon un principe d'avantages comparatifs tenant compte des problèmes d'interdépendance et d'optimisation jointes.

Dans le cadre de sa stratégie énergétique, chaque pays[255] est appelé à arbitrer entre plusieurs objectifs parfois contradictoires (économiques, sociaux, environnementaux), et doit tenir compte de ses atouts, mais aussi des stratégies des autres pays et des perspectives et transformations à venir. Depuis quelques décennies, la multiplication du nombre de pays producteurs de pétrole et le développement de la production américaine de gaz et pétrole de schiste empêchent les pays pétroliers du Moyen-Orient et de l'OPEP de fixer les prix du pétrole et les pays d'Amérique latine de dépendre des livraisons du Venezuela. De même, le pouvoir que conférait à la Russie le contrôle des robinets du gaz qui part de son territoire a fortement reculé avec le développement de l'industrie du gaz liquéfié. Sans que l'arme des énergies fossiles ait disparu, la guerre économique et la géopolitique concernent désormais avec plus d'âpreté les filières non fossiles : nucléaire, éolien, solaire, hydrogène, captage du carbone. La Chine cherche à prendre des positions dominantes dans tous les domaines, y compris dans le secteur des énergies fossiles où, notamment, elle investit massivement dans les centrales à charbon, chez elle et dans plusieurs pays : Bangladesh, Pakistan, Indonésie, Vietnam, Afrique du Sud... La Chine multiplie également le nombre de ses raffineries de pétrole alors que dans le même temps, aux États-Unis et en Europe, l'industrie du raffinage est en recul ou en mutation.

Dans notre tableau, nous tenons compte de cinq objectifs auxquels les pays n'attribuent pas tous la même importance.

Instruments	Objectifs
Signaux-prix (carbone) élevés influant sur les choix privés et publics	Baisse du CO2
Politiques d'efficience énergétique et d'économies de ressources (normes…)	Equilibre budgétaire
Mix Energies intermittentes/ pilotables adapté au pays (contrats…)	Sécurité approvisionnement
Politiques d'investissement (R-D, formation, filières productives nouvelles)	Activités et emplois
Gestion des revenus du carbone et transferts sociaux bien ciblés	Justice sociale

Les transformations énergétiques dépendent des technologies, des marchés et des stratégies des pays. Les décisions publiques sont déterminantes : il revient aux pays d'utiliser tous les instruments (impôts et tarifications, normes et réglementations, contrats incitatifs, investissements, transferts sociaux…) dont ils disposent et d'affecter prioritairement un instrument à l'objectif pour lequel il est le plus efficace.

Le tableau intègre le Trilemne Energétique Mondial mis en place par le Conseil mondial de l'énergie en 2020[256]. *La dimension de la sécurité énergétique* souligne l'importance de politiques énergétiques fortes pour tirer le meilleur parti de ressources nationales diversifiées et décarbonées. *La dimension d'équité énergétique* met l'accent sur les politiques visant garantir l'accès de tous à l'énergie et à rendre l'énergie plus abordable pour les consommateurs. *La dimension de durabilité environnementale* porte sur les mesures de réduction de l'intensité énergétique du PIB et sur la décarbonation de l'économie. Les pays européens qui disposent de politiques actives de longue date sont les pays les plus performants du monde : Suède, Suisse, Danemark, Finlande, Royaume-Uni, France, Autriche. Il est intéressant aussi de voir quels pays, chacun à son niveau de développement, progressent d'année en année : le Cambodge, Myanmar, la République dominicaine, le Kenya.

Pour le courant dominant du climat et des ODD (GIEC / SDSN), soutenu par nombre d'organismes (OCDE, International Energy Agency, Banque mondiale, World Energy Council…) et par la plupart des prix Nobel d'économie, l'objectif prioritaire de la transition est la réduction du CO2 et les signaux-prix doivent refléter cette priorité et influer les choix des acteurs privés et publics. Pour que la transition soit efficiente, les autres objectifs et instruments doivent être pensés en relation avec ce noyau dur. Si l'on veut que la transition soit juste et équitable, elle doit viser également le rattrapage des pays pauvres, l'accès de tous à l'énergie et prendre en compte les perdants potentiels de la transition.

La décarbonisation des économies implique diverses mesures[257] : viser une électricité zéro carbone, électrifier le maximum de produits d'utilisation finale (véhicules, pompes à chaleur etc.), limiter la production métallurgique, capter le CO2 à la source et le stocker, appliquer des solutions innovantes pour les produits et secteurs difficiles à électrifier (méthane synthétique, hydrogène…), développer des réseaux électriques intelligents avec tous leurs usages possibles : réduction de la consommation, intégration des énergies intermittentes, complémentarités entre régions et pays voisins, relations avec des sources variées de stockage (batteries, stations de transfert d'énergie), améliorer l'efficacité énergétique des consommateurs et des producteurs, promouvoir une utilisation plus durable des terres (reforestation, pratiques agricoles, gaspillages alimentaires…).

C) Valoriser les externalités environnementales pour orienter les choix privés et publics dans le sens d'un monde sans carbone

L'avenir d'un pays dépend des choix faits en matière d'investissements à la fois privés et publics et dont les horizons vont de 7 à 60 ans[258] selon les secteurs et les produits. Les investissements privés visent une rentabilité financière forte et dépendent de l'évolution anticipée des revenus, des marchés et des décisions publiques, tandis que les investissements publics répondent à des choix collectifs portant notamment sur le bien-être des générations présentes et futures. La différence entre la rentabilité financière et la rentabilité collective peut venir des externalités environnementales et de facteurs importants sur le plan collectif (emploi, aménagement du territoire, balance des paiements, justice sociale…), facteurs qui ne sont pas pris en compte dans le calcul privé.

Si l'on veut évoluer vers un monde sans émissions de CO2, le prix du carbone doit être suffisamment élevé pour que les agents économiques soient incités à remplacer les produits à fort taux de carbone par des produits décarbonés. Naturellement, un pays vertueux qui adopte une taxe carbone doit mettre en place des mesures-frontières car il risque de voir ses consommateurs acheter des produits moins chers provenant de pays sans taxe carbone et ses entreprises délocaliser leurs productions.

Les signaux de prix sont parfaitement adaptés pour réduire le CO2 : si le prix du carbone est faible, nul, voire négatif (cas de subvention des produits fossiles), les agents privés sont incités à consommer toujours plus de produits fossiles. Mais pour inverser cette tendance, un État dispose d'outils : des normes (par exemple, de rejet de CO2 à ne pas dépasser), des quotas de pollution (avec éventuellement des mécanismes d'échange sur des marchés spécifiques), des taxes sur la quantité de CO2 émis.

Un signal clair, comme une taxe carbone qui s'applique à tous les secteurs et dont l'augmentation est clairement annoncée – par exemple, de 40 euros en

2020 à 100 euros en 2030 – est le meilleur instrument. À chaque taux de taxation correspond un niveau de réduction du CO2 et une diminution du bénéfice pour une entreprise du fait que la taxe induit une baisse de la demande. Une entreprise est amenée à réduire ses émissions jusqu'à ce que le coût marginal de la réduction soit égal à celui de la taxation. L'annonce d'une augmentation de la taxe dans le futur incite les consommateurs à économiser les énergies polluantes et à trouver des substituts, et les entreprises à adopter de nouvelles technologies. L'avantage de la taxe est qu'elle peut s'appliquer à toutes les activités d'un pays au contraire d'un marché de droits à polluer qui vise des grandes entreprises industrielles dans un contexte supranational. Pour que la taxation soit juste, les pays vertueux doivent utiliser les revenus de la taxe carbone pour des transferts sociaux et économiques ciblés en faveur des ménages défavorisés et des entreprises fragilisées, et mettre en place des mesures-frontières protectrices, accompagnées de négociations internationales. À l'échelle internationale, les pays vertueux peuvent plaider pour l'instauration de bonus-malus universalisés où les pays émetteurs de CO2 paient des malus proportionnels à leurs émissions, et où les pays pauvres reçoivent des bonus affectés à des technologies propres.

Les États doivent aussi encourager les technologies visant à ne plus produire de CO2 : aides à l'innovation, subventions d'exploitation, fiscalité incitative. Comme pour la taxe carbone mais en sens inverse, le financement doit être élevé au départ et baisser à moyen terme, de façon annoncée, au fur et à mesure que les entreprises développant des énergies renouvelables acquièrent des technologies plus matures et plus efficaces. Pour favoriser les énergies renouvelables, l'instrument favori des États est celui des prix d'achat garantis qui doivent baisser dans le temps lorsque le coût marginal décroît. Une façon d'associer les incitations négatives et positives consiste à combiner la taxe carbone et des certificats[259] : certificats de réduction d'émissions, d'économie d'énergie, d'innovation énergétique (passage du charbon au gaz, fossiles partiellement décarbonés, passage à l'hydrogène vert…).

Si les prix élevés du carbone constituent un signal-prix fort pour les investisseurs et pour les consommateurs privés[260], il faut que l'objectif soit aussi pris en compte dans les investissements publics. Il existe deux méthodes de calcul pour le choix des investissements publics : l'analyse multicritère (AMC) et l'analyse coûts-bénéfices (ACB). L'AMC définit et pondère divers critères : ici, un poids dominant doit être affecté à l'impact sur le CO2. Si la méthode choisie est une ACB, c'est-à-dire une méthode qui monétarise tous les coûts et tous les bénéfices, il faut monétariser les externalités environnementales. Pour sélectionner les projets publics, on doit alors introduire des prix théoriques (appelés prix de référence) élevés : lorsque l'on compare plusieurs projets, si l'on augmente (dans les calculs) le coût du carbone, les projets qui émettent beaucoup de CO2 apparaissent moins rentables.

D) Entrer progressivement dans l'économie de l'intermittence

Le développement des énergies éoliennes et solaires fait entrer les économistes dans un monde qui leur était précédemment inconnu : celui de l'intermittence. Tant que le stockage d'énergie (batteries, hydrogène…) n'est pas rentable à grande échelle, l'essor des énergies intermittentes doit être programmé au rythme du développement des moyens d'équilibrage du réseau électrique.

a) L'adéquation du parc énergétique à moyen et long terme

Le mix électrique doit assurer l'équilibre offre-demande dans toutes les situations : vagues de froid, avaries imprévues de moyens de production ou encore épisodes de vent faible. Face à la montée des énergies intermittentes et à la lenteur des progrès du stockage de l'électricité, il faut suffisamment de moyens pilotables tels que les centrales thermiques ou nucléaires pour faire face aux périodes pendant lesquelles les énergies intermittentes font défaut. Cependant, quand le vent souffle fort et le soleil est intense, les énergies intermittentes ont priorité d'insertion sur le réseau et un excès d'offre d'énergie aboutit à des dérèglements du prix de gros (devenant nul, voire négatif).

Les pays qui ne disposent pas de capacités hydroélectriques avec stations de transfert d'énergie par pompage (STEP) et qui réduiront leur parc thermique et nucléaire en proportion de leur part d'énergies intermittentes ne disposeront alors que d'une seule marge d'ajustement : le recours aux interconnections avec les pays voisins. Mais la situation devient critique quand tous les pays d'une sous-région font la même chose et comptent sur les importations.

Le cas de l'Europe de l'Ouest[261] dont tous les pays réduisent en même temps leur parc thermique et nucléaire est inquiétant ; ils devront faire face à de forts déficits de puissance pilotable, ce qui peut les obliger à ré-ouvrir des centrales à charbon ou importer du gaz russe.

b) L'ajustement à court terme de l'offre et de la demande

Les difficultés de prévision de la production intermittente et l'augmentation de la variabilité de la demande résiduelle adressée au parc thermique[262] impliquent d'accroître les réserves disponibles et de gérer les fluctuations de la demande et des prix. Ces problèmes sont réduits si le territoire est suffisamment vaste pour disposer de régions dont les conditions de vent et de soleil diffèrent, mais il faut alors renforcer le réseau pour en bénéficier.

Pour contrer les risques conjoncturels de pénurie, les responsables publics et privés doivent inciter les ménages et les entreprises à utiliser au mieux toutes les possibilités d'effacement volontaire dans un réseau devenu intelligent[263]. Il y aura lieu, alors, de partager les bénéfices entre le consommateur, le fournisseur, le producteur et le gestionnaire de réseau. Avec l'effacement, apparaissent de nouveaux métiers comme ceux de conseillers ou d'opérateurs qui aident les grands consommateurs à gérer leur consommation et facilitent ainsi l'équilibrage du système.

c) Le renforcement des réseaux

Le besoin de renforcement des réseaux croît avec la puissance installée. Cela est particulièrement sensible lorsque les lieux de production sont éloignés des lieux de consommation. Il faut aussi prévoir l'évacuation et/ou le stockage de l'énergie excédentaire en cas de surplus de production. Les solutions locales, semi-autonomes grâce au soleil et à l'éolien, posent des problèmes spécifiques : combien d'individus et de communautés se retireront-ils du système énergétique intégré et n'utiliseront que le soleil et l'éolien ?

Pour le moment, un pays « écologiquement vertueux » ne peut réussir son pari que s'il est entouré de pays qui disposent d'énergies fossiles, de centrales nucléaires et/ou de grands barrages hydroélectriques. Le « succès » danois tient au fait que le pays est entouré de pays plus grands (Norvège, Suède…) qui sont connectés avec lui et qui peuvent absorber les fluctuations de sa production éolienne parce qu'ils ont des excédents ou des possibilités de stockage : par exemple, quand il y a beaucoup de vent, l'électricité produite peut s'écouler en Norvège pour remplir ses barrages de retenue, et quand il n'y a pas de vent, le Danemark peut acheter (très cher) de l'électricité à la Norvège qui décharge ses barrages. De son côté, l'Allemagne s'en sort en faisant circuler l'électricité (essentiellement produite dans le nord où sont concentrées les éoliennes) sur les réseaux polonais et tchèques et en remplaçant les centrales nucléaires par des centrales à charbon (et bientôt en important davantage de gaz russe). La Norvège est présentée comme un pays où l'électricité est produite à presque « 100% renouvelable »[264], mais les énergies intermittentes n'y sont pour rien : elle le doit à 96% à l'hydroélectricité.

Tout un pan de recherches nouvelles résultera du croisement entre l'économie à prix de carbone élevé et l'économie de l'intermittence. D'une part, il faudra connaître avec plus de précision les coûts (financiers et collectifs) totaux de chaque option énergétique[265] avec ses impacts sur la nature (biodiversité ; utilisation de ressources rares : eau, métaux, terres ; déchets non recyclables) et sur le bien-être humain (emploi, santé, autonomie, beauté des paysages...). D'autre part, le mix de la phase de transition dépendra du degré de maturation des technologies nouvelles qui entreront en compétition. Si on décarbone l'économie, la demande de fossiles baisse mais il reste alors possible que leur prix (même en incluant le coût du captage et du stockage du CO2 et des dépenses compensatoires : achat de droits à polluer, aides à la reforestation…) leur permette de rester attrayant par rapport à une énergie intermittente aux technologies de stockage encore trop coûteuses.

E) Investir dans une transition juste

Engager un pays dans la transition écologique en adoptant une politique adéquate (augmenter les taxes, les subventions, les dépenses d'investissement…) peut entraîner une réduction du bien-être : pouvoir d'achat, revenus et emplois, nuisances environnementales spécifiques, perte de liberté…

Le choix de politiques publiques plus justes implique non seulement d'anticiper les effets sociaux négatifs de la transition mais aussi, plus largement, de considérer que cette transition se situe dans un monde qui présente déjà des injustices sociales et des injustices environnementales liées entre elles et aggravées par la phase néolibérale et par les crises mondiales de type Covid.

Penser la transition, c'est faire sienne l'idée que la nature et les générations futures sont parties intégrantes de la problématique « penser sur nous-mêmes », mais tout individu n'a pas la faculté ou l'opportunité de le faire. L'individu vertueux est un individu rawlien qui est rationnel, raisonnable et soucieux des pauvres, mais aussi une personne suffisamment riche et ayant une sensibilité croissante vers les « biens supérieurs » dont la protection de l'environnement. Les inégalités entre pays et à l'intérieur des pays doivent donc être réduites drastiquement. Les pauvres des pays pauvres ont des conditions précaires, cumulent les nuisances et n'ont accès à rien (l'accès à des services de qualité, la vie dans un environnement non pollué…) : comment leur demander d'être vertueux sur le plan environnemental ? Dans les pays riches, la grande classe moyenne, capable d'efforts fiscaux pour financer des dépenses publiques d'environnement, s'est scindée en deux : d'un côté, une classe plus pauvre et précaire, moins sensible à l'environnement ; de l'autre, une classe plus aisée, soucieuse de préserver les « biens supérieurs » pour elle-même.

La faisabilité sociale de la transition serait renforcée si les individus bénéficiaient d'informations objectives et de preuves solides de la prise en compte de leurs préoccupations. Alors, le coût élevé de la transition serait perçu comme une bonne nouvelle non seulement pour l'environnement, mais aussi pour le futur de l'humanité. Les programmes de la transition peuvent être considérés par tous les individus comme une source de bien-être à long terme si l'analyse est rationnelle et compare le coût de la transition à celui de l'inaction, si les coûts financiers et économiques sont compensés par des bénéfices équivalents en matière de bien-être (gains d'efficience, gains de santé…), enfin si des actions spécifiques sont menées en faveur des pauvres et des perdants.

Revenons au système du facteur 4 que nous avons présenté dans un chapitre antérieur et qui permet de générer une croyance forte favorable à la transition : lorsqu'on impose l'abandon de technologies et de produits, dispose-t-on de substituts efficaces ? Le système d'information et de communication est-il convaincant ? Les instruments pour « acheter » les bons comportements sont-ils cohérents ? Des expérimentations reproductibles existent-elles ? Il fait ajouter une cinquième question : la situation des consommateurs pauvres et des producteurs vulnérables est-elle prise en compte ?

Les crises successives en France (gilets jaunes, agriculteurs…) montrent à quel point une taxation du carbone sans mesures sociales et sans bouclier tarifaire à la frontière sont injustes pour les populations concernées. Une transition juste implique que les revenus générés par la taxe carbone soient redistribués de façon à préserver le pouvoir d'achat des personnes économiquement fragiles, ce qui est loin d'être le cas[266]. Une transition juste implique aussi que des agriculteurs à qui on impose des normes et des taxes soient protégés de la concurrence d'agriculteurs étrangers non soumis à ces normes et à ces taxes.

L'augmentation substantielle des énergies intermittentes dans un pays sans potentiel hydroélectrique ou nucléaire conduit à une forte hausse des prix. Ainsi, un peu partout dans le monde, la fermeture d'une centrale nucléaire et son remplacement par des énergies intermittentes conduit à une augmentation du coût de l'électricité. Les leaders de l'énergie nucléaire, l'Illinois, la France, la Suède et la Corée du sud, ont historiquement l'électricité la moins chère du monde : l'électricité de l'Illinois est 42% moins chère que celle de la Californie (qui a stoppé sa centrale nucléaire) et celle de la France 75% est moins chère que celle de l'Allemagne (qui a fermé plusieurs centrales nucléaires)[267]. La question est alors toujours la même : pourquoi faudrait-il se passer si vite de l'énergie nucléaire dans une période où l'urgence est climatique ?

Passer d'un bouquet d'entreprises compétitives mais émettrices de CO2 à un bouquet d'entreprises compétitives à bas carbone n'est pas une mince affaire : le risque est qu'on élimine des filières et des entreprises à haut carbone qui représentent des fleurons innovants du pays sans disposer d'avantages suffisants dans les nouveaux secteurs. Le pays connaît alors une baisse d'activité et dépend des importations puis, rapidement, connaît une pénurie de devises et un chômage croissant. Sur l'échiquier mondial, la question essentielle devient alors la suivante[268] : qui va perdre et qui va gagner dans la bataille de la transition écologique en termes de compétitivité, d'innovations et d'emplois ?

Un pays vertueux et proactif doit donc mener un certain nombre d'actions complémentaires dans sa phase de transition : se protéger des pays concurrents sans taxe carbone, mener des politiques volontaristes tant de recherche et développement qu'industrielle dans les nouvelles filières (dont les signaux de réussite sont la part de brevets, le niveau des activités et des emplois, la part des exportations) ; financer des politiques d'éducation adaptées aux nouveaux emplois ; aménager son territoire et traiter directement le problème des villes et régions en déshérence comme il a toujours fallu le faire historiquement en situation de restructuration industrielle[269].

Enfin, la réussite de la transition au niveau international exige d'abord que se lève un club influent de pays vertueux à la fois consommateurs et producteurs (d'où des actions conjointes sur l'offre et sur la demande[270]) ; ensuite que soit débattu et traité la situation des pays pauvres et/ou précarisés par la transition énergétique ; enfin que des synergies existent entre acteurs de l'État, des collectivités locales, des entreprises privées et de la société civile. Les actions publiques, les pressions morales et les incitations financières peuvent alors se conjuguer pour parvenir à des résultats substantiels et durables. On peut donner des exemples de mesures prioritaires : arrêt effectif des subventions publiques (directes et indirectes) et des prêts bancaires au secteur des énergies fossiles, moratoires sur les explorations dans les zones sensibles, fermetures des centrales les plus polluantes, création d'un marché des permis d'extraction, application de plans décennaux de réduction de la production et de la consommation d'énergies intenses en carbone (avec des compensations pour les producteurs).

III) De la croissance verte à l'état stationnaire : conditions d'un atterrissage réussi

Pout imaginer les stratégies et les politiques en faveur d'un monde de bien-être soutenable, il est nécessaire de se confronter à l'immense littérature anglosaxonne que l'on trouve surtout dans les ouvrages et articles des économistes keynésiens et écologistes[271].

Devenir keynésien et écologiste demande un effort modeste.

Le lecteur peut dire « je suis keynésien » s'il ratifie les quatre points suivants :

-l'investissement public est un moteur essentiel du développement à long terme d'un pays

-les crises économiques et financières ne se résolvent pas spontanément par le marché et peuvent devenir énormes sans des interventions publiques fortes et adaptées

-le chômage n'a pas pour seule cause un coût du travail élevé sur le marché du travail, mais résulte à la fois d'une insuffisance de la demande (donc des débouchés pour les entreprises) et de nombreux facteurs pouvant expliquer l'absence de compétitivité des entreprises nationales

-la création de monnaie par les banques n'implique pas forcément de l'inflation si elle a pour contrepartie une augmentation de la production (en situation de sous-emploi des facteurs de production).

Le lecteur (désormais néokeynésien) a aussi l'occasion de devenir un socioéconomiste et, plus encore, un économiste écologiste s'il admet deux propositions :

-les phénomènes économiques et sociaux ne peuvent pas s'expliquer uniquement à partir des comportements individuels de gens supposés bien informés et appliquant en toutes circonstances des calculs rationnels, mais doivent aussi prendre en compte nombre de facteurs : les liens familiaux et sociaux, les habitudes et les systèmes de valeurs, les rapports de forces, les passions et les émotions, les contraintes institutionnelles (informations, relations de marché, politiques publiques).

-la notion d'encastrement est meilleure que celle d'interdépendance pour comprendre la vie des êtres humains sur terre : c'est la base de l'économie écologique qui complète l'approche en termes de développement durable par celle de la soutenabilité écologique. Nous expliquons ce point ci-après.

Pour les économistes de l'environnement, le développement durable intègre les contraintes environnementales et sociales à l'économie dans une perspective de long terme. Dès lors, il y a des possibilités d'arbitrage entre les objectifs, mais, pour les néolibéraux, l'économie reste dominante et les éléments sociaux et environnementaux sont appréhendés grâce au seul concept d'externalités (supposées monétarisables), c'est-à-dire d'effets non pris en compte par les marchés et qui nécessitent des interventions publiques.

Pour les économistes écologistes, il n'est plus question d'interdépendance, mais d'encastrement : l'économique est encastré dans le social-sociétal qui est lui-même encastré dans l'environnemental. La première conséquence majeure est que la soutenabilité écologique prime sur les autres formes de soutenabilités. La deuxième conséquence est que la société domine l'économique, autrement dit qu'elle peut la réguler et même réduire le champ de l'économique, c'est à dire des activités humaines soumises aux lois du capitalisme et à ce qu'on appelle la marchandisation (ce qui revient à s'opposer à l'approche néolibérale). La macroéconomie hétérodoxe est ainsi doublement une macroéconomie de la taille optimale : de la présence humaine dans l'écosystème (population multipliée par l'utilisation des ressources par habitant) et de la présence capitaliste dans les activités humaines.

A) Mettre l'accent sur la soutenabilité écologique pour planifier l'action publique

Dans une perspective de long terme, il existe des défis nombreux à relever qui peuvent être analysés comme autant de « conflits de soutenabilités »[272] : démographique, économique, financière, sociale, culturelle, institutionnelle, environnementale). Dans le cadre de l'économie écologique, la soutenabilité écologique est la base de la politique environnementale et acquiert une prééminence sur les autres types de soutenabilités en raison de l'importance de ses fonctions, de l'existence de limites et d'irréversibilités ou de coûts élevés associés à ses pertes. Par cette approche, les auteurs restent anthropocentristes comme ceux du développement durable, mais adoptent des aspects conservationnistes des courants de la décroissance et raisonnent en termes de stocks plutôt que de flux.

Les quatre types majeurs de fonctions rendues par le capital naturel sont : la fourniture de ressources pour la production, l'absorption des déchets, les services d'agrément (beauté des paysages…), la régulation des conditions générales de vie sur terre (stabilité et résilience de l'écosystème, changements climatiques, habitat et biodiversité…). Cette dernière fonction est primordiale : il faut éviter les risques de pertes immodérées en situation d'incertitude et veiller à la capacité du stock naturel global à continuer à maintenir ses caractéristiques et ses fonctions.

On voit ici l'originalité de l'approche : pour maintenir les capacités de l'écosystème et des processus naturels à fournir des biens et services pour les besoins humains, il faut d'une part prendre en compte l'absence de substituabilité relative entre le capital naturel et les autres formes de capital et d'autre part admettre l'existence de composantes critiques et non monétarisables du capital naturel. Il peut y avoir des problèmes d'irréversibilité : raréfaction de ressources non remplaçables, extinction d'espèces… (on parle ici de capital naturel critique).

Dès lors, au-delà des préoccupations prioritaires de court et moyen terme (le climat…), le principe général à long terme est le suivant : la soutenabilité écologique implique que le bien-être humain promu soit adapté aux capacités d'extraction, de régénération, d'assimilation et d'autorégulation de l'écosystème. Concrètement, le moins que l'on puisse faire est de minimiser ce que Herman Daly[273] appelle le throughput (c'est-à-dire les ressources naturelles utilisées plus les déchets non recyclés).

Les modalités d'application de la soutenabilité écologique peuvent alors être définies comme suit :

1- Prédominance des fonctions de régulation systémique sur les fonctions utilitaires dans les préoccupations (par exemple, les effets du changement climatiques interviennent avant l'épuisement des énergies fossiles)

2- Promotion d'innovations technologiques efficientes, non polluantes et n'accroissant pas le throughput

3- Gestion optimale des ressources renouvelables (taux de prélèvement ne dépassant pas les taux de régénération)

4- Gestion optimale des ressources non renouvelables (favoriser les substituts naturels abondants et/ou renouvelables).

On comprend facilement que l'insoutenabilité écologique à long terme puisse être atténuée de nombreuses façons : accroître la productivité des ressources naturelles et découpler au maximum la croissance économique et l'environnement, additionner tous les moyens de l'économie circulaire et rendre plus efficient et moins polluant le système économique (empêcher l'obsolescence programmée et la publicité intrusive, favoriser l'usage plutôt que la possession, développer les filières d'entretien, de réparation et de recyclage, favoriser les circuits courts, inventer des substituts artificiels aux ressources naturelles). A niveau de PIB identique, il est possible aussi de promouvoir une baisse des dépenses de consommation (notamment en luttant contre l'esprit de consumérisme) conjuguée à une hausse des investissements utiles pour la transition et pour le bien-être.

Cependant, pour les théoriciens de l'économie stationnaire, les efforts de découplage, d'économie circulaire et d'invention technologique sont insuffisants : ils permettent seulement de combattre les problèmes prioritaires et de retarder l'échéance. Il faudra bien se décider à abandonner la croissance du PIB comme objectif central des politiques publiques au profit du bien-être et des soutenabilités, sans pour autant verser dans le biocentrisme, ni l'anticapitalisme.

Un problème qui donne lieu à des discussions permanentes est celui de la durée et du contenu de la phase de transition vers l'état stationnaire. Il faut trouver un compromis entre deux vérités contradictoires : le coût de l'inaction est élevé et croît avec le temps ; le coût de la transition est énorme, mais décroît avec le temps (capacités d'absorption échelonnées, arrivée des technologies matures). C'est la somme des deux qui compte, mais le choix primordial dans les calculs dépend du taux d'actualisation économique[274] qui reflète en partie le degré de préférence pour le présent (bien-être immédiat au détriment de celui des générations futures).

Dans le débat entre Nicolas Stern[275] (taux de 1%) et William Nordhaus[276] (taux de 5%), les théoriciens de l'état stationnaire privilégient le choix d'un taux d'actualisation faible ou nul pour ne pas reporter à plus tard la lutte contre les changements climatiques (un taux élevé fait fondre les impacts futurs négatifs de l'inaction ou positifs de l'action). Si le coût de la transition pour un pays riche est gigantesque[277] (remplacement des produits fossiles, dépenses d'infrastructures, dépenses sociales, aides aux pays pauvres), peut-il vraiment est financé sans croissance du PIB comme le demandent certains militants de l'état stationnaire (et de la décroissance) ?

Quelles sont alors les conséquences dans un pays comme la France dont le PIB annuel par habitant est de l'ordre de 40.000 euros et où 90% des ménages ont un revenu disponible mensuel moyen (par déciles) entre 1.000 et 5.000 euros et des problèmes de fin de mois. Nous préférons admettre l'existence d'une phase de croissance verte étalonnée sur quelques décennies et suivie d'une bifurcation lente vers l'état stationnaire, mais, dans l'optique de Stern et des théoriciens de l'économie stationnaire, cette phase de transition devrait être tout de suite très intense, puis la plus courte possible.

Si la phase de transition peut aider à réussir l'atterrissage vers une société de bien-être généralisé, elle doit surtout servir à régler les deux problèmes urgents du monde actuel : le climat et la pauvreté. Techniquement, c'est facile : il suffirait de s'accorder d'une part sur l'arrêt du charbon, du pétrole et du gaz dans les pays riches et d'autre part sur un financement accru, par dons conditionnels, du rattrapage économique des pays pauvres en quelques décennies. « Ce n'est pas compliqué à réaliser, car la majorité de ces énergies sont brûlées dans les pays riches, précise Meadows[278], donc, si nous, les riches, on arrête de les brûler, on peut laisser le reste du monde augmenter son usage des énergies fossiles. On réglera d'un coup deux problèmes : le problème du climat et celui de la pauvreté » et Randers[279] nous prévient que si l'on ne les règle pas, « le monde va devenir infernal ».

Transiter vers un état économique stationnaire n'offre de perspectives attrayantes que si trois conditions sont remplies : 1) une sortie durable de l'état de pauvreté (d'où l'importance du concept de soutenabilité pour l'état d'abondance) ; 2) une possibilité de croissance infinie pour tous les domaines qui ne sont pas contraints par des limites physiques (par exemple, à la suite du fameux rapport « *Limits to growth* » ; le club de Rome publie un second rapport « *No limits to learning* ») ; 3) l'adoption de réformes profondes et de politiques nouvelles pour conserver les bénéfices que pouvait permettre une économie en croissance (la création d'emplois, le financement des dépenses publiques…).

B) Le choix de politiques adaptées à une gestion sans croissance économique[280]

Les analyses des théoriciens[281] d'une économie sans croissance (notamment ceux que l'on peut appeler les quatre mousquetaires réformateurs : Daly, Jackson, Randers et Victor) ont un point commun : faire de l'édification d'un monde de bien-être généralisé et soutenable une aventure à la fois intellectuelle et pragmatique.

L'aventure intellectuelle débute par un défi : imaginer et configurer le changement de cap. Que veut dire concrètement le passage d'un scénario de croissance illimitée du PIB à un scénario d'économie stationnaire ?

Victor applique un modèle économétrique « *LowGrowth* » à l'économie canadienne pour comparer plusieurs scénarios.

Le tableau ci-après illustre les propos de Victor de façon assez convaincante.

Atterrissage réussi au plan macroéconomique : vivement 2050

Scénario néolibéral « statu quo »	PAYS RICHE	**Scénario réformiste « économie stationnaire »**
Croissant	PIB par tête	Stable
Stable, décroissant	Bien-être	Croissant
Croissantes	Emissions de CO2	Réduites
Décroissantes	Ressources naturelles	Stables
Importants	Chômage, précarité	Faibles
Forte	Immigration	Faible
Elevées, croissantes	Inégalités	Réduites
Croissants	Dette et déficits	Décroissants

Alors qu'un scénario « *business as usual* » et un scénario « *croissance zéro sans réformes* » ont des effets négatifs majeurs, un scénario réformiste « *croissance faible avec réformes* » offre des perspectives attrayantes sous trois conditions : une politique écologique vigoureuse pour l'énergie (correspondant à un prix du CO2 de 200 dollars) et élargie au throughput (ensemble des ressources naturelles exploitées et des déchets non recyclés), une hausse des investissements compensée par une baisse de la consommation, des progrès en termes d'innovation et de productivité se traduisant en réduction du temps de travail et en mesures sociales.

Par ailleurs, le pragmatisme des réformateurs consiste à tenir compte des instabilités et incertitudes du monde réel et à être à la fois volontaristes et précautionneux dans le choix des principales politiques permettant le passage du scénario néolibéral au scénario réformiste : nous en donnons quelques exemples de façon non exhaustive.

a) *Politique démographique*

La plupart des économistes écologistes ont abandonné l'idée de politiques malthusiennes répressives. A long terme, la population humaine devrait se stabiliser pour peu que le rattrapage économique des pays pauvres ait lieu avec son lot de facteurs favorables (éducation, urbanisation, emplois, protection sociale, planification familiale...) et que les politiques des pays riches soient elles-mêmes orientées vers une stabilisation de la population (baisse des allocations familiales, droits à l'IVG et aux moyens de contraception).

A taux de fertilité faible et stable, l'accroissement de la population, qui implique une croissance du PIB pour maintenir le PIB par tête au même niveau, vient de deux facteurs : l'allongement de la durée de vie, l'immigration. Le premier facteur s'inscrit dans le cadre d'une évolution structurelle : le vieillissement de la population. L'immigration a quatre composantes : l'accueil de réfugiés, le regroupement familial, les migrants très bien formés qui viennent contribuer à la production avec des emplois de haut niveau, les migrants économiques clandestins qui sont souvent régularisés dans le but d'occuper des emplois précaires et peu motivants. La tendance d'un scénario de transition réussi est de voir le nombre de migrants baisser pour de bonnes raisons (attractivité des pays sortis de la pauvreté et de la guerre, nombre plus faible de réfugiés). Si les migrations nettes compensent juste l'insuffisance de fertilité, la population est globalement stable.

b) *Politique environnementale*

Elle est basée sur les principes de la soutenabilité environnementale qui déterminent la taille possible de l'économie. Globalement, il peut s'agir d'une extension des politiques de rationnement du droit à émettre du CO2 (par les prix et par les quantités) à l'ensemble des ressources non renouvelables et au throughput. Pour les ressources renouvelables, la gestion doit être basée sur une évaluation scientifique de l'état des stocks et sur la simulation de leur évolution en fonction des paramètres spécifiques (croissance naturelle ou mortalité naturelle...) et le rationnement peut se faire par le nombre d'utilisateurs (des autorisations ou des licences), par la quantité utilisée (des quotas qui peuvent ou non être échangés sur un marché) ou par des méthodes annexes (techniques de production, périodes de production). Dans le cadre de la protection générale de l'écosystème, on peut imaginer des gestions coopératives et décentralisées des « communs », des transactions volontaires entre usagers et fournisseurs passant ou non par un prix (exemple : internalisation des services rendus par les paysans qui entretiennent les talus ou les paysages) ou bien des contrats de paiement des services écosystémiques signés par l'Etat ou les collectivités locales. Tous les efforts portent vers un même but : transmettre un patrimoine naturel intact aux générations futures.

c) Politique de plein-emploi

Comment maintenir le plein emploi dans une économie qui serait définie d'un côté par la stabilité du PIB et de l'autre côté par une révolution technique majeure (numérisation, internet des objets, automation, robotisation…) ? La seule voie proposée par tous les auteurs est celle du partage du travail restant et donc de la réduction du temps de travail, réduction qui est favorable au loisir ou à des activités parallèles non incluses dans le PIB (aide bénévole aux personnes âgées, autoformation…). Une solution d'appoint consiste à renoncer à certains aspects négatifs de la productivité du travail (organisation du travail basée sur l'obsession des résultats qui peut entraîner de l'aliénation voire du burn-out). Une question qui vient à l'esprit est la suivante : comment est-ce possible sans effondrement économique à cause de la perte de compétitivité résultant des deux mesures si les pays concurrents ne font pas les mêmes réformes ? Certes, on peut imaginer des choix volontaires d'emplois à mi-temps moins rémunérés, des modes de financement des coûts des mesures par une réallocations de ressources internes (baisses des hauts salaires ou des dividendes), l'adoption de politiques de change ou fiscales compensatrices (des dévaluations) ou même le fait de rompre avec les traités supranationaux et de pratiquer une forme de protectionnisme. Mais il existe aussi une possibilité théorique que l'on peut décrire en partant de l'exemple donné par Daniel Cohen[282] : un secteur A (100 emplois) est entièrement robotisé et perd tous ses emplois, enregistrant ainsi une croissance infinie de sa productivité du travail pour le même niveau de production, alors qu'un secteur B (100 emplois) sans progrès technique continue de produire la même quantité de biens et services. Pour un niveau de PIB en volume constant, la situation est optimale si le secteur A (devenu ultra-concurrentiel) correspond au secteur des biens et services échangeables (c'est-à-dire concurrencés par l'extérieur : importables ou exportables) et si les 100 chômeurs du secteur A partagent le travail avec les 100 employés du secteur B qui est supposé non échangeable et non soumis à des contraintes de compétitivité.

Plusieurs auteurs introduisent d'autres types de réformes en relation avec l'objectif de plein-emploi : créer un revenu universel garanti pour donner à tous la paix de l'esprit, mais aussi encourager les emplois à mi-temps ; mettre en place toutes les mesures qui valorisent le travail et qui réduisent les risques d'exploitation et d'aliénation (encourager la syndicalisation, augmenter les allocations de chômage, faciliter la mobilité sociale, favoriser la participation aux bénéfices et aux décisions…). A terme, sur la base de la robotisation et des réformes sociales, le travail humain peut être reconsidéré : loin de la peur du chômage, des fins de mois difficiles et des techniques de la carotte et du bâton, les nouveaux travailleurs trouvent un sens à leur travail et ce qui les motive est à la fois d'être reconnu, de participer à des tâches stimulantes et d'être bon dans ce qu'ils font (valoriser leurs connaissances et leurs qualités).

d) Politique de redistribution

Sans croissance du PIB, l'élimination durable de la pauvreté exige une forme de redistribution permanente. Si l'égalité complète des revenus et des richesses est injuste, il en est de même de l'inégalité sans limites. Les inégalités sont un choix politique et les réduire drastiquement consiste à piocher dans l'attirail des programmes de l'après deuxième guerre mondiale : accès de tous à des services sociaux de qualité, fiscalité redistributive, salaires (et revenus) minimaux. Il s'agit de profiter de la transition vers une économie stationnaire de bien-être pour faire admettre l'idée selon laquelle l'extrême richesse et l'extrême pauvreté sont indécentes et constituent des échecs de politique publique[283]. Techniquement, il suffirait de taxer légèrement les 200.000 personnes les plus riches du monde[284] (dont l'accroissement de fortune, sans efforts et sans payer d'impôts, est vertigineux depuis quelques années) pour sortir de la misère plus de 2 milliards de personnes (dont la personne qui meurt de faim toutes les quatre secondes et les 260.000 américains de plus de 85 ans qui sont obligés de continuer à travailler pour survivre).

e) Politique monétaire

La monnaie est l'un des domaines qui donne lieu à beaucoup d'incertitudes et de controverses : Daly veut mettre en place un système de réserves obligatoires[285] à 100% pour contrôler strictement la monnaie, alors que Randers souhaite faciliter la création monétaire pour financer tous les investissements de la période de transition. En réalité, on peut imaginer une évolution dans le temps : passage de politiques monétaires traditionnelles à des politiques non conventionnelles[286] (type Randers), puis à des politiques de croissance monétaire faible (type Daly). Cependant, il y a une part de construction intellectuelle fausse dans le raisonnement de Daly : de nos jours, compte tenu de la dématérialisation de la monnaie, la possibilité de création monétaire (par crédit) est illimitée et précède le placement de réserves que la banque prêteuse doit déposer à la banque centrale (liquidités que la banque peut acheter ex-post sur le marché monétaire, de telle sorte qu'une hausse des taux de réserve implique juste un coût plus élevé pour la banque).

Selon l'approche keynésienne historique, on doit affecter un instrument à l'objectif pour lequel il est le plus efficace : aux quatre objectifs-cibles (le CO2, le plein-emploi, la pauvreté, l'inflation), il faut affecter respectivement la fiscalité écologique, les investissements, les subventions et l'offre de monnaie, même s'il peut y avoir aussi une fiscalité redistributive, des subventions écologiques, des investissements verts ou des taux d'intérêt axés sur d'autres objectifs. Si l'on rajoute un cinquième objectif (PIB stable en volume) et qu'on lui affecte l'instrument de l'investissement, on peut certes introduire un nouvel instrument (le temps de travail), mais il faut en tirer les conséquences pour les politiques budgétaires et monétaires. Limiter l'offre de monnaie implique logiquement d'empêcher la possibilité de création illimitée par des banques privées et de déficits insoutenables (écarts croissants entre niveau d'épargne et niveau d'investissement). La solution proposée par certains auteurs est alors de nationaliser la monnaie (bien public par excellence), tandis que les banques privées garderaient des activités : d'un côté, gérer les dépôts à vue ; de l'autre côté, prêter ou placer l'argent des dépôts d'épargne. Il reste des points non élucidés : si la banque centrale crée la monnaie et contrôle directement l'offre de monnaie, que se passe-t-il pour le taux d'intérêt ?

Un taux d'intérêt positif est-il incompatible avec une économie sans croissance ? Certains pensent que oui et d'autres non (controverse de « l'impératif de croissance monétaire »[287]). A notre sens, si l'on régule directement l'offre de monnaie par un plafonnement des crédits autorisés, l'intérêt est plus un problème de rapport de force et de répartition dans un jeu à somme nulle, mais il reste à savoir comment les entreprises qui ont emprunté pour investir pourront rembourser les intérêts et comment ceux-ci seront réutilisés (épargnés ou réinjectés dans le circuit).

Une dernière question non élucidée est celle de la deuxième source de variation de la masse monétaire : les devises dont l'évolution dépend certes de la situation des échanges de biens et services, mais aussi des motivations des porteurs de capitaux (la confiance, le taux de change, les taux d'intérêt, les dividendes…).

f) Politique de l'investissement

L'investissement, la productivité et la technologie sont fortement corrélés. La croissance économique à long terme résulte de l'innovation : sans innovation et sans croissance de la population, l'économie est stationnaire et l'investissement sert essentiellement à l'entretien et au remplacement des équipements et infrastructures. La question devient plus épineuse en sens inverse : pourquoi et comment favoriser l'innovation en économie stationnaire ? Les inventions et les innovations techniques ne tombent pas du ciel : elles résultent des décisions d'investissement publiques et privées (en R-D, en formations, en logiciels, en machines…).

Si un Etat pionnier veut emmener un pays à la limite de la frontière technologique, c'est-à-dire au niveau le plus avancé de la recherche et de ses applications, il doit consacrer des ressources à la recherche fondamentale, à la formation et à l'emploi des scientifiques les plus qualifiés, à subventionner les créateurs d'entreprises innovantes et les dépositaires de brevets.

Le moins que l'on puisse faire ici est de veiller à ce que les investissements et la productivité ne soient plus conditionnés à l'objectif de rentabilité maximale des fonds propres à court terme, mais redeviennent fondés sur des objectifs stratégiques à long terme (dont les objectifs environnementaux, sociaux et de bien-être) et comportent de plus en plus de composantes immatérielles dont les externalités positives sont considérables (transmission d'idées et de connaissances) et non mesurées dans le PIB.

g) Politique des comportements soutenables

Les décideurs doivent mettre en place des incitations (incluant des actions de communication et des échanges d'expériences) pour faciliter les changements de comportements et les expérimentations locales.

Le bien-vivre ensemble soutenable repose sur des compétences sociales et civiques à acquérir (respect mutuel, pluralité des opinions, réciprocité, coopération...) et fait référence au capital social (confiance, bénévolat, engagement public, participation à des actions collectives...) qui, comme tout capital, doit être entretenu.

Le consommateur soutenable[288] est celui qui maintient sa consommation dans des limites raisonnables pour deux raisons qui tiennent à l'éthique (sa qualité de vie et son bonheur d'échapper aux deux dangers du consumérisme : la mal-consommation et la surconsommation) et à la politique (la question du sens commun et le souci de réduction du throughput et de maintien du bien-être des générations futures). L'optimisation du bien-être social intertemporel dépend évidemment de nombreuses conditions : la situation de référence (le bien-être de départ), les facteurs techniques (nouveaux produits), institutionnels (la famille, l'école, le voisinage, les communautés...) et économiques (niveaux d'investissement compatibles et soutenables). A bien-être égal, il est possible aussi d'orienter la consommation vers des biens et services à plus faible throughput (biens de proximité, plus de services que de biens...).

L'entrepreneur soutenable[289] est celui qui « découvre... et exploite des opportunités pour créer des biens et services futurs en conformité avec les buts du développement durable ». Soit il dispose dès le départ des capabilités entrepreneuriales adéquates (un système de valeurs incluant des objectifs personnels, économiques ainsi que la connaissance de la cause collective et le souci du futur), soit il est incité à devenir plus responsable par l'information, la formation, l'affrontement direct de problèmes, la proximité avec des structures encastrantes favorables, les actions publiques. Le souci de la qualité du travail des employés et l'écologisation des objectifs assignés aux dirigeants des entreprises ouvrent un chantier qui est celui de la gouvernance d'entreprise soutenable.

h) Politique de choix des indicateurs de bien-être soutenable

Les individus et les organisations ont tous leur propre conception du bien-être. Il est une certitude : le bien-être, comme la pauvreté, est multidimensionnel et dépend de moins en moins du revenu quand les besoins essentiels sont assurés et, dès lors, nombre de facteurs doivent être pris en compte : les libertés réelles, la santé, la sécurité, l'égalité des droits et des chances, l'accès à des emplois valorisants, l'existence de liens familiaux et sociaux, le sentiment d'inégalité, d'injustice ou d'exclusion, le degré de participation aux décisions, le sens donné à sa vie, la qualité de l'environnement etc.

On retrouve bien sûr toutes les composantes du bien-être que nous avons évoqué dans un précédent chapitre. Il y a ici plusieurs chantiers à poursuivre : faire le lien entre le bien-être soutenable et les limites planétaires ; élargir l'analyse des injustices et inégalités (du champ de la redistribution à celui de toutes les composantes majeures du bien-être) ; adopter une analyse multicritère à toutes les phases du processus de décision (de l'identification des politiques à leur évaluation ex-post) autour d'une batterie d'indicateurs de bien-être.

i) Politique d'appui aux expériences décentralisées

Les initiatives individuelles sont certes intéressantes, mais ont plus poids si elles s'inscrivent dans le cadre d'une communauté locale engagée dans la transition voire dans la décroissance.

Pour avoir un avis objectif sur le sujet, il suffit de comparer, au même niveau de revenu moyen, un groupe de gens non engagés dans la transition et un groupe de gens qui le sont[290] : lequel des deux est-il globalement le plus heureux ?

Les villes ou communautés engagées dans la transition semblent se porter mieux et introduire des valeurs novatrices (auto-énergie, économie locale, sobriété, entr'aide, gain de place, modes de déplacements, culture et loisirs…), mais elles bénéficient de subventions, de transferts et d'infrastructures qui sont en quelque sorte financés par le reste du pays, ce qui laisse planer un doute sur leur degré d'autonomie et sur la possibilité de généralisation, en l'état, à toutes les communes du pays.

j) Politique d'accélération de la transition écologique

Le moteur de la transformation de l'économie en économie verte est la transition énergétique visant à limiter les émissions de gaz à effet de serre. Les politiques efficaces et justes à mettre en place sont désormais bien connues et nous les avons explicités : signaux-prix forts (taxe carbone élevée), plafonnement et échanges de droits d'émission, protection aux frontières, transferts sociaux de compensation, subventions et réglementations en faveur de l'efficience énergétique et de l'économie circulaire, investissements volontaristes (recherche-développement, capital humain, filières productives nouvelles, captage du carbone). Pour le moment, les produits fossiles (encore subventionnés) et le CO2 continuent de croître allègrement et l'on est plus proche d'un scénario « trop peu, trop tard »[291] que du scénario « vivement 2050 ».

Si la phase de transition repose sur ce que l'on a appelé une croissance verte, deux types de pays méritent une attention particulière : les pays pauvres « fragiles », les pays riches « décrochés ». Pour les premiers (voir le chapitre suivant), une accélération (temporaire) de la croissance économique est nécessaire pour sortir de l'état stationnaire de pauvreté et des différentes formes de vulnérabilités. Pour les seconds (voir le cas de la France), des réformes profondes sont nécessaires pour inverser le processus.

k) Mener des politiques différentes dans un seul pays

Un pays qui mène seul des politiques radicales peut certes réussir s'il parvient à se maintenir à la frontière technologique pour les produits nouveaux et échangeables, mais de nombreuses mesures (baisse du temps de travail, réduction des inégalités, protection sociale, fiscalité écologique...) peuvent avoir des effets néfastes dans une économie mondiale libéralisée et financiarisée.

On doit admettre que l'état stationnaire d'abondance et l'ouverture économique non régulée des frontières ne sont pas compatibles. Peut-être est-il nécessaire de retrouver un peu de souveraineté nationale en adoptant des protections à la frontière, en subventionnant des (re)localisations industrielles, en renégociant les traités internationaux ou régionaux et en trouvant des moyens de corriger certains excès du libéralisme, et plus largement en militant pour faire évoluer les institutions internationales et pour propager les théories de l'état stationnaire au niveau planétaire.

Normalement, dans le cadre d'un pays européen, il revient aux institutions européennes mettre en place des boucliers à la frontière pour empêcher les concurrences déloyales et les échanges inégaux.

IV/ La France en 2050 : au-delà des fractures, un équilibre de bien-être possible

Sans doute, le lecteur se souvient-il de la visite de Candide au pays des optimistes et des pessimistes. Candide prend conscience d'un état de fait étonnant : les trois pessimistes sont français alors que les trois optimistes sont plutôt de culture anglosaxonne, voire américaine. Est-ce un hasard ? Non. Certes, les français ne sont pas les seuls pessimistes du monde. Il existe notamment une école allemande réputée (de Günter Anders à Harald Welzer). Pour Anders[292], l'exagération (dans le sens négatif) est conçue comme une méthode d'analyse et de dévoilement de la vérité et il se revendique lui-même comme un « semeur de panique ». Welzer[293] prévoit au 21ème siècle de tels conflits et violences qu'il « se pourrait qu'un jour le modèle tout entier de la société occidentale, avec toutes ses conquêtes en matière de démocratie, de libertés, de tolérance, de création artistique et de culture, apparaisse aux yeux d'un historien du 22ème siècle comme un vestige incongru, un corps étranger venant d'un autre monde. Si du moins il y a encore des historiens au 22ème siècle ».

Cependant, dans les enquêtes[294], les français sont les plus pessimistes du monde entier : plus de 70% des gens pensent que la situation est mauvaise et va aller de mal en pis. Le pessimisme généralisé induit de l'angoisse, du stress, de l'irritabilité, de la méfiance et cela peut expliquer le fait que la France est championne du monde à fois de la consommation de médicaments dont notamment des psychotropes (64 millions de boîtes de benzodiazépines anxiolytiques et 46 millions de boîtes d'hypnotiques par an), du nombre d'animaux de compagnie (63 millions) et du nombre de jours de grèves par an (3 à 4 millions contre 300 à 400.000 en Allemagne). Les raisons invoquées par les experts sont nombreuses : le système éducatif français, les médias, les pressions au travail, les difficultés de pouvoir d'achat, l'immigration incontrôlée, la montée de l'islamisme radical, la perte de capital social, le manque de confiance dans les institutions et les politiques, l'avenir de la protection sociale, les tracasseries administratives, le grand âge perçu comme un fardeau, l'esprit corporatiste[295]...

Le pessimisme peut avoir deux effets déplorables. Le premier effet est celui de la résignation. Si le déclin français est jugé irréversible, autant abandonner tout de suite le combat ! Une partie croissante des français est alors prête à ce qu'on peut appeler le sacrifice suprême (pour les optimistes) ou l'héroïsme suprême (pour les pessimistes) : se retirer de la course au progrès, accélérer la transition écologique quoi que fassent les autres pays, adopter des moratoires dans la plupart des grands domaines technologiques, abandonner en même temps les deux sources principales d'énergies durables (les énergies fossiles et les énergies nucléaires). Comme le dit si bien Frédéric Ménager-Aranyi[296], la question du sens de la vie dans une France qui ne croirait plus en la possibilité d'un avenir meilleur finirait par « ressembler à ce poème de Cavafy où un peuple attend désespérément les barbares derrière les murs clos et se lamente de ne pas les voir venir car eux au moins représentent une solution ».

Le deuxième effet est celui de la fuite ou du vote par les pieds : de plus en plus de français s'exilent parce qu'ils ne reconnaissent plus la France, celle de leur enfance ou celle racontée par leurs aînés. Il arrive que la nostalgie d'un monde perdu soit accompagnée d'une forme d'idéalisation d'une France éternelle : l'histoire, la langue, la littérature, les philosophes, les scientifiques, les champions sportifs, le statut (spécial) des artistes et des écrivains, le vin, la cuisine et la gastronomie, l'amour, la sexualité, la capitale, les paysages, les villages, les monuments, les fêtes, la galanterie, la haute couture, les soins de santé, les grandes écoles, le TGV, la démocratie, la laïcité, le modèle d'intégration, etc.

Des optimistes anglosaxons comme Pinker diraient aux français leurs quatre vérités :

-première vérité : « dans la loterie de la naissance, voyez votre chance d'être né en France ». Comme le démontre Branko Milanovic[297], le lieu de naissance explique 80% des inégalités mondiales. 97% des Français appartiennent aux 30% les plus riches du monde et 90% des Français font partie des 20% les plus riches. Même les 1% les plus pauvres se situent au niveau de la classe moyenne mondiale. Grâce à l'Etat-providence, il est moins dramatique d'être pauvre en France qu'aux Etats-Unis.

-deuxième vérité : « analysez rationnellement les causes de vos problèmes et cherchez des solutions positives ». Nicolas Dufourcq[298] est catégorique : « il faut tirer froidement et collectivement les leçons de notre histoire récente ». On doit se demander pourquoi la France s'est désindustrialisée, a perdu son autonomie alimentaire, est en manque de médicaments et de vaccins essentiels, voit son classement se détériorer dans les classements éducatifs, est impuissante face à l'augmentation du nombre de violences et d'incivilités. Dans les enquêtes les plus récentes[299], les français rêvent d'un pouvoir fort capable de redresser la barre et de résoudre ce qu'ils considèrent comme les cinq problèmes majeurs : la défense du pouvoir d'achat, la protection de l'environnement, l'avenir de la protection sociale, le contrôle de l'immigration, la lutte contre la délinquance.

-troisième vérité : « tout ne va pas si mal et il y a un décalage entre le pessimisme et la réalité ». La France continue d'avoir une position diplomatique et militaire enviée dans le monde : un siège de membre permanent au Conseil de Sécurité de l'ONU, une représentation diplomatique dans tous les pays du monde, une dissuasion nucléaire et des capacités d'interventions militaires exceptionnelles, un espace francophone dynamique… La France reste l'un des cinq pays dans le monde ayant le plus faible taux de pauvreté. La France a toujours un taux élevé de création de brevets. La réussite culturelle, artistique, sportive, scientifique…. est attestée par de nombreux prix (Nobel…) ou victoires. Elle est aussi au premier rang des pays touristiques du monde en raison notamment de son patrimoine multiséculaire et de ses attraits multiformes.

-quatrième vérité : « soyez réaliste, rationnel et volontariste ». Tout le monde a sa part de responsabilité en ayant crû longtemps au mirage d'une société post-industrielle et post-travail. Pour enclencher une métamorphose, les gouvernements successifs doivent combattre « trois fléaux de l'identité française » (Dufourcq) : le fatalisme, l'intellectualisme et le déni de réalité, la tendance à se disperser.

Face aux erreurs successives et cumulatives des gouvernements français depuis quarante ans, disons clairement : « plus jamais cela ! ». Le bon sens populaire aurait suffi pour ne pas commettre les fautes successives de générations d'énarques et pour éviter les fractures économiques et sociétales. De plus en plus de gens se posent la question : « pourquoi prennent-ils tant de décisions contraires à l'intérêt de la France ? ».

Comment faire ? Un avenir moins sombre est un avenir qui parvient à s'appuyer sur une éthique satisfaisante pour toutes les personnes raisonnables et rationnelles de tous bords. L'argument de cette section est que nous sommes dans un moment fort de l'histoire de la France où les forces vives du pays doivent impérativement s'allier pour dire « stop » aux fractures et aux dérives et pour co-créer un récit mobilisateur. Le récit doit s'organiser autour d'une utopie qui rende au pays à la fois sa raison d'espérer, son unité et sa cohérence. Les dix années à venir sont à la fois cruciales et excitantes car la transition écologique peut nous enfoncer encore plus ou nous permettre de nous redresser selon que les nouvelles entreprises seront françaises ou étrangères et selon que les bénéfices et les coûts seront répartis équitablement ou non entre toutes les sphères de la société.

Un seul mot d'ordre : devenons ou redevenons l'un des pays-modèles du monde avec de meilleures capabilités organisationnelles et technologiques. Il y a des choses insupportables qui doivent cesser dans les plus brefs délais : la lourdeur toujours plus grande du millefeuille administratif qui nous a fait entrer dans la spirale infernale des dépenses publiques inefficaces ; la longue descente aux enfers du système éducatif, creuset d'inégalités et de fractures sociales de plus en plus fortes, ainsi que du système de santé confronté à de graves pénuries ; la dépendance croissante de la France (et de l'Europe) dans les domaines de la recherche-développement et des applications liées aux technologies fondamentales du 21ème siècle (intelligence artificielle, robotique, semi-conducteurs, informatique quantique, biotechnologies, énergies non carbonées…).

Sur le plan économique, nous devons avoir pour obsession non pas la croissance verte et inclusive en tant que telle, mais la réindustrialisation et le retour à l'autonomie alimentaire dans le cadre d'une croissance verte et inclusive.

Au niveau sociétal, les droits des minorités doivent être respectés dans le cadre d'un Etat fort, capable d'ériger quelques valeurs nationales en obligations non négociables et de re-connecter le principe laïc aux autres principes d'une France qui donnerait à nouveau fierté et envie de s'en réclamer : école républicaine, plein-emploi, justice sociale, santé pour tous, biens communs et « common decency »[300].

Si l'on parvient à comprendre les causes du déclin, on dispose d'une bonne base de réflexion pour inverser le processus.

Comment la France s'est-elle désindustrialisée et comment sa puissance agricole s'est-elle érodée depuis la sortie des trente glorieuses ? La meilleure façon pour le comprendre est de partir d'un cadre logique et d'un raisonnement AFOM : les entreprises françaises ont des atouts et des faiblesses propres, ainsi que des opportunités et des menaces qui viennent de l'extérieur. Pour qu'elles soient compétitives et se développent harmonieusement, il faut donc les aider à cultiver leurs atouts, combattre leurs faiblesses, profiter des opportunités et affronter les menaces. C'est exactement l'inverse qui s'est passé depuis les années 1975-1980.

Le « drame » est décrit minutieusement par Dufourcq et commence avec les chocs pétroliers des années 1975-1980 : ils sont traités à cette époque comme des chocs de demande (affectant les budgets des consommateurs) alors qu'ils sont aussi et surtout des chocs d'offre (pesant sur les coûts et la compétitivité des entreprises françaises). De nombreuses petites et moyennes entreprises (PME) sont d'autant plus prises à la gorge qu'au lieu de les aider, on leur impose au même moment une réglementation contraignante (pour freiner les licenciements) tandis que le chômage grandissant, combiné aux nouvelles lois (1975 et 1978) de généralisation de la sécurité sociale à toutes les populations, accentue le coût des dépenses sociales (et donc des cotisations patronales).

Des entreprises compétitives : facteurs explicatifs

Une entreprise est compétitive quand elle parvient à conserver ou gagner des parts de marché (à l'interne ou à l'extérieur du pays) grâce à des prix favorables ou en jouant sur des critères autres que les prix.

Pamir les facteurs tenant à *la compétitivité-prix*, il peut y avoir le coût du travail (qui peut baisser en cas de travail détaché voire de travail non déclaré), les montants de cotisations sociales à la charge des employeurs, le coût des équipements et des consommations intermédiaires, les taux de dividendes exigés par les actionnaires, la fiscalité de la production, le(s) taux de change, le type de relations en amont et en aval au sein des filières (partage de coûts, effets de domination…).

La compétitivité hors prix dépend de nombreux facteurs : dépenses de publicité et capacité à imposer la marque, dépenses d'investissement en R-D et capacité à innover, investissements en formation et capital humain et social, bonne adaptation au type de demande ciblée et bon positionnement et termes de produits et de marques, questions de logistique et d'efficacité du réseau de commercialisation et des services d'après-vente, degré de complexité administrative…

L'année 1981 avec son lot de mesures (cinquième semaine de congés payés, 39 heures, lois Auroux sur le droit du travail, nationalisations, fortes augmentations des charges patronales…) constitue un nouveau choc négatif de compétitivité pour les PME françaises par rapport à ses concurrentes européennes (l'économie n'est pas encore libéralisée au niveau mondial). La solution française est de résoudre une partie du problème de compétitivité-prix par des mesures de contrôle des prix et par des dévaluations successives du franc français (quatre dévaluations en 1981, 1982, 1983 et 1986), alors que d'autres pays européens pratiquent une forte politique de compétitivité hors prix : barrières non tarifaires pour protéger les entreprises nationales, investissements en R-D et montées de gammes, nouvelles spécialisations et appuis aux filières stratégiques. Les autres pays semblent bien inspirés en prévoyant que les solutions « françaises » ne seront bientôt plus possibles et que les politiques keynésiennes d'actions sur la demande (pour influer indirectement sur l'offre nationale) deviendront moins efficaces. Seuls les français semblent ne pas comprendre qu'un double saut dans l'inconnu, « un pari sur le darwinisme » (Dufourcq), se profile : la libéralisation des marchés mondiaux (y compris de capitaux) sous l'influence des Etats-Unis et de la Grande-Bretagne ; la révision des institutions européennes (en 1986) pour faire de l'Europe « un espace sans frontières intérieures dans lequel la libre circulation des biens, des personnes, des services et des capitaux est assurée ».

Le néolibéralisme du monde (sous l'influence des Etats-Unis, du FMI et de l'OMC) et de l'Europe (sous la direction de la Commission européenne et de lobbies influents) est en marche. Curieusement, les gouvernements français ne voient rien venir et s'intéressent peu aux petites entreprises industrielles et agricoles : on parle de concentration défensive et de lutte des grandes entreprises du CAC 40 contre les assauts des multinationales américaines et japonaises. Le tsunami néolibéral déferle sur la France (et sur l'Europe, victime apparemment consentante) à partir des années 1990 : les grands gestionnaires d'actifs (BlackRock est créé en 1988) acquièrent un pouvoir de prédation considérable ; l'accord Clinton-Hu de 2000 et l'entrée de la Chine dans l'OMC en 2001 conduisent à une arrivée massive de grandes entreprises et de PME chinoises en Europe. Les gouvernements français manquent pour le moins de vision stratégique et c'est le moment où ils aggravent les coûts et les conditions d'exercice des PME françaises encore en vie : création de la contribution sociale de solidarité, hausses de cotisations patronales, forte augmentation de la taxe professionnelle dans le cadre de la décentralisation, hausse des taux d'intérêt par une Banque de France devenue indépendante en 1994, tandis que la Commission européenne à la fois ultralibérale et écologiste commence à traquer les aides d'Etat et à imposer des normes coûteuses.

Trois évènements de la phase mitterrandienne ont des conséquences désastreuses sur les décennies suivantes : le moratoire sur la filière nucléaire, l'effondrement du plan machine-outil et l'échec du plan filière électronique.

Premièrement, sous l'influence d'une partie de ses électeurs (et malgré 65% à 70% d'opinions favorables), le gouvernement socialiste de 1981 condamne le programme Mesmer de 1974 du « tout nucléaire » et décide de limiter le développement aux projets de centrales en cours (la dernière est celle de Civaux, adoptée en 1980), plusieurs projets étant même abandonnés sous la pression de manifestants hostiles (Plogoff, Pellerin). Les conséquences sont désastreuses pour l'avenir de la filière (perte de savoir et de savoir-faire, faillite des sous-traitants) et pour l'évolution du coût de l'électricité qui était le plus faible du monde avant que l'on délaisse la filière et que l'on applique les mesures européennes de déréglementation du secteur qui impactent les consommateurs et les entreprises.

Deuxièmement, le plan machine-outil de 1982 implique des aides publiques en faveur d'une remise à niveau technologique et d'un regroupement d'entreprises mais n'atteint aucun de ses objectifs d'autant qu'il est appliqué pendant une période de récession mondiale 1982-1984 et qu'ensuite, au milieu du gué et pour des raisons idéologiques (sous l'impulsion de Alain Madelin), les aides sont supprimées. De plus, la façon d'aider les PME du secteur n'est pas du tout de les regrouper entre elles comme prévu, mais d'obliger artificiellement certaines grandes entreprises nationalisées à les prendre dans leur giron : dès qu'elles l'ont pu, elles s'en sont débarrassées (comme Suez de l'entreprise Intelautomatisme). Les effets sont catastrophiques pour les secteurs français : au lieu de devenir comme l'Allemagne un partenaire apprécié des pays émergents, la France prend du retard dans l'automation et devient dépendante des produits japonais et allemands[301].

Enfin, troisièmement, le plan de 1982-1983 pour la filière électronique ne parvient pas à redresser un secteur qui est pourtant essentiel pour l'ensemble du système productif français[302] et la bataille de la mutation technologique majeure du 20ème siècle est perdue pour longtemps. L'ambition du plan est trop grande : ne pas se contenter de créneaux comme les gouvernements précédents, mais couvrir toute la filière depuis les composants jusqu'aux produits grand public (Laurent Fabius, ministre de l'Industrie, déclare même en 1983 vouloir « faire de la France le troisième pôle électronique du monde »). Or, la réalité est peu conforme aux ambitions. Dans une ambiance qui se dégrade brutalement (d'un excédent commercial de 389 millions de francs en 1981, la filière passe à un déficit de 1,322 milliard en 1983), on doit bien admettre avec Edith Cresson[303] la difficulté à mener simultanément l'aide aux entreprises en difficulté et le soutien aux nouvelles industries. De plus, dans un pays de taille moyenne dont les ménages sont déjà équipés, c'est la demande des grands pays émergents qui peut servir de base à une croissance et c'est le niveau européen qui peut y répondre le mieux : Cresson déplore le « piétinement » des rapprochements entre entreprises européennes face aux leaders américains et asiatiques. Les faiblesses françaises apparaissent au grand jour dans le manque de matière grise adaptée au secteur, l'insuffisance de la recherche-développement (R-D), l'absence de coordination et de synergie entre tous les acteurs (administrations, industries, services, ingénierie, banques, université...) pour réaliser des programmes concrets et innovants.

Les PME françaises commencent à être en retard un peu sur tout : des marges bénéficiaires réduites, un manque d'innovations, une gouvernance à l'ancienne (paternaliste et hiérarchique), des dirigeants qui ne parlent même pas anglais. Arrivent les années 1990 : pendant les grèves de 1995, les syndicats français confirment qu'ils ne sont pas mûrs pour une cogestion à l'allemande ni les français pour une remise en cause de leur système social. Le plan Juppé est retiré, mais ne rien faire n'est pas une solution : le statu quo doit forcément déboucher sur quelque chose dans un sens positif ou dans l'autre négatif.

Ce sera la voie négative pour les PME industrielles qui sera empruntée à la fin des années 1990. Arrive la fameuse loi des 35 heures (rendues obligatoires en 2002) qui handicape les PME plus que les grandes entreprises et quelques secteurs sociaux comme celui de la santé.

Le coup de folie des élites françaises de l'époque est en réalité le suivant : « à partir du moment où nous sommes dans la zone euro, nous n'avons plus besoin de nous préoccuper de défendre le franc et nous pouvons jouir en paix de notre modèle socioéconomique ; pour les règles communes à respecter, on verra plus tard ». On ne sait pas très bien si les 35 heures sont conçues dans l'espoir de réduire le chômage ou dans la perspective de développer une éthique du loisir (« on peut se reposer en vivant du tourisme et d'autres services porteurs et en générant des déficits sans conséquence puisqu'ils sont compensés par les excédents allemands »). La réduction du temps de travail comme contrepartie d'une hausse de productivité à long terme n'a évidemment rien d'utopique en soi, mais l'illusion consiste à penser qu'elle n'entraînera aucun dégât en étant appliquée dans un seul pays dans la mesure où celui-ci accepte de vivre dans un marché européen ouvert et d'être soumis à la concurrence de toutes les entreprises du monde. C'est la goutte d'eau qui s'ajoute à tout le reste et qui fait déborder le vase : hausse des coûts (compétitivité-prix en berne), désorganisation (compétitivité hors prix en déroute). Il faut choisir : fermer la porte ou délocaliser (ou encore vendre à perte à un groupe étranger qui saura dépecer l'entreprise pour son plus grand profit). Désormais la croissance industrielle se fera à l'étranger : là où il est agréable de gérer une entreprise avec des gens qui travaillent et sont de bonne qualité, plus des coûts raisonnables, un environnement de travail non conflictuel et des tracasseries administratives moindres.

Pendant ce temps, l'Allemagne réunifiée pratique la politique inverse qui portera ses fruits pendant de longues années. Au coup de folie français, répond *le coup de fouet allemand*. Les allemands rêvent de réaliser ce qu'ils appellent « le second miracle allemand » après celui de la reconstruction d'après-guerre et des trente glorieuses : se retrousser les manches et rendre les entreprises industrielles allemandes (dont les PME) compétitives à long terme. Un effort collectif accepté par tous les partenaires sociaux est forcément juste et efficace : avec des aides de l'Etat, on modère les hausses des rémunérations salariales ainsi que celles des dividendes pour permettre aux marges bénéficiaires d'être élevées et consacrées à des investissements productifs matériels et immatériels : la robotisation, l'intelligence artificielle, la R-D, la montée en gamme, la formation de haut niveau, la conquête des marchés étrangers. La modération salariale est favorisée par la dynamique du marché du travail qui profite aux deux conjoints d'un ménage, par la baisse des prix (notamment de l'immobilier) et par la fiscalité incitative. Faites le constat vous-même : en 2021, l'Allemagne a un excédent commercial de 181 milliards d'euros, pendant que la France a un déficit de 110 milliards.

Deux moments forts interrompent le processus sans pour autant parvenir à l'inverser.

D'abord, en 2009, le président Sarkozy installe une commission présidée par Alain Juppé et Michel Rocard et chargée d'identifier les priorités nationales qui seront intégrées dans un programme d'investissements d'avenir (PIA). Ainsi démarre en 2010 le PIA 1 de 35 milliards d'euros qui sera suivi par un PIA 2 de 12 milliards en 2014, un PIA 3 de 10 milliards en 2017. Les secteurs concernés évoluent peu au fil du temps : enseignement supérieur et recherche, transition énergétique, numérique, biotechnologies, véhicules du futur, modernisation des entreprises.

Ensuite, en 2012, Arnaud Montebourg, devenu ministre du redressement productif, prône le retour d'un « patriotisme industriel ». Le mot d'ordre est « cela ne peut plus continuer car on va droit dans le mur » : même la campagne présidentielle est polluée par de nouvelles fermetures d'entreprises (Lejaby, Serbam...). Sans parler de la tristesse de voir tous les fleurons industriels s'effondrer : Pechiney avalé par le canadien Alcan puis démantelé, Arcelor absorbé par l'indien Mittal, Alcatel par le finlandais Nokia, Lafarge par le suisse Holcim, les Chantiers de l'Atlantique par le sud-coréen Shipbuildind, Technip par l'américain FMC, etc. Le rapport Gallois de novembre 2012 est catégorique « la cote d'alerte est atteinte ». Dans le domaine du machinisme agricole, les principaux fabricants français ont disparu (moissonneuses-batteuses Braud, ramasseuses-presse Rivière-Casalis, tracteurs Renault). Idem pour le matériel d'imagerie médicale et pour les machines-outils. A sa façon, quelques années plus tard, Jacques Julliard[304] résume la situation : « Les mondialisateurs se sont conduits comme des bradeurs ».

Il est un débat qui mériterait de faire l'objet d'une animation dans les cours d'économie de tous les lycées de France : celui de 2012 entre Louis Gallois[305] et Attac[306] pour deux raisons, à savoir que les deux rapports sont totalement opposés et que tous les deux sont d'un niveau intellectuel appréciable. Chacun est ancré dans son entre-soi idéologique qui est à la fois une forme de confort et de manque d'ouverture. Prenez les trois composantes du développement durable : économique, social, environnemental. Imaginez (option Gallois) que vous privilégiez l'économique (donc la croissance économique illimitée) à n'importe quel coût social et environnemental, ou bien (option Attac) que vous choisissez l'environnemental (donc la décroissance économique pour réduire l'empreinte nationale) à n'importe quel coût économique et social.

Pour avancer dans le débat, le lecteur peut se poser une question toute simple dont auraient dû partir Gallois et les sept rédacteurs du rapport Attac : sur un marché parisien, vous voyez côte à côte un produit F fabriqué en France et le même produit E arrivé de l'étranger. Lequel achetez-vous et pourquoi ? Avez-vous comme critère de choix le prix, la qualité, la solidité, le type de gamme, la réputation, le service après-vente, la possibilité de réparation, la façon (propre ou sale) dont il a été produit, la fibre nationale… ?

Le titre du rapport Attac est trompeur : « en finir avec la compétitivité ». D'ailleurs, au cours de l'argumentaire, on ne parle que de facteurs de la compétitivité. En réalité, quand les rédacteurs du rapport Attac s'en prennent à la compétitivité, il faut lire à travers les lignes : ils critiquent la focalisation de nombreux économistes néolibéraux sur un seul facteur (le déficit de compétitivité-prix dû à un coût du travail trop élevé) et sur une seule obsession : gagner des parts de marché à l'exportation. Les experts d'Attac ont évidemment en partie raison sur les deux points, mais cela doit-il conduire à nier toute responsabilité des coûts salariaux ou la nécessité d'avoir quand même quelque chose à exporter au niveau industriel ou agricole ? Au-delà de des deux constats, il reste notre question centrale : n'a-t-on pas besoin d'un choc multifactoriel de compétitivité pour que les acheteurs français privilégient le produit A fabriqué en France (ou, pire quelques années plus tard, pour qu'il existe des produits A disponibles sur le marché français) ?

La lecture antilibérale de Gallois est déformante parce que Gallois n'est pas néolibéral, mais il a un premier tort (nous allons lui en trouver d'autres par la suite) : lui qui travaille sous l'autorité d'un gouvernement socialiste admet se situer dans la lignée des rapports Attali de la période précédente. Ce sont ces rapports (surtout celui de 2010) que les rédacteurs d'Attac ont en réalité en point de mire. Le rapport Attali de 2010[307] est le deuxième rapport établi par une Commission créée en 2007 par Nicolas Sarkozy (qui veut « aller chercher la croissance avec les dents ») et comprenant un nombre pléthorique de membres (dont le jeune Emmanuel Macron). Le rapport Attali est sidérant par sa suffisance (il compte « changer la France » alors qu'il sera rapidement enterré comme nombre de rapports similaires), sa volonté de tout couvrir (pas moins de 314 propositions) et le manque d'approfondissement de certaines des propositions.

Les six mesures phares du rapport Attali de 2010 pour « libérer la croissance française » sont les suivantes : 1) réduire les dépenses publiques (non-remplacement d'un fonctionnaire sur deux ; baisse des prestations sociales et des allocations familiales, déremboursement de médicaments, blocage relatif des salaires et des retraites) ; 2) renforcer la compétitivité en transférant une partie des cotisations sociales sur la TVA et en faisant évoluer le système vers une flexisécurité à la française (concrètement, davantage de droit à la formation et moins de droit aux allocations-chômage) ; 3) améliorer la qualité de l'éducation de la maternelle à l'université en donnant plus d'autonomie aux établissements et en instaurant de la concurrence entre eux ; 4) accroître l'immigration de travail au profit des entreprises françaises ; 5) ouvrir un chantier sur l'environnement notamment en instituant une taxe carbone ; 6) renforcer le pacte européen de croissance et de stabilité : autrement dit, l'ensemble des critères restrictifs que les pays de la zone euro s'engagent à respecter notamment en matière d'inflation, de déficits et de dettes, ainsi que des sanctions en cas de non-respect. Quand vous lirez le chapitre suivant sur les programmes néolibéraux imposés par le FMI aux pays pauvres, vous vous direz : « tiens, il y a comme un air de déjà vu » (et vous penserez au rapport Attali). Présentement, vous pouvez adhérer au jugement des rédacteurs du rapport Attac : « tiens, il y a comme un air de ressemblance avec ce que proposent les patrons du Medef ».

Le choc de compétitivité préconisé par Gallois est d'une toute autre envergure. Il prend en compte tous les facteurs de la compétitivité-prix et de la compétitivité hors prix (voir notre tableau explicatif présenté plus haut) et il pourrait se mettre d'accord avec les rédacteurs Attac sur un point majeur du débat : *pour financer les dépenses qui mettraient fin au déficit de compétitivité hors prix, il faut accroître les marges bénéficiaires des entreprises à la condition qu'elles soient consacrées aux investissements productifs*, ce qui revient à demander un effort de modération des hausses des dividendes, effort qui rompt avec la situation passée (et qui n'est pas si facile à mettre en œuvre quand les propriétaires sont des gestionnaires d'actifs internationaux et des détenteurs de capitaux fluctuants). Naturellement des marges doivent aussi être créées au niveau des budgets publics pour participer, à leur niveau de responsabilité, au financement de ce qui constitue bien le problème majeur français : la compétitivité hors prix « qui renvoie à la qualité des produits, leur fiabilité, leur degré d'innovation technologique, l'adaptation à la demande, les délais de livraison… » (nous citons volontairement le rapport Attac). En même temps, contrairement au dit rapport, on ne peut pas raisonnablement éviter le constat sur l'autre problème incontournable : celui du poids des charges sociales qui pèsent sur le coût du travail pour les entreprises françaises. Réduire les cotisations sociales à la charge des employeurs ne constitue en rien une régression sociale si la baisse est compensée à la virgule près par d'autres ressources. Le débat reste ouvert sur le type de ressources : une TVA (qui frappe proportionnellement davantage les plus pauvres, mais qui a l'avantage formidable de toucher aussi les produits étrangers contrairement aux cotisation sociales), une augmentation de la CSG, des impôts sur les revenus des plus riches, des prélèvements sur les revenus du capital.

Faisons le point en ce qui concerne notre choix délicat entre le produit F et le produit E : grâce aux dépenses de compétitivité hors prix (qui permettent ce que Gallois appelle « la nécessaire montée en gamme de l'industrie française »), les deux produits ont le même niveau de qualité et d'attractivité ; si les cotisations sont remplacées par la TVA, le prix du produit E remonte tandis que celui du produit F baisse. D'où viennent encore les différences ? Si le produit E arrive d'un pays hors zone euro, il existe alors un troisième facteur décisif : celui du taux de change. Si l'euro est surévalué, cela handicape les produits français et il faut logiquement militer au sein de l'Union européenne pour rétablir un niveau correct. Soulignons une quatrième différence possible entre le produit F et le produit E : la responsabilité sociale et environnementale des entreprises françaises qui peut se traduire par des coûts et donc par un prix plus élevé du produit F. On a alors deux solutions : soit tabler sur la responsabilité des consommateurs qui choisissent le produit F pour de bonnes raisons autres que son prix, soit mettre à la frontière une taxe protectrice contre les produits qui ne respectent pas leurs engagements sociaux et environnementaux. Enfin, dernière différence possible entre les prix des deux produits : les coûts des consommations intermédiaires et des équipements qui ont été nécessaires à la production. D'une part, cela rejoint le thème précédent pour les produits achetés à l'étranger. D'autre part, il y a le problème sur lequel Gallois insiste avec raison : les prix de l'énergie et des transports devraient être suffisamment bas pour favoriser le produit F. Là, il y a une incompréhension totale entre Gallois et Attac : d'un côté, Gallois semble espérer une réindustrialisation à l'américaine sur la base des gaz de schiste dont la France possède des gisements conséquents mais dont les techniques d'exploitation actuelles sont nocives au plus haut point ; de l'autre côté, les rédacteurs d'Attac restent figés dans leur vieille hostilité au nucléaire dont les bienfaits économiques sont pourtant évidents avec des effets environnementaux et climatiques minimes par rapport aux autres sources d'énergie.

Sur le choc de compétitivité en faveur du produit F, on peut relever une convergence entre de nombreuses mesures préconisées par Gallois : la poursuite de dispositifs comme celui du crédit impôt recherche, les incitations ou subventions aux petites entreprises innovantes, la sanctuarisation du budget de la recherche publique, la valorisation de la formation répondant aux besoins de l'industrie (on pense à l'enseignement professionnel et technique), le développement des possibilités de financement pour les entreprises, l'amélioration du dialogue social et la participation des salariés aux décisions, la structuration des filières et l'encouragement à la solidarité entre les acteurs au sein des filières (à l'exemple des pôles de compétitivité avec mutualisation de nombreux services), des actions spécifiques envers les PME (à l'image du très ancien « Small Business Act » américain). L'insistance admirable du rapport à mettre l'accent sur la défense d'un tissu industriel des 160.000 PME françaises (plus les 4,3 millions de microentreprises) a presque quelque chose d'iconoclaste dans un pays où toutes les attentions sont tournées vers quelques grandes entreprises du CAC 40 dont les profits sont faramineux, mais qui contribuent peu au bien commun, tandis que leurs leaders sont classés parmi les plus grandes fortunes du monde et participent activement à tous les déplacements des chefs d'Etat (y compris aux COP annuelles).

En conclusion sur ce riche débat, on peut souligner l'importance de deux raisonnement supposés évidents parce que « arithmétiques » des experts d'Attac.

Le premier raisonnement est trop souvent oublié : dans le monde, par définition, la somme des exportations égale la somme des importations et donc, si un pays a un excédent, c'est que forcément un ou plusieurs autres pays ont des déficits. La première conséquence utile de ce constat est la suivante : si l'on met l'accent sur la résorption des déficits (par la compression des dépenses) plutôt que sur la réduction des excédents (par la relance de la demande dans le pays excédentaire et l'ouverture à l'extérieur), on aboutit à une récession mondiale. La deuxième conséquence s'applique à l'Union européenne sachant que plus de 60% du commerce international des pays européens est intra-européen : si la concurrence est entre des produits de même type, la conquête des marchés aboutit à créer un climat délétère (gagnant/perdant) et l'Europe ne pourra progresser que si l'esprit de coopération devient un contrepoids suffisant à l'esprit de compétition (face aux géants américains et asiatiques).

Le second raisonnement des experts d'Attac est lui aussi imparable mathématiquement, mais ils s'en servent pour justifier leur vision d'une France décroissante et heureuse qui est tout à fait discutable. Le fait arithmétique est imparable : à niveau de production égal, la réduction du temps de travail et le rejet du productivisme et de la robotisation permettent de donner du travail à tout le monde. Ainsi, disent-ils, l'avenir de l'emploi « serait mieux assuré dans une société soutenable débarrassée de l'obsession de la croissance compétitive » et le tout sans une baisse « néolibérale » des coûts salariaux et sans un protectionnisme unilatéral qui ne servirait qu'à « protéger les capitalistes nationaux de la concurrence étrangère ».

D'abord, ce n'est pas si simple : il faut faire l'hypothèse que les compétences des travailleurs correspondent aux offres d'emplois.

Ensuite et surtout, les auteurs, conscients de la difficulté du projet, reconnaissent qu'il faudrait à la fois une « planification démocratique » dans chaque pays et, sur le plan mondial, « un nouvel ordre économique international alternatif à la compétitivité », autrement dit, en langage non codé, que tous les pays du monde passent de « capitalistes » à « socialistes ».

Pour le moment, restons réalistes et revenons une dernière fois sur notre produit F : si, au même niveau de salaire, on partage le travail avec 20% de salariés en plus, son prix explose et les consommateurs achètent le produit E, ce qui implique que tous les salariés deviennent chômeurs. Même si le pays atteint une autonomie maximale sans souci de compétitivité et sur la base de produits essentiels simplistes et non polluants pour « vivre mieux avec moins », il reste la question non résolue : que va-t-il réussir à exporter pour compenser les importations des biens et services qui restent nécessaires à une production même minimaliste ?

Les mêmes problèmes touchent les secteurs de l'agriculture et de la pêche avec quelques décennies de retard. L'autonomie alimentaire de la France a longtemps été considérée comme un acquis indéboulonnable car reposant sur quelque chose de non délocalisable : la plus grande surface agricole utile de l'Union européenne (30 millions d'hectares) et la deuxième puissance océanique mondiale (10,2 millions de kilomètres carrés et 18 000 kilomètres de littoral). A partir du début des années 2000, il faut déchanter : la perte de parts de marchés augmente inexorablement. Le solde commercial agricole positif se réduit de moitié à cause de la stagnation des exportations et d'une forte hausse des importations avec des réalités contrastées selon les filières. La France passe alors du rang de deuxième pays exportateur mondial à celui de sixième et en Europe de premier à troisième (derrière les Pays-Bas et l'Allemagne). Pour les produits de la pêche et de l'aquaculture, la France n'est que 24ème exportateur mondial et connaît un déficit commercial annuel de l'ordre de 4 à 5 milliards d'euros.

Pour les chiffres ci-dessus, nous nous appuyons sur l'excellent rapport réalisé en 2021 par Pascale Boyer et Julien Dive[308], rapport qui présente les causes du déclin et qui offre les solutions. On retrouve logiquement les mêmes facteurs de compétitivité-prix et de compétitivité hors prix avec en plus trois problèmes spécifique aux filières agricoles : un problème humain considérable (crise de vocation, situations nombreuses de détresse et taux de suicide le plus élevé de France : 2 par jour, difficultés à trouver des saisonniers), un problème environnemental (s'adapter aux changements climatiques, réussir la transition agroécologique) ; un problème industriel (forte dépendance par rapport à ce qui se passe en amont et en aval : industries de biens d'équipement et d'intrants, industries agroalimentaires). De surcroît, les agriculteurs français sont asphyxiés par des normes rigides (les normes écologiques françaises sont parmi les plus contraignantes du monde) et par la concurrence déloyale d'agriculteurs de pays moins exigeants.

Le défi lancé par Boyer et Dive est très clair : « bâtir une stratégie pour reconquérir notre autonomie alimentaire ». Les actions à mener sont nombreuses : bâtir des filières plus offensives, assurer un jeu concurrentiel à armes égales face aux productions étrangères, tirer la demande pour les produits français, pérenniser les soutiens aux investissements en faveur de la transition agroécologique, avancer sur les enjeux de recherche et de sélection variétale, encourager le déploiement des projets alimentaires territoriaux et les circuits de proximité, refonder le lien entre agriculture et société et faire émerger une nouvelle génération de d'agriculteurs (un enseignement agricole attractif, des exploitations plus compétitives et plus rémunératrices…).

Dans l'après-Covid, une croissance économique passagère est au rendez-vous, mais on en est toujours au même point : il faut « stopper la menace de déclassement de l'économie française par rapport aux grandes économies occidentales ». La crise a révélé sinon accentué les défaillances françaises : désindustrialisation, dépendance alimentaire et sanitaire, perte d'autonomie énergétique, manque de recherche et d'innovation, crise scolaire, inefficiences publiques, déficits publics et extérieurs, inégalités, chômage, emplois précaires… Les enquêtes successives d'Ipsos « Fractures françaises » (jusqu'à celle de septembre 2023) révèlent une société désenchantée au sein de laquelle les français estiment à 82% avoir besoin d'un chef stratège pour mettre de l'ordre et pour redresser le pays, la plupart des personnes (notamment celles de la périphérie) se repliant sur une citoyenneté de proximité et mettant leur confiance sur les maires, associations et PME de voisinage.

La renaissance française

Lorsqu'un pays est décroché, il doit demander des efforts à tous ses concitoyens pour redresser la barre et pour passer du « coup de folie » au « coup de fouet ». La transition ne peut inverser le processus que si elle est accompagnée de chocs déclencheurs et mobilisateurs de relance des activités économiques innovantes. Il faut « retrouver ensemble le sens du progrès » (France Avenir) et se donner quelques grands objectifs partagés par tous avec des indicateurs de performance et un système de suivi-évaluation.

On attendait beaucoup des travaux de la Commission présidée par Olivier Blanchard et Jean Tirolle « Les grands défis économiques » (juin 2021). En réalité, les experts n'abordent pas de front la problématique du redressement français et expriment seulement des avis de bon sens sur les trois domaines qu'ils abordent : sur le climat, ne pas définir des taxes carbone élevées sans se préoccuper des perdants et sans un ajustement carbone aux frontières ; sur les inégalités, traiter de concert l'égalité des chances, l'équité de la fiscalité et la qualité des emplois disponibles ; sur la démographie, aller au-delà d'une simple réforme des retraites en posant les problèmes de l'emploi des seniors et de l'intégration des immigrés sur le marché du travail.

Il manque encore à la France une vision d'ensemble qui justifierait le fait que chacun soit prêt à des efforts pour le bien commun à la façon du coup de fouet allemand.

Imaginons que le redressement français soit bâti autour de quelques chantiers comme suit :

Relever les défis majeurs

Défi climatique : neutralité carbone et réduction de l'empreinte du pays
Défi technologique : être en permanence à la frontière technologique
Défi démographique : tenir compte du vieillissement et de l'immigration

⇩

Réaliser les grands investissements

Recherche-développement, capital humain (formation, santé), capital social, infrastructures vertes, innovations technologiques et emplois

⇩

Résoudre les trois problèmes clés

Entreprises : les problèmes de compétitivité
Etat : les problèmes de solvabilité
Ménages : les problèmes de pouvoir d'achat

⇩

Atteindre l'objectif

Un bien-être durable pour la population

En route pour *le coup de fouet français* !

Premièrement, un gouvernement fort qui s'appuierait sur un schéma tel que celui qui vient d'être décrit et qui prendrait à bras le corps les douze travaux énumérés (dans la lignée du patriotisme économique engagé en 2012) serait plébiscité par la majorité des français.

Deuxièmement, chacun est prêt à mener des efforts à condition que les autres fassent de même. Encore faut-il que chacun ait conscience que les efforts servent à quelque chose : les responsables doivent être plus explicites sur le « pourquoi », le « comment » et le « pour aller où ? ». Le point qui agite aussi les esprits est le suivant : il y a tellement de choses qui vont mal que personne ne sait plus où donner de la tête. Une vision claire permet à tous de reprendre leurs esprits.

Troisièmement, dans un raisonnement de cadre logique, même s'il existe des priorités, on doit éviter une fragmentation des interventions et une approche parcellaire des solutions. Toutes les actions doivent être considérées comme interdépendantes et toutes aussi nécessaires les unes que les autres.

L'objectif stratégique de haut niveau est évidemment celui du bien-être de la population avec des indicateurs pour chaque composante : le défi qui en vaut la peine est celui de *(re)devenir l'un des pays du monde où l'on vit le mieux* (sur la base de nos indicateurs de bien-être)

Être un pays où l'on vit bien doit valoir pour tout le monde et suppose que l'on s'intéresse vraiment (une fois pour toutes) au bien-être des 5 millions de personnes qui habitent les 1.400 quartiers urbains les plus défavorisés du pays avec une prise en compte coordonnée de tous les enjeux éducatifs, linguistiques, culturels, sécuritaires, économiques et sociaux : résorber les inégalités avec le reste du territoire, valoriser et récompenser les projets innovants, générer des co-récits qui parlent d'intégration et de réussite plutôt que de ghettoïsation et de stigmatisation. Bien évidemment, s'occuper des quartiers urbains sensibles n'exonère pas de prêter attention à toutes les zones rurales et périurbaines moins visibles et moins revendicatrices, mais parfois tout aussi défavorisées. Naturellement, comme tout est lié, il s'agit de réinvestir dans le capital humain, le capital social et les infrastructures. Nous avons placé les dépenses d'infrastructures comme une priorité : il faut en finir notamment avec la crise du logement. Repenser la politique du logement s'inscrit dans une démarche d'aménagement du territoire avec ses aspects environnementaux (réduire la progression de l'artificialisation du territoire) et sociaux (accroître la mixité sociale), impliquant une connexion avec la politique des transports et avec la politique fiscale (foncière et immobilière). Mixité sociale et partage de valeurs et d'activités sont indissociables et portent aussi bien sur les relations entre le peuple et les élites que sur celles entre les parties séparées du peuple (quartiers urbains, périphéries, zones rurales).

La solvabilité de l'Etat, la compétitivité des entreprises et le pouvoir d'achat des salariés sont trois éléments indissociables. Se retrousser les manches à la façon allemande, c'est admettre qu'avec l'appui des pouvoirs publics, les patrons et les actionnaires d'une entreprise font au moins autant d'efforts que les salariés pour assurer la pérennité de l'entreprise et l'existence de profits consacrés aux dépenses de R-D et aux investissements productifs. Il revient à l'Etat de faire sa part de travail sous peine de finir par faire des politiques déflationnistes et de tomber dans une forme de sous-développement puis de succomber à des régimes populistes.

La solvabilité d'un Etat exige des réformes structurelles qui favorisent l'activité et l'emploi au détriment de la rente et de la spéculation. Les trois grands facteurs qui peuvent faire douter les observateurs de la solvabilité d'un Etat sont la fragilité du système économique, le risque d'instabilité politique ou institutionnelle, le poids excessif de la dette publique : commence alors un cercle vicieux qui passe par une méfiance croissante des agences de notation et par un coût plus élevé des nouveaux emprunts. On est arrivé à ce stade en France : un système industriel et agricole démantelé, des institutions en perte de vitesse et dont la stabilité dépendra des résultats des élections à venir, une dette publique égale à 112% du PIB (soit le double de l'Allemagne et le quadruple de pays comme la Suède ou le Danemark), des perspectives alarmantes de la part des agences de notation (la France ayant déjà perdu son triple A depuis une dizaine d'années).

Tous les facteurs-prix et non-prix de la compétitivité des entreprises sont évidemment à prendre en compte, mais, par rapport à des pays voisins à salaires élevés, trois éléments sautent aux yeux : les impôts sur la production sont trop élevés, les équipements sont trop anciens (faible rotation du capital), tous les outils modernes et performants doivent être importés. Naturellement, tirer sur l'une des trois ficelles mène à tout l'ensemble du puzzle.

Si vous réduisez les impôts sur la production, vous posez un problème immédiat pour les ressources des collectivités locales, mais cela doit justement être l'un des chantiers majeurs de la solvabilité publique : il faut avoir le courage de démanteler le « mille-feuille administratif » dans une optique d'efficacité et d'efficience. Soyons réalistes (et les décideurs moins hypocrites) : il ne sert à rien de réduire le nombre des régions voire de supprimer les départements si le nombre d'élus ou de salariés reste le même et si les tâches ne sont pas rationalisées ; il est inutile de créer des échelons intercommunaux coûteux si le but n'est pas de réduire le nombre de communes et d'employés communaux et d'atteindre une taille critique pour gérer optimalement les investissements lourds et les problèmes locaux (la France compte 35.000 communes pour 68 millions d'habitants, à comparer avec l'Allemagne : 10.800 communes pour 84 millions d'habitants, ou l'Italie : 7.900 communes pour 60 millions d'habitants).

Il s'agit d'un problème plus vaste qui touche à l'efficience même des services publics : il y a trop de fonctionnaires dans certains secteurs et pas assez dans d'autres et surtout il y a trop de temps de fonctionnaires consacré à des tâches « inutiles » (administratives, juridiques, etc.), ce qui fait s'emballer le système. N'oublions pas aussi les fonctionnaires sans affectation dont le nombre n'est pas connu (sur les préfets, le chiffre révélé en 2015 avait fait scandale : 128 préfets sans affectation contre 127 préfets en poste).

Le mille-feuille est aussi celui des normes (écologiques), des aides (budgétaires) et des réunions (interservices) qui se multiplient et qui conduisent à recruter de nouveaux fonctionnaires qui eux-mêmes génèrent de nouvelles normes (ou règlements), aides (ou subventions ou exonérations ou niches fiscales) et réunions (ou séminaires) selon un processus qui est à l'opposé du double principe de simplification et de subsidiarité (les échelons locaux doivent aussi passer beaucoup de temps à « digérer » toutes les réglementations et propositions qui viennent de l'échelon européen). Pour citer un exemple, on est arrivé aujourd'hui à un total de plus de 2.000 aides financières disponibles pour les entreprises (sans parler des 400.000 normes, 320.000 articles de lois et 130.000 décrets dont dispose le pays). On peut aussi regretter que 20 % des personnels administratifs des hôpitaux soient des personnels soignants détachés à plein temps ou que plus de 32.000 enseignants n'enseignent pas[309].

Défis et investissements doivent être abordés de pair.

Le défi climatique va de pair avec une réindustrialisation verte dans la mesure où l'indicateur majeur de succès doit être l'empreinte écologique de la France plus que la simple réduction de son CO2.

Le défi technologique consiste à rejoindre le groupe des pays leaders de l'innovation dans le monde : si les dépenses de R-D doivent augmenter, il s'agit aussi de viser la frontière technologique et d'être à la pointe du progrès à la fois pour les technologies générales et pour les technologies vertes. Dans le cadre de la sortie du monde fordiste et de la nouvelle révolution technique, les experts considèrent qu'il y a un boulevard à prendre en urgence : « il y a plein de secteurs qui ne sont pas, ou plutôt pas encore, occupés par la Chine, les Etats-Unis ou l'Allemagne. A nous de savoir les identifier, et de porter nos efforts sur ces secteurs » (Max Blanchet[310]). Dans cette optique, les aides publiques ne doivent pas viser la survie de productions désuètes ou carbonées, mais l'éclosion de productions d'avant-garde et décarbonées. Le 21ème siècle est un monde nouveau avec des technologies et des produits nouveaux : s'il faut sans doute relocaliser des productions en France dans des secteurs jugés stratégiques ou critiques, la réindustrialisation doit surtout être fondée sur la localisation de nouvelles activités industrielles et la question est donc de savoir lesquelles. Une base industrielle solide dans un monde en transition écologique implique de combiner les nouvelles technologies générales et vertes, autrement dit d'intégrer les politiques écologiques et les politiques industrielles. Cela est facile par certains côtés (concilier les transformations numériques et environnementales de l'industrie[311]), mais l'est moins par d'autres (choix de sites sans artificialisation des sols, besoins en matières premières…). La stratégie française doit aussi prendre en compte celles des autres pays qui pour la plupart sont revenus à une forme de nationalisme des ressources et des marchés et qui tentent d'acquérir un leadership sur les mêmes domaines d'avenir (la microélectronique, l'hydrogène, les véhicules du futur…).

Concernant la priorité des priorités, les experts et tous les français sont d'accord. Artus et Virard l'expriment clairement : « formation et compétences, la mère des batailles ». L'enquête Harris de 2021 montre que, pour les français, le déclin est illustré en premier par l'abaissement du niveau scolaire des élèves avant même les déficits ou les délocalisations. On parle bien sûr ici essentiellement des écoles publiques (pour l'année scolaire 2021-

2022, 86,6% des élèves). Comment espérer remonter à la frontière technologique et réindustrialiser le pays si peu de jeunes ont des compétences scientifiques et si beaucoup de jeunes savent à peine lire et écrire en français et anglais (et presque un jeune adulte sur cinq sans qualifications selon Eurostat). Les experts d'Attac avaient qui plus est en partie raison : il faut cesser de courir après une réduction des coûts salariaux à la façon des pays en développement car les déficits commerciaux se creusent essentiellement par rapport à des pays (notamment européens) à coûts salariaux élevés et on revient une fois de plus à un déficit de compétences qui est partie prenante de la compétitivité hors prix. Certes, les nouveaux programmes d'investissements d'avenir (batteries, hydrogène, nucléaire, biotechnologies, semi-conducteurs, santé, agro-alimentaire…) sonnent un réveil français, mais il reste à attaquer frontalement le problème des compétences comme base de la compétitivité des entreprises françaises et de l'amélioration du pouvoir d'achat des salariés. Parler de compétences, c'est parler de recherche, d'innovation, de créativité, d'adaptations aux nouvelles technologies (robotisation, intelligence artificielle…). En caricaturant le paysage, le choix est entre le paquet de l'abondance (salaires élevés, compétences toujours accrues, niveaux de gammes maximaux) et le paquet de la survie (salaires réduits, compétences médiocres, niveaux de gamme les plus bas). En plus, le déclin exprime le fait que vous passez du premier paquet au deuxième : les gens habitués aux premières places ne veulent pas des dernières et refusent de prendre les emplois disponibles (mal payés, pénibles, précaires), d'où de nombreux emplois non pourvus (300.000 emplois).

En matière d'éducation, les réformes se suivent et parfois se contredisent en fonctions des préférences ministérielles et on attend toujours le grand « choc des savoirs » pour « élever le niveau scolaire » (qui est l'ambition du ministre Gabriel Attal en 2023). La simplification des programmes du primaire, la fin du tabou du redoublement, la création de groupes de niveau en français et en mathématiques au collège font partie de la nouvelle réforme et vont dans le bon sens.

Claire Lefebre résume tous les facteurs qui expliquent « les résultats affligeants du système éducatif français » (Le Point, 07 décembre 2023). Le problème central est que les compétences des enseignants eux-mêmes sont moins bonnes et que les moins bons (ou moins expérimentés) des moins bons sont affectés aux zones difficiles. Le métier d'enseignant est passé de la catégorie des métiers les plus valorisants à celui des plus dévalorisés : conditions d'exercice difficiles, salaires trop bas, manque de reconnaissance de la société, perte de liberté de parole, risques de violences de la part d'élèves ou de leurs parents. En plus, beaucoup de français attendent des enseignants qu'ils restent quand même des héros (des « hussards de la République ») : des personnes capables de garder les « Lumières » allumées quand ils risquent la « cancellation » voire la mort lorsqu'ils osent simplement faire écouter un extrait d'un requiem de Mozart, regarder le David de Michel Ange, lire Voltaire ou Flaubert, ou observer une caricature religieuse. Les candidats se font rares au point que dans certaines académies la barre d'admission pour le concours au premier degré est abaissée à 5,45 sur 20 et les rectorats recourent à des contractuels (recrutés à bac + 3) sans vraie formation (au métier) pour le second degré. L'étonnante consigne appliquée au recrutement des enseignants (ne pas sanctionner l'orthographe) ne peut qu'avoir ensuite des effets délétères sur le niveau des élèves. Au nivellement par le bas des nombreux nouveaux enseignants recrutés, correspond le nivellement par le bas des élèves à tous les étages sous couvert de ne laisser personne sur le bas-côté et de faire réussir tout le monde aux examens (autour de 90% d'admis au bac), sans parler de la reproduction des stéréotypes patriarcaux (les filles sont destinées à des études littéraires ou artistiques). Le déclin a probablement commencé à la fin des années 1980 quand l'enfant a été placé au centre de l'école et supposé « construire ses propres savoirs » et rejeter les méthodes pédagogiques anciennes. Si les exigences baissent, cela implique que les élèves les plus performants baissent aussi de niveau par rapport aux élèves très performants des autres pays, ce qui est le cas et cela explique aussi que, contrairement à d'autres pays, les établissements privés sous contrat gagnent des élèves chaque année. Par rapport aux autres pays, l'ambiance scolaire de nombreux établissements publics (faite d'absence d'autorité et de respect des règles, de bruit, d'agitation, de menaces) a deux effets notoires : d'une part une sorte d'épuisement des enseignants (fatigue, burn-out, absentéisme, démission), d'autre part beaucoup de temps consacré à rétablir un climat disciplinaire qui est, selon les enquêtes, l'un des moins sereins d'Europe avec, par ailleurs, des élèves qui se plaignent de n'être pas respectés et de recevoir peu de soutiens de la part de leurs professeurs. Pour finir, un problème typiquement français est aussi l'absentéisme des enseignants qui est souvent provoqué par leurs obligations institutionnelles : formations, participation à des jurys d'examen, fermeture des établissements en vue des épreuves du brevet ou du bac.

Sur la recherche, on ne peut pas non plus continuer comme si de rien ne se passait : au dernier appel d'appel d'offres lancé par le Conseil européen de la recherche pour attribuer des financements à l'élite de la recherche européenne, la France qui était auparavant deuxième se retrouve en queue de peloton. En mai 2022, le biologiste Jean-Marc Egly nous alerte : « il faut réagir maintenant ou jamais »[312]. Il est plus que temps : « dépassée par ses concurrents en termes de productivité scientifique, la France voit son modèle miné de l'intérieur, dessinant une trajectoire qui l'éloigne toujours plus de son rang historique » (David Larousserie[313]). « Décrochage rapide depuis quinze ans », écrivaient, pour qualifier la situation française, les auteurs d'un des rapports destinés à nourrir la loi de programmation pour la recherche (LPR), votée fin 2020. En plus, Agénor Lahatte et Frédérique Sachwald[314], observant la dynamique comparée des publications scientifiques des pays depuis 2010, montrent que la France est trop modérément engagée dans les domaines en forte croissance à l'échelle mondiale (intelligence artificielle, informatique...).

Se remettre sur les rails de l'excellence, c'est d'abord en faire une priorité politique (ce qui n'est pas forcément le cas : rehausser l'importance de la science dans les écoles et auprès des familles, c'est aussi la rehausser auprès de la classe politique), et c'est ensuite mener des réformes vigoureuses pour que l'enseignement soit de bonne qualité (ce qui est un préalable à une bonne recherche), que le statut des chercheurs soit revalorisé et que le nombre de doctorants augmente à nouveau, que les dotations publiques soient conséquentes en fonction de critères précis et consensuels de performance, que les dysfonctionnements administratifs n'entravent plus les efforts de recherche. Le problème mis à jour avec le fameux vaccin Covid lui est antérieur comme d'ailleurs tous les autres problèmes : « avons-nous financé correctement la recherche sur les vaccins à ARN et les agents antiviraux depuis la première crise du SRAS de 2003 ? Non » ; « la coopération public-privé dans le domaine de la recherche a-t-elle des failles ? Oui » (tribune de quinze membres de l'Académie des sciences, Le monde, 19 octobre 2021). Pour que la France ne soit plus « un pays de seconde zone dans les secteurs de haute technologie et à haute intensité en R-D », l'économiste Pierre-André Buigues[315] fait deux propositions tirées de l'expérience allemande : la dépense en R-D par habitant devrait augmenter de 50% (passer de 800 euros à 1200 euros) ; les grands groupes n'ont pas besoin d'un crédit d'impôt pour financer leur R-D et les aides publiques devraient être destinées massivement aux petites entreprises innovantes (notamment aux start-up).

Le défi démographique est à mettre en relation avec l'emploi et avec les politiques liées au capital humain (éducation, santé). Du point de vue de l'emploi, un choc de compétitivité est possible : durée du travail, taux d'emploi des jeunes et des seniors. Concernant la santé, il faut enfin se décider à placer au cœur du système le problème de la prise en charge des personnes âgées dépendantes (par exemple, comme nouvelle branche de la sécurité sociale). Nous avons souligné plus haut que l'éducation était la priorité des priorités : d'un bout à l'autre de la chaîne, le choc doit aboutir à des résultats qui ne soient pas indignes d'un pays comme la France (élimination de l'illettrisme chez les adultes et réduction drastique du nombre d'enfants qui ne maîtrisent pas le français, existence d'universités et de centres de recherche de classe mondiale...).

Investir dans le capital social est aussi une priorité pour aider à dissiper les malaises (voire les fractures) de la société française et pour consolider la démocratie : rétablir la confiance, accroître la participation à la vie politique et syndicale du pays, promouvoir l'engagement bénévole, citoyen et social. Les résultats en matière de capital social sont à la fois la cause et la conséquence des résultat dans nombre d'autres domaines : les inégalités de revenus et de patrimoines, l'insécurité, le sous-emploi, l'immigration, le respect des droits des minorités, la possibilité d'ascenseur social... Il faut passer des incantions aux actions pour inverser la tendance à la marginalisation économique des populations défavorisées (habitants des banlieues, chômeurs de longue durée, petits agriculteurs...) et à l'inaccessibilité croissante des enfants de milieux modestes à des études de qualité, pour inciter les acteurs publics et privés à faire preuve d'un minimum d'exemplarité ou de retenue par rapport à ce que l'on a tendance à voir de plus en plus (les cumuls, les bonus, le mépris, le rejet...).

Pour beaucoup de français, un choc de confiance envers les gouvernants aurait lieu si ceux-ci prenaient à bras le corps les deux problèmes de l'immigration (300.000 entrées officielles par an) et de la sécurité (1.000 agressions par jour) comme le font d'autres pays européens : plus de contrôles aux frontières et moins de visas par pays, plus de cohérence entre justice et police et plus de sévérité pour les récidivistes...

Où en sommes-nous quelques années après la Covid ? Il n'est pas facile de passer d'un triangle de l'inaction à un triangle des actions vertueuses. De plus en plus de ménages adoptent des petits gestes et de choix de consommation qui constituent une amorce, seulement une amorce, de grands changements. Face à une demande plus exigeante, de plus en plus d'entrepreneurs prennent la transition non comme une contrainte, mais comme une opportunité à trois conditions : qu'ils soient reconnus pour leurs efforts (par exemple, dans un nouveau label apportant de la clarté : le standard triple E), qu'ils soient récompensés (par des aides conditionnelles) et qu'ils soient protégés (contre les risques de concurrence déloyale). Concernant l'Etat et les collectivités territoriales, les élus et les hauts fonctionnaires sont encore loin d'avoir le courage ou la volonté de lancer des réformes profondes pour plus d'efficience du mille-feuille : tout au plus, on note la présence de quelques investissements (modernisation et digitalisation) pour réduire les coûts de fonctionnement du secteur public.

Cependant, la réindustrialisation est en marche depuis la Covid. Il est encore trop tôt pour connaître avec précision ses effets, mais les faits sont incontestables.

Le Plan de relance de 2021-2022 est de 100 milliards d'euros (dont 40 milliards de contributions européennes) et comporte quatre mots d'ordre : transition écologique, souveraineté économique, indépendance technologique, cohésion territoriale et sociale. Le bilan macroéconomique est positif (relance du PIB et baisse du chômage), mais mitigé sur le plan de la réindustrialisation[316] : il n'est pas facile de vérifier quelle priorité a été choisie notamment entre la rénovation énergétique et le soutien à l'investissement industriel, ou bien entre les objectifs de court terme et ceux de plus long terme.

L'objectif de relance de l'investissement industriel en sortie de crise est atteint, mais sans réelle transformation structurelle de l'industrie française : selon les rapports d'évaluation, le dispositif « Soutien à l'investissement et à la modernisation de l'industrie » a davantage soutenu les PME des secteurs les plus exposés à la crise de la période covid, tandis que le guichet « Industrie du futur » a financé la modernisation de chaînes de production des PME plutôt qu'un réel passage à l'industrie du futur.

Prenant la suite du Plan de relance, le Plan d'investissement France 2030 est un plan quinquennal prévu pour les années 2022-2027 pour un montant de 54 milliards d'euros (en y incluant le PIR 4 de 24 milliards) : il doit financer les technologies numériques, les nouveaux réacteurs nucléaires, l'hydrogène vert, les véhicules du futur, la révolution agricole et alimentaire, l'aventure spatiale et la maîtrise des fonds marins. Tous les acteurs sont mobilisés : les opérateurs de l'Etat, les collectivités territoriales, les agences de développement, les chambres consulaires, les 55 pôles de compétitivité, les 13 sociétés d'accélération du transfert de technologie (SATT), les universités et les centres de recherche, les 220 incubateurs, la « French Tech », etc.

Selon un scénario de référence raisonnable[317], on peut espérer que pour chaque euro public France 2030 mis à disposition, 2,5 euros supplémentaires seront investis par le secteur privé (ce qui est conforme aux annonces faites par exemple dans le Plan Hydrogène et légèrement inférieur aux 2,8 euros des pôles de compétitivité). Avec un tel scénario, il en résultera une création de 430 000 emplois industriels directs et indirects, ce qui pose la question de la disponibilité des compétences. De même, on doit observer une multiplication de projets sur tout le territoire, mais cela implique qu'il n'y ait pas d'entraves liées à des règlementations ou à des problèmes de non-artificialisation des sols. Finalement, on observerait un retour de la part manufacturière du PIB de 10 % en 2019 à 12 % en 2030, ce qui est appréciable, mais encore faible. Une réindustrialisation plus substantielle impliquerait des actions pour faire croître les investissements publics, mais aussi un volontarisme des acteurs privés (qui feraient passer le multiplicateur à 5 au lieu de 2,5) et dont le rapport de France Stratégie de 2017[318] donne quelques exemples : amplifier les investissements du PIA qui n'ont pas d'impact sur le déficit public, mobiliser des mécanismes de garantie publique pour assurer les risques des investissements privés, plaider pour des capacités européennes accrues d'emprunt et de financement des investissements d'avenir. Normalement, l'un des signes de réussite des plans dans les années à venir sera l'augmentation des dépenses de recherche-développement publiques et privées, symbole tant de la remontée en puissance de la recherche fondamentale que de celle des filières industrielles avec des entreprises fortement innovantes.

Attention : le patient (la France) n'est pas complètement guéri. Pour qu'il se porte mieux durablement, il faudrait que l'Etat, les entreprises et les ménages aillent mieux ensemble. Si l'Etat compte sur une croissance aléatoire du PIB en valeur plutôt que sur des réformes structurelles pour assainir ses comptes et dégager des marges de manœuvre, sa crédibilité reste hypothétique. Si les entreprises voient leurs marges érodées par tout un ensemble de coûts et par une absence de débouchés, leurs dépenses innovantes en faveur de la transition numérique et écologique peuvent en faire les frais. Certains secteurs comme ceux de l'habillement et de la chaussure poursuivent leur descente en enfer (nombreuses fermetures et 46.000 emplois perdus en douze ans).

En 2023, on reste toujours en France avec le problème lancinant d'un taux de chômage (7,1%) plus élevé que celui de nombreux autres pays de l'OCDE : la Corée du sud (2,5%), le Japon (2,6%), la Pologne (2,7%), l'Allemagne (2,9%), l'Australie (3,6%) ou les Etats-Unis (3,6%). On retrouve ici nombre de causes structurelles précédemment évoquées : le plus faible taux d'industrialisation (industrie, forte pourvoyeuse d'emplois directs et indirects), le plus faible niveau de formation des salariés potentiels (notamment des personnes inscrites à Pôle emploi), les plus grandes difficultés de mobilité (liées notamment aux problèmes de logement), le poids plus grand des charges sociales. Le pouvoir d'achat des ménages est, quant à lui, fortement dépendant de la situation d'emploi des adultes et de variables incertaines (le prix du pétrole, le taux d'inflation et le degré d'indexation des revenus, le taux d'intérêt…). Un élément favorable de la situation française est que sa politique sociale génère des stabilisateurs automatiques qui freinent l'ampleur de ralentissements liés aux politiques anti-inflationnistes.

Au-delà du problème industriel, terminons notre revue par deux notes d'espoir.

D'abord, le Plan stratégique agricole de la France pour la programmation 2023-2027 de la Politique Agricole Commune (PAC) européenne s'articule avec l'ensemble des soutiens déployés dans le cadre du plan France Relance et de France 2030 en faveur des filières agricoles et forestières. Il ne suffira sans doute pas à « sauver » tous les agriculteurs français, mais il va dans le bon sens et reprend nombre des recommandations de Boyer et Dive sur la souveraineté alimentaire, la transition agroécologique, l'attractivité des territoires ruraux, la compétitivité des filières et des exploitations et le renouvellement des générations d'agriculteurs.

Ensuite, une certaine reprise en main du destin énergétique de la France est en train de prendre forme : pour peu que l'objectif de réduction de la consommation énergétique en proportion du PIB (de l'ordre de 40%) soit atteint et que les dates de sortie des énergies fossiles soient respectées (2030 pour le charbon, 2045 pour le pétrole, 2050 pour le gaz naturel)[319], la production d'énergie pourra être entièrement produite nationalement et sera complètement non fossile (dans une proportion de 50% de nucléaire et de 50% de renouvelables) dès le milieu du 21ème siècle.

Chapitre 5
Pays pauvres : le dépassement du consensus de Washington et le choix de politiques de sortie accélérée de l'état stationnaire de pauvreté

Le projet des Lumières avait pour horizon l'éclosion d'une citoyenneté universelle. Celle-ci implique que tous les habitants de la planète acquièrent un niveau de vie et de bien-être satisfaisant. Pour l'habitant pauvre d'un pays pauvre, il y a deux options : soit son pays progresse et devient un pays où il vaut la peine de vivre, soit les pays où il fait bon vivre lui ouvrent leurs portes. Dans le monde actuel hyperconnecté, les gens ne se comparent plus seulement à leurs voisins immédiats, mais aussi à tous les habitants les plus heureux et les plus prospères de la planète, d'où une connaissance précise des endroits et des avantages (et aides) qu'on peut y espérer. La migration concerne souvent un pays proche : le médecin burundais qui trouve un travail dans une clinique au Rwanda, le paysan malien qui émigre vers la Côte d'Ivoire… (dans les deux cas, il y a aussi l'avantage d'une langue et d'une culture communes). La migration plus lointaine est souvent plus risquée, voire dangereuse physiquement si elle est clandestine (en moyenne, 2.000 morts par an en Méditerranée) car elle concerne soit les pays occidentaux qui mettent au départ quelques freins, mais qui respectent en partie les droits de l'homme et qui finissent par accorder au migrant une deuxième nationalité et un regroupement familial, soit les monarchies du Golfe et des pays émergents qui recrutent des travailleurs sans jamais leur accorder la nationalité ni beaucoup de droits. Dans tous les cas, la meilleure solution est la première : faire de tous les pays du monde des pays qui assurent du bien-être à leur population. Une sortie accélérée de l'état stationnaire de pauvreté devrait être à l'ordre du jour des élites des pays les plus pauvres et de tous leurs partenaires internationaux.

I) Comprendre les causes de la pauvreté et les difficultés de développement des pays les plus pauvres

Qu'est-ce que la pauvreté ? D'abord statistiquement, la pauvreté dans un pays pauvre est mesurée comme une vraie pauvreté de personnes qui ne disposent pas du minimum alimentaire et nutritionnel ni de conditions de vie assurant une simple survie alors que dans les pays riches, elle est plus un indicateur d'inégalité et s'apparente à une distance, choisie un peu arbitrairement (60% en Europe), par rapport au niveau de vie médian. Les statistiques sont affolantes pour les pays les plus pauvres : près de 70% des populations de la République centrafricaine ou du Burundi (et plus de 80% des soudanais du sud) disposent de moins de 1,90 dollars par jour (corrigés de la parité du pouvoir d'achat), tandis que 40% des centrafricains et des burundais sont en dessous des seuils alimentaires et nutritionnels. Plus grave encore : la profondeur de la pauvreté est importante au sens où beaucoup de personnes sont loin en dessous des seuils de pauvreté. Au-dessus du seuil, il y a les personnes vulnérables : tout choc (épidémie, maladie grave, sécheresse, inflation…) en fait basculer des dizaines de millions en dessous du seuil. Les multiples dimensions d'une pauvreté durable et non transitoire se renforcent mutuellement : faim, impuissance, anonymat, manque de soutien familial ou communautaire, dépendance, honte, humiliation, mauvaise santé (surtout dans les pays sans normes sociales de solidarité). Un pauvre dans un pays pauvre se définit à la fois par un manque de revenus et/ou de consommation essentielle, une vulnérabilité aux chocs, une absence de capital, de voix et de pouvoir. Dans certains cas, l'Etat ne cherche pas à améliorer le sort des pauvres : mépris, humiliation, tracasseries, violences sexuelles pour les femmes, peur de la police, non accès aux services publics (pas même à l'aide sociale). Parfois, l'Etat est heureux de conserver une légitimité apparente en incitant les pauvres à percevoir leur situation comme une fatalité imposée du ciel ou causée par des boucs émissaires pointés du doigt.

Dans les enquêtes[320], les pauvres démontrent qu'ils sont lucides. Ecoutons-les.

« Qu'est-ce qu'être pauvre ? »

« C'est souffrir, avoir faim, lutter pour survivre, perdre sa dignité, être transparent pour les autres, travailler trop dur pour rien, être en permanence humilié »

« Si la pauvreté est si dure à supporter, pourquoi restez-vous pauvres ? »

« Parce que rien n'est fait dans la société pour que nous nous en sortions, parce qu'on ne nous donne pas notre chance, parce que les autres sont durs et impitoyables »

« Qu'est-ce qui changerait le plus votre vie ? »

« Des organisations qui nous soient propres, pour pouvoir négocier avec les administrations, les commerçants et les organisations non gouvernementales qui ne nous veulent pas que du bien et qui ne nous rendent jamais compte de leurs actes, des aides directes dans le cadre de programmes participatifs entrepris à l'initiative de notre communauté, un contrôle des fonds à l'échelon local pour pouvoir mettre fin à la corruption ».

Une situation courante vécue par nombre de communautés locales est celle où des dirigeants pratiquent une politique clanique (favoriser la capitale et leur région d'origine au détriment des pauvres des autres régions) ou kleptocratique (piller les ressources pétrolières ou métalliques d'une région sans qu'il y ait la moindre retombée pour les pauvres de cette région). Les bailleurs et les firmes multinationales ne sont évidemment pas en reste dans la responsabilité de telles situations pour des raisons géopolitiques ou simplement financières. En avril 2022, la directrice d'Oxfam s'indigne : « nous rejetons toute idée selon laquelle les gouvernements n'ont pas assez d'argent ou de moyens pour éliminer la pauvreté et la faim et garantir la santé et le bien-être de tou(te)s. Nous constatons seulement un manque d'imagination économique et de volonté politique »[321].

Si la pauvreté est, comme on vient de le voir, multidimensionnelle, il faut appliquer une méthode de cadre logique et s'attaquer à toutes ses causes en amont[322] à commencer par l'insécurité sur le territoire où travaillent les pauvres (le conflit civil qu'a connu la Côte d'Ivoire dans les années 2000 a fait passer le pourcentage des ivoiriens subissant l'extrême pauvreté du dixième au tiers de la population), l'accès à des connaissances utiles et à des emplois décents, l'existence d'un Etat respectant les droits (dont sociaux) des pauvres. La réussite des politiques de lutte contre la pauvreté se vérifie lorsque le pays connaît une croissance économique plus forte et plus inclusive et lorsque le besoin d'actions en aval (aides d'urgences, programmes alimentaires et nutritionnels) disparaît.

L'Organisation des Nations unies crée en 1971 la catégorie des pays les moins avancés (PMA) pour regrouper les pays les plus pauvres de la planète sur le plan socioéconomique. La notion de PMA fait référence à trois critères : la faiblesse du niveau de revenu par habitant, le retard de développement humain (santé, nutrition, éducation) et le degré de vulnérabilité économique (économie basée sur un produit primaire exporté au prix instable…). Par la suite, les bailleurs n'arrêtent pas de se livrer à une activité intense de qualification univoque pour conforter leurs choix en matière d'aide au développement. Au niveau de la Banque mondiale, on s'oriente plutôt vers la catégorie des pays à faible revenu sur la base du revenu national par habitant en dollars courants : en 2023, revenu faible en dessous de 1.135 dollars, intermédiaire bas de 1.136 à 4.465 dollars, intermédiaire haut de 4.466 à 13.845 dollars, élevé au-dessus de 13.845 dollars (les écarts entre pays sont impressionnants : de 300 dollars au Burundi à 130.000 dollars au Luxembourg). De son côté, le PNUD élabore en 1990 l'indice de développement humain (IDH) dont la composition et la méthodologie sont revues régulièrement, mais qui est une moyenne entre trois indices quantifiant le revenu national par habitant en parité de pouvoir d'achat, l'espérance de vie à la naissance et le niveau d'éducation.

Les nouvelles classifications ne cessent plus d'être créées et instituent un jeu subtile entre « labellisateurs » et « labellisés »[323] : ainsi, sur le marché de l'aide au développement, on voit apparaître, entre autres, les catégories de « pays pauvres très endettés » (PPTE), de « pays à faible revenu et à déficit vivrier », d'« Etats fragiles » et désormais d'« Etats vulnérables au changement climatique » sans oublier les « petits Etats insulaires en développement ». Le jeu du point de vue des « labellisateurs » est de justifier leurs financements et leurs formes de conditionnalités ou d'ingérences en fonction des pays, des secteurs et de leurs propres intérêts avec parfois des couacs (détournements de fonds ou arrêts brutaux de financements, concurrence entre bailleurs) ou des irrationalités (par exemple, ne financer que l'éducation primaire dans le secteur de l'éducation au cours des années 2000-2015 en tant qu'objectif majeur du Millénaire pour le développement). Les bailleurs multilatéraux, bilatéraux et privés peuvent avoir des motivations variées : éthique, humanitaire, économique, commerciale, politique, diplomatique, religieuse… et il faut aussi tenir compte des interventions perturbatrices des réseaux (par exemple, franco-africains) et des lobbies (notamment des firmes multinationales). Le jeu pour les « labellisés » consiste à s'approprier le plus vite possible le nouveau label pour maximiser les financements extérieurs : minimiser le niveau apparent de PIB par habitant en sous-estimant la valeur des activités informelles voire de l'autoconsommation des paysans pour rester dans la catégorie des PMA, atteindre artificiellement le plus vite possible le point d'achèvement exigé pour obtenir les financements PPTE, maîtriser la notion floue de « fragilité étatique » et produire des indicateurs qui permettent de s'autoqualifier de pays fragile, devenir un pays « vulnérable » et participer à la Promesse climatique du PNUD (aider à renforcer les plans climatiques nationaux pour bénéficier de financements promis par les Accords de Paris de 2015).

Après plus de 60 ans d'indépendance et d'aide au développement, peut-on vraiment croire que cette aide, qui voit le jour sous le signe de la guerre froide, est désintéressée et/ou efficace ? Du point de vue des offreurs, l'aide est avant tout un instrument de domination ou d'influence des organisations ou des Etats concernés avec des coûts de transaction énormes et est fournie pour l'essentiel (seule exception multilatérale : l'Union européenne qui fait des dons) sous forme de prêts qui génèrent un poids financier majeur dans les budgets des Etats pauvres. Du point de vue des demandeurs, l'aide maintient les pays dans une forme de dépendance par rapport à des offreurs qui sont désormais loin d'être seulement des Etats (il faut compter avec des Fondations, des grandes ONG, des investisseurs privés) ni des occidentaux (les pays du Golfe et la Chine changent la donne : à elle seule, la Chine détient plus de la moitié de la dette bilatérale africaine). Lorsque l'aide est instrumentalisée pour maintenir le niveau de vie des élites ainsi que le mode de gouvernance patrimoniale avec la complicité des bailleurs et non pas utilisée pour le développement du pays dans une optique de moyen terme (« aidez-nous à nous passer de l'aide »), on peut presque qualifier l'aide de frein au développement des pays les plus pauvres.

Au bout du compte, avec les différentes labellisations, on se retrouve avec 106 pays en développement, 46 pays les moins avancés (dont 33 en Afrique), 22 pays à faible revenu et 49 pays à revenu intermédiaire bas, 14 pays avec risques de guerre et inassurables (selon AG Insurance en janvier 2023), 44 pays à faible revenu et à déficit vivrier (selon le classement de l'Organisation des Nations unies pour l'alimentation et l'agriculture), 19 pays en dessous de la moyenne pour l'IDH, 27 Etats fragiles (selon le classement de Fund for Peace), 67 pays les plus exposés aux événements extrêmes liés au climat (selon le cabinet britannique d'analyse des risques Maplecroft), 120 pays engagés au départ dans la Promesse climatique du PNUD. Tout cela n'a aucun sens et, en particulier, créer une catégorie nouvelle et générale de pays vulnérables offre tous les défauts des précédentes labellisations : l'imprécision des indicateurs, le problème des pays qui sont à la frontière, la difficulté à différencier entre pays qui font alors partie d'un bloc, la confusion avec la catégorie historique et acceptée de PMA. Ce qui est intéressant et utile est de repérer au sein des PMA ceux qui ont les revenus par habitant les plus bas, sont les plus vulnérables, les plus fragiles, les plus déficitaires sur le plan vivrier ou ont les IDH les plus faibles. La majorité des pays qui cumulent les plus grandes faiblesses appartiennent à l'Afrique subsaharienne. Les pays les plus souvent cités sont les suivants : Burundi, Soudan du sud, République centrafricaine, Tchad, Niger, Somalie, Erythrée, Mozambique, RD Congo, Gambie, Guinée-Bissau, Libéria, Malawi, Madagascar, Sierra Leone, Zimbabwe, Burkina Faso, Mali (on pourrait ajouter le nord-est du Nigéria). Evidemment, on peut toujours trouver ailleurs des situations tout aussi préoccupantes : en Afghanistan (pire endroit du monde pour les femmes et les jeunes filles), en Haïti (pauvreté, violences et épidémies), en Syrie (des années de guerre et des millions de réfugiés), au Yémen (des conditions de vie désespérées pour des millions de personnes), en Corée du nord (pauvreté latente et absence de libertés). Il reste que certains pays d'Afrique subsaharienne cumulent actuellement nombre de freins au développement, particulièrement dans le Sahel (coups d'Etat, violences armées et insécurité) et dans la corne de l'Afrique (des épisodes successifs de sécheresse).

Pourquoi certains pays (notamment africains) réussissent-ils moins bien que d'autres et ne parviennent-ils pas à sortir de l'état stationnaire de pauvreté ?

L'Afrique noire connaît globalement des difficultés économiques et sociales plus grandes que la plupart des autres régions du monde. Les experts parviennent rarement à se mettre d'accord sur les causes de ce retard de développement. Beaucoup d'observateurs font la part des choses entre les facteurs intérieurs et extérieurs et insistent notamment sur les responsabilités partagées des Etats africains et de leurs partenaires extérieurs. Il nous semble important de souligner le besoin d'adapter les réformes aux besoins et caractéristiques des pays qui peuvent être perçus sous plusieurs angles : la géographie, l'histoire, la culture, la gouvernance, l'économie.

a) La géographie

La géographie joue assurément un rôle : pas le premier, mais il s'agit d'une contrainte dont il faut savoir tenir compte dans le choix des politiques de développement. Les pays les plus pauvres font partie du cœur de l'Afrique : l'Afrique noire continentale tropicale qui se situe entre l'Afrique du Nord (Algérie, Lybie, Maroc, Mauritanie, Tunisie) et l'Afrique du Sud lato sensu (incluant le Botswana, le Lesotho, la Namibie et le Swaziland) et qui exclut les petites îles peuplées de moins de 2 millions d'habitants (Cap Vert, Comores, Maurice, Sao Tomé, Seychelles). Beaucoup de régions et même de pays sont éloignés de ports : un africain sur trois vit dans un Etat qui ne possède pas de débouché maritime contre seulement un sur trente en Amérique latine et un sur cinquante en Asie ; de plus, moins d'un africain sur cinq vit à moins de 100 kilomètres de la mer. Compte tenu de la dispersion des populations agricoles, les systèmes et les moyens de transports (pistes, fleuves navigables, charrettes, bicyclettes…) sont moins praticables et moins développés qu'ailleurs, tandis que les temps et les coûts de transport vers les grands marchés mondiaux sont eux-mêmes les plus élevés du monde. Toutes choses égales par ailleurs (hors coûts et surcoûts informels), envoyer une tonne de café à Hambourg ou de cacao à Amsterdam coûte deux fois moins cher depuis l'Indonésie que du Cameroun. Les coûts de santé sont aussi plus élevés en raison de la prévalence des maladies tropicales et de l'éloignement des personnes malades. La vulnérabilité aux changements climatiques est grande. Alors que nombre de sous-sols sont riches et attirent les convoitises, beaucoup de sols sont peu ou moins fertiles. Ainsi, les difficultés de concurrence pour des paysans africains ne tiennent pas seulement aux subventions accordées aux paysans des autres pays, mais aussi à leur propre environnement physique : par exemple, un paysan de la zone sahélienne, travaillant dans les conditions les plus défavorables du monde (sol, climat…) et avec des techniques sommaires, a une productivité mille fois inférieure à celle d'un agriculteur américain. Compenser les subventions que donnent les pays riches à leurs paysans et moderniser les techniques ne suffiront pas : la seule question qui compte (à mille lieues du consensus néolibéral de Washington) est de définir le niveau adéquat de protectionnisme indispensable à l'atteinte d'un objectif d'autonomie alimentaire et de développement des agricultures familiales africaines.

b) L'histoire

L'histoire pèse encore beaucoup sur le développement actuel de l'Afrique : les séquelles de l'esclavage et du colonialisme, les indépendances plus tardives que sur les autres continents, les frontières artificielles et les risques de conflits intraétatiques, la faible influence géopolitique dans le monde. A l'échelle du temps long qui comprend pour l'Afrique noire de nombreux épisodes glorieux (des empires…), la colonisation européenne devrait être perçue comme une bifurcation certes douloureuse, mais de courte durée (autour de 70 ans : de 1890 à 1960) qui ne devrait surtout pas empêcher les jeunes générations africaines de mobiliser leur énergie vers l'avenir. L'esclavage dû aux européens apparaît au milieu du 15ème siècle lorsque les portugais achètent des captifs africains pour les déporter vers leurs colonies de Madère et du Cap Vert, à l'imitation du système déjà en place dans le monde arabo-musulman. Puis au 17ème siècle, commence le commerce triangulaire entre des ports européens, des ports africains et les Amériques. Rappelons-nous la formidable révolte des esclaves noirs, galvanisés par les idéaux de liberté, d'égalité et de fraternité, qui démarre en 1791 et qui aboutit à la création d'Haïti en 1804. Dans les colonies, les européens ne pratiquent plus l'esclavage (aboli en France le 27 avril 1848) et luttent contre les négriers arabes, mais imposent le travail forcé dans des conditions souvent inhumaines (surexploitation, punitions corporelles, statut d'infériorité...). Concernant la France, Félix Houphouët Boigny, en tant que député français, fait adopter une loi, qui porte son nom, sur l'abolition du travail forcé en avril 1946. Que retenir de la colonisation dans le cadre de ce livre ? La première chose est que le « problème africain » reste entier tant que la décolonisation (au-delà du seul colonisateur) n'est pas achevée dans les esprits et dans les faits : alors que les frontières coloniales semblent validées au-delà de revendications régionales éventuelles, les Etats doivent devenir maîtres de leur stratégie de développement à moyen et long terme et faire cesser les interventions étrangères (intrusives ou non souhaitées) dans les affaires politiques, économiques, militaires ou culturelles des pays. La relation persistante entre le franc CFA et le Trésor français fait figure d'archaïsme, comme peut l'être une coopération déséquilibrée au contraire d'une coopération de parité qui implique des échanges fructueux et réciproques au même niveau hiérarchique. Le deuxième point est que les nouveaux responsables politiques doivent aussi rompre avec ce qui constitue une continuité entre la période précoloniale, la période coloniale et la période postcoloniale : la malédiction des ressources naturelles et la tentation de vivre avec une économie rentière. D'abord pourvoyeuse de produits de cueillette, de poivre, d'or, de pierres précieuses, de bois, l'Afrique accroît sous la colonisation l'extraction de métaux et la culture de produits tropicaux (au détriment des produits vivriers), puis poursuit la même logique après l'indépendance avec de nouveaux produits (notamment pétroliers), sans oublier les ressources halieutiques exploitées par nombre de bateaux du monde entier. La troisième chose est que les pays ne se ressemblent pas : c'était vrai avant la colonisation et c'est encore plus vrai après les interventions coloniales. La France mène historiquement une politique qui se veut d'assimilation progressive au rythme du système d'éducation et les gouvernements français d'après-guerre comprennent des ministres africains, tandis que le Royaume-Uni est plus favorable à la séparation des communautés qui peut conduire tout droit à l'apartheid. De plus, dans le cadre de la gestion publique, les pays francophones ont un mode de gestion hiérarchique et personnaliste où la question-clé est « qui a autorité sur qui ? » et où les sources d'avancement sont l'ancienneté et les allégeances, tandis que les pays anglophones ont une approche plus fonctionnelle avec une question-clé « qui est responsable de quoi ? » et des sources de réussite qui peuvent être le mérite ou les objectifs atteints. Enfin, de l'histoire, retenons que les pays ont hérité de nombreuses différences : les pays peuvent être petits (Guinée équatoriale : 0,8 million d'habitants) ou grands (Nigéria : 220

millions), avoir connu ou non une colonisation de peuplement, être ou non multiethniques, avoir ou non une cuture de redistribution communautaire ; etc.

c) La culture

La culture est ce qui fait la fierté de nombreux africains[324], mais qui peut être parfois un frein au développement et qui influe sur la gouvernance. Les experts étrangers semblent penser que les réformes et politiques à mettre en place doivent être conçues au regard d'un Etat moderne, fragile et à renforcer, hérité de la colonisation, alors que toute la problématique consiste à se positionner par rapport à un Etat patrimonial construit sur la base des valeurs de l'héritage précolonial et qui instrumentalise à son profit les instruments de la modernité. Les valeurs traditionnelles comprennent l'importance de la famille élargie et de la communauté d'origine incluant un respect des anciens et des solidarités de classes d'âge, l'importance du dialogue et du temps consacré au dialogue, l'importance des échanges sous forme de dons-contredons, l'importance de la tolérance religieuse et de la combinaison entre animisme et religions importées (islam ou chrétienté), l'importance des arts (musique, danse, théâtre, récits) et des langues locales comme sources majeures d'identité. Par exemple, beaucoup de pays d'Afrique noire connaissent un système de redistribution communautaire qui peut ou non être complété ou concurrencé par un système plus moderne, étatique ou privé (pensons aux mutuelles). Dans les mutuelles de santé, les droits aux soins sont conditionnés par le paiement de cotisations. Dans la redistribution communautaire, les droits sont conditionnés par des obligations vis à vis de la communauté. Il y a ainsi des contraintes en biens (ou revenus, ou travail) et des contraintes en temps liées aux pressions de la communauté sur les individus dont les comportements sont alors déterminés par un ensemble de normes et sanctions communautaires.

La satisfaction aux obligations collectives est un préalable (voire un déterminant) au calcul économique individuel et prime sur le financement d'investissements productifs personnels. Elle explique que l'investissement social d'une communauté rurale (payer l'éducation ou la migration de l'un de ses membres) ait pour contreparties des flux de la ville à la campagne (grâces aux revenus des salariés urbains) ou des envois de migrants à leur village. Elle explique aussi la redistribution vers les communautés d'une partie des rentes étatiques liées aux surplus des organismes de stabilisation des prix des produits primaires qui transitent par des circuits para-budgétaires, jusqu'à ce que ces rentes soient interdites par les règles de l'ajustement structurel ou servent à rembourser la dette. L'ajustement structurel qui réduit les revenus urbains et les rentes étatiques génère une forme de crise du système de solidarité traditionnelle, alors même qu'elle ne permet pas de créer un système moderne en remplacement. Les cadres de la fonction publique qui voient leurs revenus baisser doivent trouver des alternatives par rapport à leur statut social et au système de dons-contredons pour maintenir des aides régulières (envois monétaires, tutorat et hébergement…) ou ponctuelles (transferts liés aux cérémonies, aides de secours). En 1989, selon une enquête réalisée à Abidjan, 30% des ménages urbains enquêtés subissent des charges communautaires supérieures à leur revenu nominal (d'où la nécessité d'un travail d'appoint informel, du travail des femmes et des enfants, de la petite corruption)[325].

d) La gouvernance

A la culture, il faut associer la gouvernance. Un Etat fort est un Etat qui cumule plusieurs types de légitimités : une légitimité technique (renforcée par les bailleurs à travers des formations et des séminaires de haut niveau) et une légitimité sociale (qui implique une certaine cohésion sociale et une cohérence entre les pratiques d'en bas et les pratiques d'en haut). A la gouvernance communautaire à la base, correspond la gouvernance patrimoniale au sommet de l'Etat. Les élites se maintiennent au pouvoir en ayant une mainmise sur le commerce international et sur les flux d'aide extérieure. Certaines familles au pouvoir parviennent sans peine à se hisser dans les premières places des multimillionnaires mondiaux : Kenyatta (Kenya), Bongo (Gabon), Obiang (Guinée équatoriale), Biya (Cameroun), Amin Dada puis Museveni (Ouganda), Mobutu puis Kabila (RD Congo), Mugabe puis Mnangagwa (Zimbabwe)… Le chef de l'Etat est supposé pratiquer à la fois une représentation symbolique ostentatoire grâce à une richesse rapidement acquise (signe de réussite de sa communauté et de son ethnie), un placement aux postes-clés de membres proches (de sa famille, de sa communauté, de son ethnie) et une redistribution financière effective. Un leader charismatique et paternaliste assure un partage de postes et une redistribution qui concernent de façon équitable toutes les ethnies et communautés du pays, tandis qu'un dictateur kleptocrate ne favorise que sa communauté ou son ethnie, ce qui génère un risque élevé de guerre civile, rébellion et coup d'Etat, d'où le besoin de s'appuyer sur une armée forte (souvent mono-ethnique elle aussi). On retrouve ici la distinction faite par Jean-François Médard entre « des Etats néopatrimoniaux caractérisés par un mode patrimonial de régulation politique fondé sur la redistribution et les Etats purement prédateurs correspondant à un patrimonialisme de type sultanique »[326]. On comprend la tâche qui attend les générations à venir : rendre impossible l'existence de dictatures kleptocrates, réformer l'Etat patrimonial en tenant compte de l'importance de l'échelon communautaire et en cultivant certaines valeurs africaines essentielles héritées de la période précoloniale.

e) L'économie

Enfin, dernier angle à considérer, l'économie des pays les plus pauvres est contrainte par nombre de rationnements et de cercles vicieux qui les condamnent souvent à tomber dans des trappes de la pauvreté et donc à rester dans un équilibre stationnaire et précaire de pauvreté. Qui dit pays pauvre dit risque de rationnements en tous genres : pénurie d'emplois formels et limitation des salaires, pénurie de devises et limitation des importations, pénurie de capitaux et limitation des investissements, pénurie de demandeurs solvables et rationnement du crédit, et surtout pénurie de recettes publiques et rationnement des dépenses. Pour peu que le pays applique les préceptes du consensus de Washington à un moment où les prix internationaux des matières premières sont bas, le roi est nu : l'Etat, qui a baissé ses taxes douanières et ses impôts sur les bénéfices des entreprises privées, voit aussi ses recettes liées aux exportations de produits primaires chuter. Que lui reste-t-il ? Les impôts indirects de type TVA ! Ceux-ci sont insuffisants dans la mesure où la demande baisse et où ils ne concernent que les marchés formels. Pendant ce temps, le FMI impose un plafond de déficit (donc des dépenses globales induites par le niveau des recettes) et le pays doit faire des arbitrages entre les types de dépenses (les salaires, la charge de la dette, les investissements) et entre les secteurs (dépenses économiques, dépenses sociales, dépenses environnementales, dépenses de sécurité et de souveraineté). Le lecteur doit bien comprendre le problème insupportable du rationnement : toutes dépenses (publiques et privées) incluses, les pays les plus pauvres disposent pour leur santé de 20 à 30 dollars (par habitant, par an) contre 4.000 à 5.000 dollars pour les pays les plus riches... Il y a aussi le cercle vicieux de l'ajustement financier : le déficit extérieur (baisse des recettes d'exportation) induit une baisse des recettes publiques (déficit public) qui implique une baisse des dépenses (notamment d'investissement) ; cette baisse induit une baisse de la croissance qui, mécaniquement, provoque une baisse des recettes (nouveau déficit) ; celle-ci nécessite une nouvelle baisse des dépenses, etc. (les programmes d'ajustement à la baisse se suivent et cumulent leurs effets). Il est évident que les trappes de pauvreté peuvent avoir des causes multiples : avec le retard de transition démographique, la pression de la population sur les terres fertiles en est une. Le fait majeur reste le suivant : si l'on inclut les décideurs politiques et les salariés de l'administration dans la sphère de la gouvernance politique et publique, on peut dire qu'un pays très pauvre n'est pas seulement pauvre parce qu'il est mal gouverné, mais qu'il est aussi mal gouverné parce qu'il est pauvre. L'amélioration du bien-être des ménages des pays les plus pauvres n'arrivera pas toute seule : la qualité de la vie des ménages[327] est fortement dépendante du niveau de PIB par habitant et du degré de qualité de la gouvernance politique et publique[328], ces deux derniers étant eux-mêmes corrélés entre eux comme on l'a dit plus haut.

II) Les pays pauvres, victimes du consensus de Washington et de la mondialisation néolibérale

Le lecteur doit éviter toute interprétation univoque du titre de cette partie. L'échec de sortie de l'état stationnaire de pauvreté n'est pas causé *directement* par les programmes d'ajustement structurels successifs mis en place sous les auspices du FMI et de la Banque mondiale. *La relation est indirecte, mais fondamentale* : d'une part, les difficultés de développement des pays les plus pauvres, notamment africains, ont de multiples causes comme on vient de le voir et qui devraient toutes être prises en compte, ce qui n'a pas été le cas ; d'autre part, si la responsabilité des décideurs nationaux est indéniable, le phénomène majeur *est l'inadaptation des programmes néolibéraux aux pays les plus pauvres,* au point que les experts eux-mêmes (les « FMI's boys ») les font évoluer au cours du temps, surtout en Afrique, donnant presque l'impression que l'Afrique devient un « laboratoire du néolibéralisme » (Kako Nubukpo[329]) et échouant, au bout du compte, à proposer des solutions adéquates. On doit aussi souligner que si certains pays connaissent en 2000 le même PIB par tête que celui de 1960, ils ne font pas preuve d'une soit-disant inertie ou incapacité qui les empêche d'« entrer dans l'histoire » du développement, mais connaissent le plus souvent une trajectoire économique avec deux décennies de montée en puissance qui sont suivies de deux décennies de retour en arrière.

Pour y voir un peu plus clair dans l'évolution des programmes d'ajustement structurel (PAS), il est bon de partir de l'année 1978 qui constitue celle d'un pic pour les prix de la plupart des produits primaires. Comme il se doit dans un cycle, l'expansion est suivie d'un retournement et d'une baisse en 1979, mais en plus, apparaît désormais un trend à long terme plutôt négatif par rapport à la tendance des vingt années précédentes. Bref, les recettes d'exportations se mettent à baisser et cela se produit à une période où le coût de la dette extérieure commence à se faire sentir et où les prix du pétrole pèsent plus lourdement dans les importations des pays non pétroliers. Il en résulte pour plusieurs pays pauvres un déficit extérieur insoutenable et ces pays doivent faire appel au FMI pour se procurer les devises manquantes.

A) Les programmes d'ajustement financier

Dès lors, les premiers programmes se présentent comme des aides d'urgence avec comme conditionnalités la réduction des déficits extérieurs courants par la baisse des importations de biens et services. Il suffit d'examiner l'équation d'équilibre des biens et services pour voir que techniquement (mathématiquement), la solution est simple.

Dans un pays, les biens et services sont forcément produits ou importés et ils sont destinés à la consommation, à l'investissement ou à l'exportation :

$$\text{Produit Intérieur Brut} + \text{Importations} = \text{Consommation} + \text{Investissement} + \text{Exportations}$$

ou

$$\text{Importations} - \text{Exportations} = \text{Déficit} = (\text{Consommation} + \text{Investissement}) - \text{Produit Intérieur Brut}$$

Comme les deux parties de l'équation sont équivalentes comptablement, la réduction du déficit extérieur peut se faire en diminuant les dépenses d'investissement et de consommation. On demande donc aux pays de réduire prioritairement leurs dépenses publiques de fonctionnement (masse salariale, achats de biens et services, aides aux entreprises publiques et aux paysans, transferts sociaux) et d'investissement (selon le principe « faire mieux avec moins »), ainsi que les dépenses privées (notamment par la hausse des taux d'intérêt ou par une dévaluation).

Très souvent, les experts du FMI et de la Banque mondiale appliquent le modèle des deux déficits pour justifier leur politique et cela revient au même. Pour le présenter simplement, on peut dire que le PIB ou Revenu intérieur se divise en consommation ou épargne. Donc, si vous remplacez le PIB par la consommation et l'épargne, l'équation précédente devient :

Consommation + Epargne + Importations =
Consommation + Investissement + Exportations

ou

Importations – exportations = Investissement – épargne

donc

Déficit extérieur = Déficit en épargne (public + privé)

Pour réduire le déficit extérieur, il faut alors, selon ces experts, réduire le déficit public et le déficit privé qui peuvent être plus ou moins grands selon les pays.

Que penser de cette approche ? D'abord, il ne s'agit pas de remettre en question les relations (qui sont comptables et indiscutables) ni l'existence de contraintes macroéconomiques : aucun pays ne peut se permettre d'avoir des déficits insoutenables, une inflation galopante ni un taux de change excessivement surévalué. Mais l'interprétation qui est faite par les économistes dominants d'imputer la responsabilité principale au déficit public est fausse puisque la cause tient à la baisse des prix des produits primaires exportés et donc au déficit extérieur. *Il est donc particulièrement injuste d'imposer une purge financière à un pays très pauvre qui n'est pas responsable de la situation.* Cela est d'autant plus nocif qu'en cas de baisse tendancielle du prix des produits primaires (ce qui est le cas à partir de 1979), il faut poursuivre et renforcer les purges : les programmes deviennent plus impitoyables au fur et à mesure de leur déroulement. Par exemple, pour supprimer les aides aux entreprises publiques, on préconise de supprimer les entreprises publiques : les privatiser ou les liquider. Parler de purge n'est pas excessif : pendant le premier PAS 1981-1983 de la Côte d'Ivoire, les dépenses de fonctionnement du budget de l'Etat sont réduites de 55%.

Naturellement, les crises des matières premières et de la dette ne doivent pas faire oublier que la situation mauvaise des années 1980 a aussi des causes internes. Dès 1962, René Dumont alertait les dirigeants africains : « l'Afrique noire est mal partie » : il soulignait le biais contre les milieux agricoles et en faveur des urbains (des prix des produits vivriers très bas pour satisfaire les consommateurs urbains, des hôpitaux urbains au lieu de centres de santé ruraux...) ainsi que le biais contre l'esprit d'entreprise (tout étudiant avait une place assurée dans la fonction publique). Enfin, certains pays évoluaient vers des situations de mauvaise gouvernance et de conflits entre ethnies.

B) Les programmes d'ajustement économique

Revenons aux années 1980 : on ne peut pas imposer à des pays pauvres des purges permanentes. Au bout de quelques années, la Banque mondiale se met à promouvoir un autre type d'ajustement plus économique que financier et toujours basé sur la relation d'équilibre des biens et services : mathématiquement, pour réduire le déficit extérieur, au lieu de baisser les dépenses, il y a la solution d'augmenter le PIB.

Ainsi, se profilent, en complément des programmes financiers, les programmes d'ajustement économique qui ont pour objet la croissance de l'offre productive à moyen et long terme. Evidemment, cela est plus difficile et prend du temps. Il faut penser que le PIB est la somme des valeurs ajoutées des différentes branches de l'économie : l'agriculture, l'élevage, la pêche, l'artisanat et l'industrie, les services. Une augmentation de la valeur ajoutée d'une branche de l'économie ne se décrète pas à court terme.

Le problème est que si tout le monde est à peu près d'accord sur cette solution, il reste le choix des instruments et nous ne devons pas oublier que nous sommes entrés dans une ère de mondialisation néolibérale. Les bailleurs de Bretton Woods (FMI, Banque mondiale) appliquent alors ce qu'ils finissent par appeler le consensus de Washington et exigent qu'en échange de financements extérieurs substantiels (par prêts), les pays les plus pauvres doivent s'ouvrir sur l'extérieur, réduire le poids de l'Etat planificateur et producteur, libéraliser tous les marchés, développer un cadre réglementaire et incitatif favorable à l'expansion des activités privées. Les politiques macroéconomiques sont alors conçues dans une optique bien particulière qui se réfère à ce qui fait l'essence du marché pour les économistes néoclassiques : les incitations-prix. L'idée des économistes libéraux est que les défaillances publiques sont toujours plus grandes que les défaillances de marché et que les signaux prix des marchés doivent prédominer sur les incitations publiques, y compris dans un pays très pauvre. Bien plus, ils ajoutent que dans un contexte de ressources rares, il faut partir d'un principe intangible : moins d'Etat égale plus de privé.

Il faut vite déchanter : les préceptes s'avèrent inopérants dans un pays pauvre sans base productive préexistante et sans économie de marché même balbutiante. A l'usage, on s'aperçoit qu'il est plus difficile de créer une économie de marché qu'on ne le pensait car elle requiert à la fois la concurrence, la propriété privée, un environnement et des infrastructures favorables, des personnes qualifiées et désireuses de créer des entreprises, des débouchés pour les entreprises. Par ailleurs, tous les cas de réussite dans le monde montrent que les mécanismes institutionnels et les dépenses publiques ont autant d'importance que les incitations-prix pour favoriser la productivité et la compétitivité des entreprises et que l'on a besoin d'un Etat fort pour avoir un secteur privé fort. Quand l'Etat s'affaiblit sans qu'un secteur privé se développe, comme la nature a horreur du vide, on se retrouve avec une informalisation des sociétés et/ou la domination des maffias.

En plus, les experts libéraux arrivent dans les pays avec trois idées fixes : un, l'objectif économique majeur et presque exclusif des pays doit être de développer les secteurs de produits exportables ; deux, ils sont alors obsédés par la recherche de prix bas et de compétitivité extérieure dans un monde perçu comme un jeu guerrier à somme nulle sur la base d'avantages comparatif statiques (les produits primaires et une main d'œuvre non qualifiée pour un pays pauvre) ; trois, ils veulent programmer une thérapie de choc (le consensus de Washington) en imposant une masse de réformes en même temps sans les adapter aux contextes des pays.

Le rejet de ces trois idées fixes de la part des pays concernés est inéluctable. Imposer une spécialisation sur la base d'avantages existants défavorables retarde le développement des pays par rapport à ceux qui décident de se créer des avantages dynamiques sur la base des technologies de pointe et de main d'œuvre qualifiée. De plus, exporter des produits finis sans une base industrielle préexistante, sans une main d'œuvre aguerrie et sans capacités préexistantes d'adaptation et d'innovation est un pur fantasme. Quant à la thérapie de choc, elle bute tant sur les faibles capacités d'absorption des réformes (à la suite des purges budgétaires antérieures) que sur les résistances culturelles des responsables nationaux dont certains auront eux-mêmes comme idée fixe : « recevoir le plus de financements extérieurs en appliquant le moins de réformes possible ». Dans certains cas, la résistance relève presque de l'exploit : après soixante années de financements conséquents, les hommes responsables nigériens réussissent à maintenir le taux d'analphabétisme des femmes à près de 90% de la population concernée.

L'histoire du « Consensus de Washington » remonte à 1989. A cette période, John Williamson énumère les réformes supposées admises, selon lui, par tous les « économistes sérieux »[330] et constituant le corpus d'inspiration libérale pour relancer la croissance économique des pays en développement : réduction du poids de l'Etat, liquidation ou privatisation des entreprises publiques, déréglementation de tous les marchés, suppression de toutes les mesures protectionnistes, défense des droits de propriété et assainissement de l'environnement juridique des entreprises privées.

Deux décennies plus tard, les résultats décevants de l'ajustement structurel sont analysés par Williamson de trois façons : a) ils ne sont pas si mauvais que cela si on les compare avec une situation de référence (sans ajustement structurel, cela aurait pu être pire) ; b) ils sont mauvais parce qu'ils ont été mal appliqués et que des facteurs structurels nouveaux sont apparus (auxquels il fallait s'adapter) ; c) à l'usage, certaines corrections de politique mériteraient d'être introduites et on n'aurait peut-être pas dû appliquer les mêmes recettes dans tous les pays.

En réalité, des économistes tout aussi sérieux que les adeptes du consensus feraient plusieurs observations.

-Un, concernant les programmes financiers, il eût été plus judicieux de soutenir une politique budgétaire anticyclique.

-Deux, le plus souvent, les entreprises privatisées n'ont pas été exposées à la concurrence, mais sont devenues des monopoles appartenant à des proches du pouvoir.

-Trois, on s'est trop occupé de favoriser les produits exportables sans promouvoir également les produits importables et les produits non échangeables (c'est à dire non susceptibles d'être concurrencés par des produits extérieurs).

-Quatre, on s'est finalement peu intéressé au marché du travail dans la mesure où celui-ci est essentiellement informel.

-Cinq, on n'a pas assez mis l'accent sur les institutions. Pour William Easterly et Ross Levine[331], les degrés de développement institutionnel et de fragmentation ethnique sont les deux variables qui permettent de prévoir de manière fiable le niveau de développement d'un pays et qui symbolisent son degré de fragilité, tandis que nombreux sont les auteurs (Joseph Stiglitz, Daron Acemoglu, Dani Rodrick…)[332] qui insistent sur le poids des défaillances des institutions (non inclusives, conduisant à des asymétries informationnelles et ne définissant pas les bonnes règles du jeu).

-Six, on s'est assez peu préoccupé des cercles vicieux de la pauvreté qui ne peuvent être rompus que par des injections importantes et stables de capitaux : c'est le point de vue de Jeffrey Sachs, l'un des pères des Objectifs du Millénaire pour le Développement 2000-2015. Ce serait aussi une forme de justice distributive pour compenser les handicaps si l'on pense avec Paul Collier qu'au moins un milliard d'individus, dont 70% en Afrique, sont victimes de plusieurs trappes et maux souvent cumulatifs que nous avons nous-mêmes évoqués précédemment : les zones arides, l'enclavement conjugué à un voisinage international défavorable, les conflits, les tensions liées à la présence de ressources naturelles, la mauvaise gouvernance, le manque de capital humain (éducation, santé)[333].

En plus, il faut rappeler que le véritable problème des programmes d'ajustement successifs est qu'ils ne se remplacent pas les uns les autres, mais s'additionnent : si vous avez en même temps un programme financier et un programme économique, comment voulez-vous que le pays s'en sorte alors que d'un côté vous faites baisser la demande et de l'autre côté vous prétendez faire augmenter l'offre privée ?

L'argument majeur de Williamson est de comparer la situation avec et sans les mesures libérales et de conclure : la situation sans les réformes aurait été pire. Oui, sans doute. Mais la plupart des protagonistes oublient un autre point de raisonnement pourtant incontournable scientifiquement : comparer la situation avec les réformes libérales et la situation qui aurait découlé de réformes non libérales.

Dans les années 1980, on disposait de deux plans alternatifs (devenus concurrents) pour redresser la situation des pays africains :

-d'un côté, le plan d'action libéral de Washington tiré du fameux rapport rédigé en 1981 à l'intention de la Banque mondiale par une équipe dirigé par Elliot Berg (appelé rapport Berg), intitulé « Accelerated Development in Sub-Saharan Africa » ;

-de l'autre côté, le plan d'action non libéral de Lagos adopté en avril 1980 par l'Organisation de l'Unité Africaine (OUA) et résultant du travail d'économistes et experts africains.

Le rapport Berg éclipse rapidement le plan de Lagos et oriente les choix des bailleurs vers le consensus de Washington. Si l'on considère que les années 1980-2000 sont des décennies perdues pour le développement économique des pays les plus pauvres d'Afrique puisque la plupart retrouvent en 2000 le niveau de PIB par habitant de 1960, on peut penser que le plan de Lagos reste d'actualité, d'autant qu'il est en quelque sorte le précurseur du Nouveau partenariat pour le développement de l'Afrique (NEPAD) créé en juillet 2001 par l'Union Africaine. Comprenons bien les enjeux du débat. Le plan de Washington et le plan de Lagos ont tous deux pour but de répondre à la question : quelles politiques économiques recommander aux pays en voie de développement pour s'engager sur le chemin d'une croissance forte, durable et inclusive ? Le premier plan répond par cinq orientations : baisse des dépenses publiques et discipline budgétaire, déréglementations et privatisations, ouverture sur l'extérieur et promotion des exportations, bonne gouvernance. Tout le monde est d'accord sur la nécessité de respecter certaines contraintes macroéconomiques et un cadre de bonne gouvernance, mais le plan de Lagos change fondamentalement la donne sur plusieurs points : avancer progressivement en fonction des capacités des pays plutôt que par thérapie de choc, faire de la substitution aux importations le premier pilier du décollage économique plutôt que l'hypothétique promotion des exportations, faire davantage profiter les pays de leurs riches matières premières en promouvant les filières en amont et en aval, viser des objectifs à long terme sur la bases d'avantages comparatifs construits, développer les projets locaux et décentralisés, tirer parti du potentiel immense mais inexploité des complémentarités et échanges entre pays africains, appuyer les initiatives privées lucratives et non lucratives.

Le lecteur peut se faire sa propre idée sur les deux plans à travers le tableau ci-après.

Les deux plans

Les dix réformes majeures du consensus de Washington

1) Discipline budgétaire (réduire les déficits publics),
2) Redéfinition des priorités en matière de dépenses publiques (abandonner de nombreuses aides inefficaces ou /discrétionnaires, faire mieux avec moins et moins intervenir dans l'économie),
3) Réforme fiscale (baisser les taxes douanières et établir pour tous les impôts un système sans exonérations, avec une large assiette fiscale et des taux d'imposition marginaux modérés),
4) Libéralisation des taux d'intérêt (impliquant une forte hausse),
5) Taux de change compétitif (de préférence, flottant sans soutien),
6) Libéralisation du commerce (stop au protectionnisme),
7) Libéralisation des investissements directs en provenance de l'étranger et des mouvements de capitaux,
8) Privatisation (ou liquidation) des entreprises publiques,
9) Déréglementation des marchés (assouplir les barrières à l'entrée et à la sortie des marchés de biens et services, flexibiliser totalement les marchés du travail sécuriser les marchés fonciers),
10) Droits de propriété (y compris pour le secteur informel).

Les dix réformes majeures du consensus de Lagos

1) Garantir une certaine indépendance alimentaire (autosuffisance ou autonomie),
2) Développer les filières agricoles (amont et aval) et promouvoir la transformation locale des produits agricoles et des matières premières,
3) Moderniser et transformer progressivement les petites industries de substitution à l'importation,
4) Mobiliser les ressources (humaines, financières) des communautés dans des projets décentralisés,
5) Viser la mise en place à long terme d'avantages comparatifs dynamiques et porteurs (TIC…) pour diversifier l'économie,
6) Plaider pour un accès facilité aux nouvelles recherches scientifiques et aux technologies,
7) Améliorer durablement la qualité des ressources humaines (éducation, formation…) et lutter contre la fuite des cerveaux et des personnes hautement qualifiées,
8) Accroître les investissements publics moteurs (recherche-développement, communication, transports, énergie…),
9) Renforcer le cadre institutionnel de bonne gestion macroéconomique et de gouvernance économique et assurer un environnement favorable au développement des initiatives privées lucratives et non lucratives (droits de propriété, liberté d'entreprendre, respect des contrats…),
10) Accroître la coopération et les échanges avec les pays voisins (projets régionaux, intégration régionale)

Dans l'histoire des pays pauvres, l'ajustement imposé par les bailleurs ne s'arrête pas aux stades financier et économique.

C) La dimension sociale de l'ajustement : une parenthèse

Comme les programmes économiques et financiers dictés par les Institutions de Washington ont peu d'effet sur la croissance, mais provoquent une augmentation du chômage et de la pauvreté, la Banque mondiale lance en 1987 une troisième sorte de programmes appelés DSA (dimension sociale de l'ajustement) qui ont pour mission d'identifier et de compenser les coûts sociaux de l'ajustement. En réalité, une grande partie des fonds sert moins à aider les pauvres qu'à lancer des enquêtes et à financer des chercheurs pour évaluer l'impact des réformes sur les pauvres. La Banque mondiale admet la hausse de la pauvreté, mais prétend que les programmes sont bénéfiques dans la mesure où la situation sans les programmes aurait été, selon elle, pire. Elle accepte tout de même de financer, avec le PNUD et d'autres partenaires, un montant de dépenses sociales urgentes, mais finit par fermer son département DSA en 1994.

D) Les programmes d'ajustement institutionnel

Au début des années 1990, il faut bien se rendre à l'évidence : lutter contre les déséquilibres financiers, se concentrer sur l'objectif de croissance du revenu national et assister socialement les populations vulnérables ne constituent pas la solution miracle du développement. Le remplacement de l'Etat par un marché incertain, monopolisé par des groupes d'intérêt privés, n'apporte que peu d'avantages à la majeure partie de la population malgré les mécanismes redistributifs africains. Il n'y a de plus rien de plus dangereux qu'une situation transitoire plus ou moins floue où il y a moins d'Etat et pas encore de marché. Dès lors, apparait une sorte de consensus nouveau : qu'il s'agisse de l'Etat ou du marché, il ne peut y avoir de fonctionnement correct de l'économie sans des institutions solides et crédibles. La plupart des bailleurs vont désormais s'intéresser à la gouvernance et aux institutions (certains vont aller plus loin en parlant de démocratie).

La gouvernance peut être définie comme l'exercice de l'autorité politique, économique et administrative pour gérer à tous les niveaux les affaires d'un pays. Pour favoriser une bonne gouvernance, les bailleurs sont alors appelés à exercer une forte ingérence dans les pays en exigeant le respect de normes contraignantes (que certains pays auront à cœur de ne pas appliquer) : la participation, la primauté du droit, la fin des discriminations (genre, ethnie, religion…), la transparence, l'équité, l'obligation de résultats, l'efficience, la responsabilisation et l'obligation de rendre compte.

Au-delà de la gestion du secteur public, il s'agit de créer un environnement favorable au développement des initiatives privées et plus largement de renforcer les capacités de tous les acteurs du développement (agents du secteur public, agents du secteur privé, agents de la société civile). Le terme « capacités » désigne les personnes, les institutions et les pratiques qui permettent à un pays de réaliser ses objectifs de développement. Les institutions à renforcer ou créer sont des organisations ou des unités au sein des organisations que ce soit au sein des populations ou de la société civile, dans le secteur privé et dans le secteur public. Les personnes dont les capacités doivent être renforcées sont des personnes disponibles dans les institutions ou des personnes appuyées par les institutions ainsi que les types et niveaux de compétences dont elles disposent. Les pratiques à renforcer recouvrent aussi bien les procédures mises en place par les institutions pour structure leur travail que les méthodes et techniques auxquelles recourent les individus pour s'acquitter de leurs tâches.

E) Les programmes de développement durable : les années 2000

A la fin des années 1990, le constat est sévère : les programmes institutionnels dans un cadre de ressources rares ont peu d'effets. On ne plus continuer comme cela : l'exigence de normes ambitieuses appliquées à des Etats faibles n'a aucun sens tandis que, pendant ce temps, la pauvreté croît. Dès lors, une idée commence à émerger au sein des bailleurs : le temps est venu de remplacer les anciens programmes par des programmes où la réduction de la pauvreté doit être au cœur de l'aide aux pays à faible revenu. Le FMI justifie le changement de cap en décembre 1999 sur son site : « des politiques orientées sur la croissance ne peuvent être efficaces et durables que si leur application s'inscrit dans un cadre faisant de la nécessité impérieuse de réduire la pauvreté l'objectif essentiel ». Alors que les pays sont appelés à remplacer leurs Programmes d'Ajustement Structurel (PAS) par des Programmes Stratégiques de Réduction de la Pauvreté (PSRP), le FMI crée une facilité nouvelle : la Facilité pour la Réduction de la Pauvreté et la Croissance (FRPC). D'autre part, se fait jour progressivement l'idée selon laquelle la fragilité des Etats est un problème majeur et des initiatives comme celle du Nouveau Partenariat pour le Développement de l'Afrique (NEPAD) insistent sur le besoin de changement de cap : après les décennies d'Etat fort et d'interventionnismes parfois excessifs (1960-1980) et les décennies de Marché fort et d'ajustement structurel déstabilisateur (1980-2000), les années 2000 doivent être celles qui combinent un Etat fort et un marché fort.

En 2000, 193 pays membres de l'ONU adoptent les Objectifs du Millénaire pour le développement (OMD). Il s'agit de huit objectifs qui doivent être atteints à l'horizon 2015 : réduire l'extrême pauvreté et la faim, assurer l'éducation primaire pour tous, promouvoir l'égalité et l'autonomisation des femmes, réduire la mortalité infantile, améliorer la santé maternelle, combattre les maladies, assurer un environnement humain durable, mettre en place un partenariat mondial pour le développement.

A partir de l'année 2000, grâce au retour de plans de développement volontaristes, à l'amélioration de leurs politiques économiques, aux financements mobilisés pour les OMD et à un environnement international porteur, les pays d'Afrique connaissent une croissance sans précédent (même si elle s'essouffle dans les années 2010). Le problème est que la croissance est encore non inclusive et non durable.

On peut même dire que la croissance est « tout sauf inclusive »[334]. Le continent abrite toujours la majorité des pauvres de la planète (et même de plus en plus au fur et à mesure que d'autres pays dans le monde font baisser leur taux de pauvreté) et les inégalités déjà profondes continuent de se creuser[335]. Le fossé entre riches et pauvres s'est encore élargi dans la plupart des pays d'Afrique : 40 % de la richesse totale de l'Afrique est détenue par un petit nombre de personnes, soit approximativement 0,0001 % de la population[336]. En outre, les inégalités de genre, conjuguées aux fortes disparités économiques, « créent un climat d'exclusion suffocant »[337].

La croissance n'est pas non plus durable pour au moins deux raisons : premièrement, la plupart des financements sont des prêts et donc il y a un cercle vicieux selon lequel, plus on aide un pays à s'en sortir, plus il se retrouve englué dans la charge d'une nouvelle dette ; deuxièmement, la hausse des financements génère des tensions inflationnistes contre lesquelles le FMI et les Banques centrales se battent en imposant des politiques restrictives.

A mi-parcours, en 2007, au cours d'une réunion tenue à Gleneagles, les responsables internationaux reconnaissent les faiblesses des OMD. Premièrement, es financements sont à la fois insuffisants et trop fondés sur des prêts. Deuxièmement, les OMD ne sont pas suffisamment axés sur une croissance qui soit inclusive et innovante. Troisièmement, on devrait davantage accepter les tensions à court terme (sur l'inflation et les déficits) pour atteindre des objectifs de moyen terme sur la croissance et l'emploi. Quatrièmement, certains OMD sont sources d'oublis fâcheux : mettre tous les financements sur l'éducation primaire sans se préoccuper de la suite des cursus scolaires ; parler d'environnement sans intégrer les problèmes climatiques. Cinquièmement, les OMD doivent être complétés par d'autres objectifs majeurs qui méritent de prendre une plus grande place dans les financements : l'agriculture, la sécurité alimentaire et la nutrition ; l'éducation professionnelle et secondaire en plus de l'éducation primaire ; la santé (notamment maternelle, point faible des OMD en Afrique subsaharienne) ; les infrastructures de transport, d'électricité, de communication ; les systèmes statistiques nationaux ; l'environnement et les adaptations au changement climatique.

Ainsi, en 2015, les OMD 2000-2015 sont remplacés par les Objectifs de Développement Durable (ODD) 2015-2030 qui sont au nombre de 17 : éradication de la pauvreté, accès à la santé, accès à une éducation de qualité, égalité entre les sexes, accès à l'eau salubre et l'assainissement, recours aux énergies renouvelables à un coût abordable, accès à des emplois décents, innovation et infrastructures, réduction des inégalités : entre les pays et en leur sein, villes et communautés durables, instaurer des modes de consommation et de production durables, lutte contre le changement climatique, protection de la faune et de la flore aquatiques, protection de la faune et de la flore terrestres, justice et paix, partenariats pour les objectifs mondiaux.

Les ODD suscitent beaucoup d'espoirs : au plan mondial, il s'agit de prendre conscience que l'humanité bute à la fois sur les inégalités grandissantes entre les pays et sur les limites de la planète et que la seule voie d'avenir est la voie coopérative. De plus en plus de parties prenantes ne croient plus au « cosmopolitisme libéral » selon lequel la communauté mondiale pacifiée viendra des individus et des institutions privées -entreprises, associations- se rencontrant dans l'espace mondial au-delà des Etats et sans eux. Le climat et la pauvreté sont deux urgences et on a besoin d'Etats forts et motivés pour s'y attaquer sérieusement. L'année 2015 est une année-référence pour le nouveau monde : nous avons déjà rappelé que deux accords universels avaient été signés par 193 Etats-membres de l'ONU sur le climat et sur les ODD. Cependant, comme on le sait, entre les discours et les réalisations concrètes, il y a souvent un gouffre. Et surtout, les pays pauvres restent englués dans des programmes d'ajustement qui restent fortement marqués par l'esprit néolibéral : de nouveaux prêts (dont chinois) qui pèsent sur les finances publiques, la poursuite de réformes de libéralisation des marchés, le respect de contraintes financières et macroéconomiques pesantes, et puis l'adjonction au « consensus de Washington » ce que l'on peut appeler « *le consensus de Wall Street* ».

Alors que Stiglitz et les auteurs keynésiens insistent sur le besoin d'actions publiques coordonnées, la Banque mondiale et le FMI se retrouvent pour encenser un nouveau « consensus » qui est, pour le moins, inquiétant : maximiser les financements privés pour la réalisation des ODD, attirer les investisseurs privés étrangers (droits de propriété, sécurité, équipements...), favoriser le développement et la prise en charge des biens et services publics par des opérateurs privés (mondiaux) dont les profits et les risques sont assurés respectivement par le paiement des usagers et par les budgets des Etats. Seule réserve admise avec circonspection par quelques économistes du FMI : mettre en place quelques mesures publiques macroprudentielles pour réguler « au moins légèrement » les marchés financiers, sachant que souvent « l'autorégulation vaut mieux que la régulation » (Olivier Blanchard[338]).

Pratiquement, on se retrouve avec des incertitudes grandissantes pour ceux qui restent englués dans des applications paralysantes du consensus de Washington tout en ayant des visées liées aux ODD et au nouveau consensus de Wall Street : les financements des ODD par dons sont insuffisants, la dette croît et les créanciers privés détiennent quatre fois plus de dette africaine que la Chine elle-même. Avec la hausse des taux d'intérêt et les manques de dons, plus l'insécurité et les changements climatiques, beaucoup de pays pauvres sont à la fin de l'année 2023 davantage au bord du gouffre que sur la voie du décollage (18 défauts de paiement dans 10 pays dans les trois dernières années).

Peut-on continuer comme cela ? Non, il serait temps de jouer carte sur table. Effacer une nouvelle fois les ardoises et innover vraiment de façon partenariale et équitable : par exemple, créer de la monnaie internationale (tel le DTS du FMI) et mobiliser des dons pour réaliser les ODD dans un cadre stratégique se référant au plan de Lagos ainsi qu'au cadre stratégique à long terme élaboré par l'Union Africaine (Agenda 2063) et en définissant un vrai indicateur de succès : se passer de l'aide extérieure au bout d'un nombre prédéfini d'années.

III) Sortie victorieuse du consensus : les exemples significatifs de la Côte d'Ivoire et du Rwanda

Les histoires de la Côte d'Ivoire et du Rwanda depuis leur indépendance (1960 pour l'une, 1962 pour l'autre) peuvent être décrites en quatre étapes : *la réussite, la déstabilisation, la transition, la refondation* (prélude de l'émergence avant le milieu du 21ème siècle). On peut admettre que l'émergence est le passage durable à la catégorie des pays intermédiaires élevés (avec un PIB courant par tête au-dessus de 4.465 dollars, une élimination de la pauvreté absolue et une entrée dans un processus de croissance équilibrée, inclusive et soutenable). Pour information, beaucoup de pays dans le monde (Cameroun, Côte d'Ivoire, Indonésie, Corée du sud, Rwanda…) avaient en 1960 un PIB par tête autour de 200 dollars.

Ayons tous à l'esprit qu'un décollage économique ne prend que quelques décennies : selon le principe mathématique 7/10 ou 10/7, le PIB double en 7 ans avec un taux de croissance annuel de 10% ou en 10 ans avec un taux de croissance de 7%. Donc, en 28 ans, un PIB par tête peut passer de 2.000 à 32.000 dollars (ce qui est à peu près le niveau actuel de la Corée du sud, considérée désormais comme 13ème puissance économique mondiale et sur laquelle nous reviendrons). Pour le moment (en 2022-2023), la Côte d'Ivoire et le Rwanda se situent respectivement autour de 2.500 dollars et de 1.000 dollars.

A) La Côte d'Ivoire ou la sortie programmée du groupe des pays à revenu intermédiaire inférieur

La Côte d'Ivoire est déstabilisée économiquement dès le premier programme d'ajustement structurel de 1981, puis socialement par la dévaluation de janvier 1994. Cette déstabilisation, accentuée par la disparition d'Houphouët Boigny presque en même temps (décembre 1993), devient politique pour aboutir au coup d'Etat de décembre 1999 puis à une période de transition trouble.

Pourtant, tout commence bien en Côte d'Ivoire. Pendant deux décennies (1960-1980), la Côte d'Ivoire et la Corée du sud connaissent des taux de croissance élevés qui les maintiennent au même niveau de PIB par tête. A la différence de pays comme l'Algérie qui financent tout de suite des investissements dans des industries lourdes, les deux pays promeuvent une politique de substitution aux importations qui génère une industrie légère sur la base d'un certain protectionnisme et d'interventions publiques fortes.

Les deux pays connaissent un destin parallèle, bien que sous des formes différentes, en termes de colonisation : une occupation japonaise de 1905 à 1945 pour la Corée du sud, une occupation française de 1893 à 1960 pour la Côte d'Ivoire. Alors qu'après son indépendance, la Côte d'Ivoire reste tout de suite très liée à la France, il faut attendre l'année 1965 pour que la Corée du sud normalise ses relations avec le Japon. Normalement, si l'on compare les dates d'indépendance, la Corée du sud aurait dû avoir de l'avance dans ses plans de développement, mais a été handicapée par une guerre fratricide entre les deux Corées de 1950 à 1953 qui occasionne plus de deux millions de morts et de nombreux déplacements de population, impliquant ensuite une reconstruction du pays. Lorsqu'on compare les premières années d'indépendance, on trouve quelques points communs entre l'ilminisme coréen et l'houphouétisme ivoirien : la création d'un Etat à parti unique, l'exaltation du nationalisme, le maintien d'une société pyramidale où la femme est au service de la famille et de l'homme (justifiée en Corée par le confucianisme), la recherche d'une homogénéité ethnique même si celle-ci passe par des mesures incitatives et participatives en Côte d'ivoire et de façon dictatoriale et répressive en Corée du sud. A la suite des manifestations qui commencent en 1980 et sont d'abord lourdement réprimées, la Corée du sud inaugure un régime de démocratie en 1987 : le régime fonctionne correctement, mais est entaché de quelques scandales de corruption (révélés notamment lors de la crise asiatique de 1997 qui oblige le pays à solliciter un prêt au FMI) et se déroule dans une atmosphère de tensions permanentes avec la Corée du nord, ce qui la conduit à développer un complexe militaro-industriel important. De son côté, la Côte d'Ivoire introduit le multipartisme en 1990 : le régime ouvre la voie à une affirmation politique identitaire des groupes ethniques.

Parmi les points forts de la période pré-ajustement (1960-1980) en Côte d'Ivoire, il faut souligner le fait que l'Etat consacre dès le départ près de 30% de son budget au capital humain (essentiellement à l'éducation) et impose une politique des prix agricoles, qui, contrairement à nombre d'autres pays africains, est plutôt favorable aux paysans de telle sorte que la production vivrière et la production de produits exportables (cacao, café...) font bon ménage. L'ouverture sur l'extérieur en Côte d'Ivoire est complète et concerne aussi bien les personnes que les capitaux. On peut noter que la Corée du sud n'hésite pas à l'inverse à instaurer des mesures autoritaires en faveur des initiatives purement coréennes : limitation de l'immigration, interdiction de nombreuses importations de produits, système financier nationalisé. En Corée du sud, une initiative originale, qui ressemble à celle mise en place historiquement au Japon, est celle des chaebols : faire en sorte que les membres des familles élargies, des clans et des communautés qui disposent d'épargnes inutilisées se soutiennent pour financer des investissements productifs et bénéficient ainsi d'immenses aides de l'Etat. On se retrouve avec des sortes de conglomérats d'entreprises familiales qui élargissent constamment leurs activités et qui, au bout du compte, peuvent devenir des entreprises géantes comme Hyundai ou Samsung. Dans le cas de la Côte d'Ivoire, comme on ne compte pas trop sur les investisseurs privés nationaux, ce sont des entreprises publiques et des sociétés d'Etat qui jouent un rôle majeur dans le développement industriel du pays. Conglomérats fortement subventionnés (entretenant des liens forts avec les politiciens et les hauts fonctionnaires) ou entreprises publiques, le risque à terme est le même : celui de collusion et de corruption. Toujours est-il que l'une des suggestions amicales faites par René Dumont aux responsables africains dès 1962 est valable même en Côte d'Ivoire : il leur disait de « repenser leur école et leurs cadres » dans le sens où rien n'était fait pour encourager l'esprit d'innovation et d'entreprise et où les étudiants ivoiriens étaient assurés d'avoir un débouché dans la fonction publique.

Au bout d'une décennie de développement par industries légères en faveur du marché intérieur, le constat est le même dans les deux pays : la taille des marchés et le champ des domaines sectoriels possibles sont limités. A travers leurs plans de développement des années 1970, les responsables expriment la volonté de passer à une étape d'industrialisation lourde. Jusqu'à la fin des années 1970, la croissance reste forte dans les deux pays qui réussissent à passer sans dommage les phases de récession avec l'aide de capitaux extérieurs privés et, en plus, dans le cas de la Côte d'Ivoire, par un recours à des activités de substitution (les industries du bois). C'est à la fin des années 1970 que les deux chemins divergent : la Corée du sud passe sans problème le cap de la crise internationale (crise des prix des produits primaires, crise pétrolière) et poursuit sa marche en avant, tandis que la Côte d'Ivoire signe son premier programme d'ajustement structurel avec le FMI et la Banque mondiale en 1981.

Le premier facteur qui rend plus forte la nécessité d'un ajustement en Côte d'Ivoire est lié au contexte économique des années 1976-1978 qui sont celles d'un boom des prix du café et du cacao. Les revenus exceptionnels tirées des recettes d'exportations, partagés à 60% pour l'Etat et 40% pour les producteurs, conduisent à des dépenses accrues sur le marché intérieur (entraînant une forte inflation) et à des importations croissantes de biens de consommation et d'équipement. En 1977, 1978 et 1979, les taux d'inflation sont respectivement de 27%, 13% et 16% (à la même époque, ils sont de 12%, 6% et 10% au Cameroun, de 11%, 3% et 9% au Sénégal). L'inflation provoque une dégradation de ce qu'on appelle le taux de change réel du pays, c'est-à-dire de la compétitivité-prix des produits nationaux (qui ne peut être restaurée par une dévaluation du fait de l'appartenance à la zone franc), rendant difficiles les exportations de produits non primaires. On est ici en plein « syndrome hollandais » qui combine inflation, déficit extérieur et chômage dans les secteurs de produits échangeables (hors café et cacao), toutes choses qui fragilisent l'économie ivoirienne et la rendent vulnérable en cas d'inversion conjoncturelle. De plus, il est bien connu que l'on ne prête qu'aux riches : alors qu'elles n'en ont pas besoin, les autorités ivoiriennes et les entreprises publiques multiplient le recours à un endettement extérieur très coûteux, aboutissant au quadruplement de l'encours de la dette nominale en quatre ans (1975 à 1979), pour financer certes des projets d'investissement, mais aussi une politique de recrutement massif combinée à d'importantes augmentations salariales.

Le deuxième facteur tient au fait que le plan de développement de la Côte d'Ivoire n'est pas respecté au contraire de celui de la Corée du sud. Le passage de la substitution aux importations à la promotion des exportations implique de changer la conception des politiques : on ne peut plus mener des politiques protectionnistes qui pèsent sur les coûts des produits achetés par les entreprises, mais au contraire des politiques d'appui aux entreprises exportatrices pour les aider à conquérir des marchés extérieurs. Le changement est en plus obligatoire dans le cas d'industries lourdes dont les débouchés ne peuvent se limiter au marché intérieur. La Corée du sud adopte une politique progressive en menant d'abord une politique d'aide aux industries légères déjà installées pour qu'elles progressent dans deux domaines : celui des technologies de pointe acquises grâce à l'appui des Etats-Unis (dans le contexte de la guerre froide), celui de la conquête de marchés extérieurs. La compétitivité des produits coréens est aussi rendue possible par la pression mise sur les salariés aussi bien au travail (nécessité de compétitivité, stress, burn out) qu'en famille (s'endetter pour améliorer son niveau de vie et offrir ainsi des débouchés aux entreprises coréennes aidées en plus par les interdictions d'importer) : au bout du compte, les taux de suicide sont parmi les plus élevés du monde. Toujours est-il que la Corée investit massivement dans des projets productifs de grande ampleur, alors que la Côte d'Ivoire remplace les projets productifs du plan (le fer et la sidérurgie) par des projets improductifs hors plan (la nouvelle capitale Yamoussoukro) : bien évidemment, en période de crise, les projets productifs amènent des recettes qui atténuent la crise, alors que les projets improductifs entraînent des charges récurrentes qui accentuent la crise.

Enfin, le troisième facteur tient au déficit d'épargne en Côte d'Ivoire. Lorsqu'on veut passer à une politique ambitieuse de croissance forte générée par de grands projets nécessitant de grands équipements et des infrastructures d'appoint, il faut élever le taux d'investissement au moins de 15% à 25% du PIB (certains pays asiatiques l'augmentent jusqu'à plus de 40% : le Vietnam, la Chine). Mais, sur la base d'un ordre de grandeur du déficit de 3%, on doit alors faire monter le taux d'épargne de 12% à 22%. Si les deux pays augmentent leurs taux d'investissement comme prévu (bien que pour des raisons différentes comme on l'a vu), seule la Corée du sud parvient à accroître l'épargne formelle du pays en mobilisant les placements des conglomérats familiaux et en disséminant des antennes bancaires au cœur de tous les villages avec des avantages intéressants pour les familles rurales et pauvres (rémunération de l'épargne, possibilité d'emprunt à des taux non prohibitifs). Au contraire, la Côte d'Ivoire se retrouve avec des déficits d'épargne impliquant des endettements massifs.

Quand les cours du café et du cacao commencent à baisser durablement à partir de l'année 1979, le pays qui doit rembourser une dette énorme est pris à la gorge. Tous les partenaires lui imposent de négocier un programme avec le FMI et la Banque mondiale pour obtenir des financements supposés salvateurs (mais qui sont des prêts à taux simplement plus favorables que ceux des marchés privés) et naturellement il perd ainsi sa souveraineté économique et budgétaire au profit des institutions de Bretton Woods. Cela change considérablement la donne du pays. Jusqu'aux années 1980, il y a un double marché du développement : celui externe des bailleurs extérieurs publics et privés qui financent les infrastructures et participent à la création des entreprises privées, et celui interne des transferts communautaires (des salariés publics et privés vers les communautés rurales, des surplus dégagés par les recettes d'exportation de produits primaires vers les paysans). Alors que la rente du marché externe est appropriée par le FMI et par la Banque mondiale avec leurs conditionnalités sévères, le marché interne n'a plus rien à offrir d'autant que tout surplus disponible est mobilisé pour rembourser la dette extérieure. A partir de là, l'ajustement connaît des formes qui se succèdent et qui s'additionnent, telles que présentées dans la partie précédente. Le problème de l'additionnalité des formes fait que la première forme (la purge budgétaire) rend évidemment impossible le succès des autres formes. C'est une question de bon sens sauf à croire le raisonnement classique (l'offre crée la demande). Bien sûr, une offre crée de la demande, mais pour exister, elle exige une demande préalable (des débouchés) : comment imaginer des investissements et des créations d'entreprises en phase de récession et de baisse drastique de la demande ? On peut effectivement parler de baisse drastique ou de purge dans la mesure où, dès le premier programme (triennal), les conditionnalités sont exorbitantes. Amener de l'efficience dans la gestion des dépenses publiques aurait été une bonne chose, mais la réduction drastique des dépenses d'investissement et de fonctionnement a des effets non seulement directs (sur les salaires, sur les biens et services qui permettent de fonctionner, sur les transferts économiques et sociaux), mais aussi indirects (sur les fournisseurs et les clients de l'Etat). La fermeture des entreprises publiques se traduit par le licenciement de nombreux travailleurs. Evidemment, ce sont les dépenses sociales, les plus faciles à baisser, qui font les frais de l'opération et qui impactent tant la qualité des services publics (éducation, santé) que les conditions des plus pauvres. Pour donner un ordre de grandeur, rappelons-nous que les dépenses de fonctionnement de l'Etat sont réduites de 55% durant les trois années du premier programme (1981-1983). On ne peut que regretter cette marche en arrière : certes, la gestion publique était devenue déficiente ou laxiste dans les années précédentes, mais l'ajustement à la baisse se produit à un moment où de nombreux ivoiriens bien formés sont attirés par le secteur privé et où il suffit au contraire d'un coup de pouce pour basculer dans le groupe des pays émergents au même titre que la Corée du sud.

Les programmes suivants n'arrangent pas les choses, l'économie se portant plus ou moins mal selon que le solde de la balance des paiements est positif (dans les années 1984-1985) ou négatif (dans les années 1986-1988) en fonction des recettes d'exportation. Malgré un rééchelonnement de dette, la Côte d'Ivoire se déclare en 1987 dans l'incapacité de payer les intérêts de sa dette. Alors que les conditionnalités de la période 1986-1988 exigent d'augmenter les impôts directs et indirects, la conséquence est de pousser nombre d'acteurs vers le secteur informel. En 1990, à 85 ans, Félix Houphouët-Boigny, qui a remporté les élections aux dépens de Laurent Gbagbo, entame un septième mandat. Le quatrième programme dit « de stabilisation financière » (1990-1992) est dirigé par Alassane Ouattara en tant que premier ministre, ancien directeur général adjoint pour l'Afrique du FMI. L'ingérence des institutions de Bretton Woods dans la politique ivoirienne devient maximale aux dépens de bailleurs multilatéraux (PNUD, Union européenne…) et bilatéraux (France…). Les Institutions de Bretton Woods promeuvent la poursuite des réformes et préparent la dévaluation du franc CFA. En décembre 1993, à la mort d'Houphouët-Boigny, Henri Konan Bédié, président de l'Assemblée nationale, assure l'intérim et Ouattara démissionne de ses fonctions.

Paradoxalement, la dévaluation du franc CFA (le 11 janvier 1994), qui est supposée booster l'économie du pays, est surtout marquée dans l'esprit des ivoiriens par ses effets sociaux négatifs à court terme. On peut considérer les années d'après-dévaluation comme la deuxième période manquée (après celle de 1980) pour faire éclore définitivement une Côte d'Ivoire économiquement développée. Les historiens débattront longtemps pour déterminer si l'échec est dû principalement à la bataille effrénée de trois hommes politiques et de leurs clans pour prendre le pouvoir sans état d'âme ou à des défaillances du consensus de Washington qui handicapent la course de fond du développement ivoirien. Les deux sans doute : d'un côté, les manœuvres claniques d'accession au pouvoir allant jusqu'à instrumentaliser et exploiter une guerre civile ; de l'autre côté les coûts sociaux exorbitants des réformes conduisant à l'appauvrissement et à la précarisation d'une partie croissante de la population ; dans les deux cas, une montée de la corruption à petite et à grande échelle. Par malchance, c'est aussi la période où la Côte d'Ivoire, premier producteur mondial de cacao, perd une part de son pouvoir de marché en raison du mouvement de concentration de l'industrie chocolatière mondiale.

Dans les années 1994-1996, la politique des prix et du pouvoir d'achat est plutôt bien maîtrisée. Très logiquement, après une dévaluation de 100%, le pouvoir d'achat des ivoiriens baisse à la suite d'un taux d'inflation de 26% en 1994 et 14% en 1995 (le taux chute ensuite à 2,7% en 1996 et la Côte d'Ivoire ne connaîtra plus jamais d'épisode inflationniste jusqu'à aujourd'hui). En même temps, des mesures d'accompagnement social atténuent les effets de l'inflation sur certains produits essentiels. Mais le problème est que cette inflation se manifeste sur un fond de crise sociale déjà énorme et provoquée par les réformes libérales antérieures. Les programmes financiers à la baisse ne cessent pas. Au cours des années qui précédent la dévaluation, les mesures pour « flexibiliser » le marché du travail sont sévères : révision du code du travail, licenciements, baisse des salaires et blocage des promotions… Il aurait fallu au contraire changer d'état d'esprit : passer d'un ajustement par le bas (« lean production ») à un ajustement par le haut (« team production »). Dans le premier cas, on veut réduire à tout prix des coûts salariaux (qui ne seront jamais assez bas en comparaison de pays à salaires encore plus faibles). Dans la seconde option, on cherche à faire croître la productivité des facteurs et on favorise des hautes performances par une responsabilisation des acteurs, une gestion incitative par les résultats, des salaires motivants, du travail en équipe, de la formation et une absence de précarisation des conditions de travail.

Sans la situation sociale déjà dégradée et les combats politiques, la dévaluation aurait pu apparaître comme l'occasion de profiter des aspects favorables des réformes : une certaine stabilisation macro-budgétaire, quelques privatisations réussies, la restructuration des systèmes financiers, la modernisation et la libéralisation graduelle de l'agriculture, l'amélioration partielle du cadre juridico-légal. En plus, les marges de manœuvres étaient énormes, car aux effets positifs de la dévaluation sur la compétitivité des produits ivoiriens, venaient s'ajouter la remontée des cours du café et du cacao, les bénéfices d'une intégration régionale qui progressait et la mobilisation de financements extérieurs substantiels. Dès lors, de même que dans les autres pays de la zone franc, les trois années qui suivent la dévaluation sont marquées par une forte croissance du PIB en volume : 7,1% en 1995, 7,7% en 1996 et 9,6% en 1998, mais la crise politique des années suivantes entraîne la plus grande récession de toute l'histoire de la Côte d'Ivoire : 4,3% en 1998, 1,2% en 1999, -0,3% en 2000, -2,2% en 2001 et -4,7% en 2002.

L'histoire économique en dents de scie de la Côte d'Ivoire confirme le fait que l'on peut progresser, régresser puis se redresser. Le PIB par habitants en dollars courants passe de 147 en 1960 à 1.225 en 1980, puis chute de moitié et tombe à 602 en 1994 : grâce à la période post-dévaluation, il revient en 1998 au niveau de 1980 avec un montant de 1.237 dollars et subit alors une nouvelle chute jusqu'à 974 en 2001 pour se mettre ensuite stagner ou à croître légèrement puis à croître fortement à partir de 2012 pour atteindre le niveau de 2.486 en 2022.

On ne refait pas l'histoire, mais pendant quatre années post-dévaluation, il était possible de générer des créations d'entreprises et de la concurrence dans les secteurs privatisés, de profiter des mesures de libéralisation pour diversifier l'économie, de se servir des recettes supplémentaires pour remotiver les personnels des administrations, de rendre la croissance plus inclusive et plus équitable. Au contraire, la crise sociale et la crise politique empêchent de faire évoluer et même renforcent le système précolonial et postcolonial d'extraction et de distribution des rentes dans une atmosphère post-Houphouët-Boigny où certains groupes craignent de ne plus avoir accès à la moindre rente.

Pire, ce que l'on peut appeler « l'éthique du mal » est utilisée dans le cadre du conflit entre les trois grands prétendants au pouvoir. L'éthique du mal comporte une double face : celle xénophobe d''ivoirité qui permet d'attaquer la prétendue nationalité burkinabé de Ouattara, mais surtout de revenir sur une politique défendue par Houphouët du droit des étrangers à acquérir les terres après les avoir cultivé pendant un certain nombre d'années (la loi foncière de 1998 réserve la propriété de la terre aux nationaux) ; celle raciste de la hiérarchie entre les ethnies nationales qui s'attaque cette fois-ci au bété Gbagbo : « il y a une hiérarchie historique au sommet de laquelle doivent être les baoulés (ou akans) du centre du pays et qui doivent diriger le pays aux dépens des ethnies lagunaires, des mandés et des gours (ou dioulas) du nord, et encore plus de ceux qui sont en bas de l'échelle : les bétés (ou krous) de l'est du pays ». Alors que Gbagbo est le premier à attaquer Ouattara dès 1994 non sur son bilan économique, mais sur ses origines burkinabés, c'est Bédié qui développe les nouveaux concepts dans sa campagne de 1995 et qui gagne les élections boycottées par ses deux grands adversaires. Malgré leurs inimitiés, les akans et les krous s'unissent alors dans leur volonté de limiter le pouvoir des migrants du nord et les mesures prises vont dans le sens annoncé : code foncier encore plus limitatif (propriété réservée à l'ethnie du territoire concerné), fin du droit de vote des étrangers et mise en place d'une carte de séjour stigmatisante, critères d'éligibilité du président de la République qui écartent de facto Ouattara. Pendant ce temps, les programmes d'ajustement structurel se poursuivent et visent toujours des mesures drastiques de réduction budgétaire qui aggravent le climat social et qui se passent dans une atmosphère de gouvernance dégradée et de corruption dont deux exemples majeurs sont le scandale des projets de santé européens non exécutés malgré les financements perçus et la situation des arriérés de dettes non payés qui conduisent à une rupture avec les principaux bailleurs multilatéraux. Le climat politique est lui aussi délétère (arrestation d'opposants) et conduit en décembre 1999 au renversement de Bédié par des soldats mécontents qui placent à la tête de leur groupe le général Robert Guéï : celui-ci devient, de ce fait, chef de l'État de Côte d'Ivoire, tandis que Bédié s'exile en France. Le pouvoir militaire, qui assure la sécurité et réduit la corruption en usant de méthodes parfois expéditives, organise, en octobre 2000, l'élection présidentielle pour laquelle la Cour suprême déclare inéligibles Ouattara et Bédié. Il ne reste donc plus que Gbagbo qui se présente contre Guéï et qui remporte les élections.

La courte étape militaire contribue d'une part à ce qu'une majorité d'ivoiriens déconsidèrent un régime dirigé par des militaires et d'autre part de créer la possibilité d'une transition vers des programmes alternatifs aux programmes des experts de Washington. C'est un peu ce que propose le gouvernement de Gbagbo avec les 200 promesses de sa refondation dont un volet social particulièrement fourni (scolarisation obligatoire, assurance-maladie universelle). Cependant, les promesses masquent une double incapacité à trouver des recettes pour financer les dépenses à un moment où l'aide extérieure autre que l'aide-projet fait défaut et à créer des bonnes conditions pour que se développent l'investissement privé et l'emploi dans un environnement d'insécurité juridique et physique. La tentative de coup d'Etat de septembre 2002 échoue, mais les rebelles qui s'appellent les Forces nouvelles occupent 60% du territoire (le Nord). Dans les 40% restants, l'activité n'est pas trop ralentie car s'y trouvent la plupart des produits primaires à l'exportation. La crise politico-militaire dure jusqu'aux accords de Ouagadougou en mars 2007. Si le pays reste divisé en deux, il parvient tout de même à organiser en octobre 2010 une élection présidentielle qui oppose pour la première fois les trois adversaires : au premier tour, Gbgabo obtient 38%, Ouattara 32% et Bédié 25%. Au deuxième tour, Ouattara est déclaré vainqueur, mais Gbagbo conteste les résultats. Il s'en suit une crise politique avec des troubles meurtriers. Finalement, avec l'appui des forces internationales et françaises, le régime de Ouattara est institué et Gbagbo est arrêté le 11 avril 2011. Ouattara est réélu en 2015, puis en 2020. En 2021, le climat politique semble s'apaiser et les trois partis participent aux élections législatives.

A partir de 2012, s'ouvre à nouveau en Côte d'Ivoire un cycle long de forte croissance et l'on peut ainsi espérer une vraie refondation économique, prélude à l'émergence dans une ou deux décennies. Les observateurs notent que la Côte d'Ivoire a déjà dépassé le Ghana ou le Nigéria alors que les richesses (exploitées) de son sous-sol sont moindres. La comparaison de la Côte d'Ivoire et du Ghana est fascinante car les deux pays, qui sont presque des frères jumeaux, suivent une tendance longue presque identique avec des trajectoires inversées (la crise politico-militaire avec baisse du PIB par tête ghanéen de plus de 40% a lieu dans les années 1970-1980). La stabilisation de la situation politique ivoirienne à partir de 2012 favorise un rattrapage économique grâce à l'amélioration du climat sécuritaire, au retour des investisseurs et au regain de confiance des ménages. Puisque l'Etat n'accapare plus une partie de la rente parapublique des recettes de café ou cacao, les hausses des cours profitent aux producteurs et aux ménages ruraux. Enfin, le pays retrouve la faveur des bailleurs et bénéficie aussi de l'annulation de dette dans le cadre de l'initiative « Pays pauvres très endettés » (PPTE) : l'endettement public passe de 70% du PIB en 2011 à 33,5% en 2012. La situation sociale s'améliore doucement : le défi est immense, car face à la vague massive de déscolarisation de la période précédente, il faut à la fois remonter les taux d'alphabétisation et de scolarisation et favoriser la création d'emplois pour leur insertion sur le marché du travail ; le taux de pauvreté baisse, mais reste autour de 35% en 2020 (au sens officiel d'un seuil de 750 FCFA ou 1,1 euro par jour). La Côte d'Ivoire dépasse tout juste la moyenne en termes d'IDH (0,550 dans le rapport 2021-2022), mais avec un classement médiocre (159ème sur 191). Concernant l'environnement des entreprises, la place de la Côte d'Ivoire au classement *Doing Business* progresse (de la 177ème place en 2012 à la 110ème place en 2020), mais les entreprises se plaignent de difficultés d'accès au crédit et aux nouvelles technologies ainsi que de la corruption persistante.

Sur la période 2012-2022, le taux de croissance moyen du PIB en volume s'établit à 8,6%. Les résultats de la Côte d'Ivoire s'expliquent par les profondes réformes réalisées afin d'améliorer le climat des affaires, ainsi que par une politique de développement tous azimuts et se matérialisant notamment par de nombreux chantiers d'envergure à travers le pays.

Plusieurs mesures sont en effet prises afin de faciliter et de sécuriser les investissements, en vue d'instaurer un environnement favorable à ces derniers : mise en place d'un nouveau code des investissements en 2012, d'un guichet unique de création d'entreprises, d'une plateforme d'échanges pour centraliser les appuis des partenaires au développement de l'environnement des affaires… Le tout, assorti d'une assez faible pression fiscale, de l'ordre de 14 % du PIB au total pour l'année 2019 (cotisations de sécurité sociale incluses).

Cette importante progression de la Côte d'Ivoire s'accompagne également d'une remarquable maîtrise de l'inflation qui se situe à 0,8 % en moyenne annuelle sur la période de huit années allant de 2012 à 2019, selon les dernières données de la Banque mondiale : un taux particulièrement bas, notamment en comparaison avec le Ghana et Nigeria, où l'inflation s'établit respectivement à 11,9 % et à 11,6 % par an sur la même période, et ce malgré une croissance largement inférieure à celle de la Côte d'Ivoire.

Enfin, la Côte d'Ivoire n'oublie pas d'investir massivement dans l'éducation et la formation, dont les dépenses atteignent 27 % du budget national en 2017 (un des taux les plus élevés du continent). Sur les cinq dernières années, autant de classes sont d'ailleurs ouvertes à travers le pays qu'au cours des vingt années précédentes (accélération qui s'explique, notamment, par la scolarisation rendue obligatoire).

Dans un environnement redevenu favorable aux entreprises, la Côte d'Ivoire mène une politique ambitieuse de développement et de grands chantiers, dans tous les domaines : routes, ponts, transports publics (comme le futur tramway d'Abidjan), centrales électriques, réseaux de télécommunications, hôpitaux, industries de base… et ce, sans oublier l'agriculture qui continue à se développer, le pays étant même devenu récemment le premier producteur mondial de noix de cajou. On peut observer l'évolution des politiques sectorielles qui portent notamment sur le développement des filières de produits primaires (transformation de la noix de cajou…), sur la création d'avantages comparatifs dans les nouveaux secteurs (start-up dans les domaines de l'informatique…) et sur la diversification des activités (projets de tourisme, production et exportation d'électricité…).

B) Le Rwanda ou la sortie programmée du groupe des pays à revenu faible

Le Rwanda est le pays le plus densément peuplé d'Afrique continentale : 13,2 millions d'habitants en 2022 pour une superficie de 26.338 km^2. La situation du Rwanda est moins complexe à décrypter que celle de beaucoup d'autres pays africains à caractère multiethnique. Il n'y a pas d'ethnies au Rwanda mais deux grands groupes sociaux (les hutus qui forment 80 à 85% de la population et les tutsis 15 à 20%) plus un petit groupe marginalisé (les twas : 20.000 à 30.000 personnes). L'ensemble de la population partage la même langue (le kynyarwanda), la même religion chrétienne, la même culture. On considère que les twas, qui appartiennent au peuple pygmée, ont été les premiers occupants du pays où ils vivaient dans les forêts selon un mode traditionnel de chasseur-cueilleur. Puis se sont implantés les hutus qui ont rapidement pris le dessus sur les twas et sont essentiellement des agriculteurs. Enfin, sont arrivés les tutsis qui sont de grands guerriers-éleveurs qui ont dominé les twas et les hutus, installant dans le pays un royaume. Avant la colonisation, la société est organisée en clans et sous-clans où la norme est d'avoir un chef tutsi et des serfs hutus, mais il est possible de passer d'un statut à l'autre selon les mariages et la richesse. Les twas sont certes marginalisés dès les origines, mais leur situation s'aggrave au fil du temps avec le développement des échanges monétaires, la déforestation, la création de parcs nationaux (dont ils sont exclus) et avec la pénurie de terres disponibles.

Aujourd'hui, les twas survivent grâce à la mendicité et au travail saisonnier : peut-être, un jour, pourront-ils devenir des citoyens à part entière avec l'aide d'associations et retrouver une partie de leurs droits ancestraux ou, au moins, avoir accès à tous les emplois de la société.

La colonisation dure de 1885 à 1962 : d'abord une occupation allemande, puis une occupation belge après la défaite de l'Allemagne à l'issue de la première guerre mondiale. De même qu'au Burundi, les administrations coloniales successives du Rwanda s'appuient sur la monarchie et plus largement sur les tutsis (qui ont accès à l'enseignement et aux postes administratifs), créant ainsi un fossé de classe sociale entre des « nobles » (les tutsis) et des « roturiers » (les hutus) et provoquant des rancœurs chez les hutus. Alors que le monarque conserve le pouvoir au Burundi après l'indépendance et ne sera renversé qu'à l'occasion d'un coup d'Etat en 1966 (les rois tutsis étant alors remplacés par des dictateurs tutsis), le Rwanda est en 1962 le théâtre à la fois d'une prise d'indépendance et d'une révolution : ce sont les hutus qui prennent le pouvoir. La révolution constitue une période de combats et déjà de massacres qui provoque le départ de 300.000 tutsis dans les pays voisins (notamment en Ouganda). Le conflit latent entre les deux groupes ne cessera jamais d'empoisonner la vie des rwandais avec des violences dans les deux camps. Si les tutsis sont désolés de perdre leur pouvoir et souhaitent le récupérer, la politique menée à leur égard par le pouvoir hutu n'arrange pas les choses : alors que les dirigeants hutus mènent à juste titre une politique de rattrapage (tout à fait nécessaire dans des domaines comme celui de l'éducation, puisque les hutus n'y avaient pas droit auparavant), les tutsis sont aussi discriminés dans la plupart des secteurs de la vie en société.

L'histoire économique du Rwanda de 1962 à 1994 est particulièrement originale car les politiques successives menées sont exactement inverses de celles de la plupart des autres pays africains.

Au cours des années 1960 et 1970, le Rwanda enregistre des taux élevés de croissance économique (5% à 6% par an en moyenne), accompagnés d'une stabilité financière générale (un endettement limité) et de faibles taux d'inflation. Le Rwanda est l'un des rares pays d'Afrique où la production alimentaire par habitant augmente au cours de ces deux décennies parce que la politique est libérale et les prix agricoles suivent les évolutions des marchés qui sont plutôt à la hausse. Le Rwanda souffre au départ d'un grave déficit en main d'œuvre qualifiée qu'il tente de combler par une politique d'éducation active. Il est aussi le pays africain le plus pénalisé par son enclavement : il faut passer par deux pays avant d'atteindre le port de Mombasa au Kenya et le gouvernement affecte une partie de son budget aux infrastructures de transport et de communication. Les résultats satisfaisants enregistrés jusqu'à la fin des années 1970 sont le fruit d'une combinaison de facteurs : des conditions climatiques généralement favorables, une conjoncture internationale porteuse, des entrées importantes de capitaux extérieurs, une bonne gestion de l'économie par une administration intègre et dans une relative stabilité politique.

Avec la décennie des années 1980, beaucoup de facteurs négatifs entrent en jeu pour contrecarrer la croissance et le développement du pays. Le Gouvernement modifie plusieurs fois sa politique économique, mais ne parvient pas à améliorer la situation, tout en refusant systématiquement d'adopter les mesures préconisées par les organisations internationales. Déjà, avec le boom du café de la fin des années 1970, le Gouvernement se lance dans un vaste programme d'investissements publics et accepte des augmentations de salaires qui auront des effets négatifs dans les périodes ultérieures. La forte baisse du prix du café et du thé (qui sont les deux seules sources de recettes extérieures du pays) à partir de 1979 oblige le Gouvernement à adopter des mesures de réductions des dépenses. Puis, paradoxalement, alors que les autres pays se lancent dans leurs réformes libérales, le gouvernement rwandais se met à intervenir autoritairement dans tous les secteurs de l'économie. Observant que les cultures de café et de thé restent à terme les seules sources de devises, mais risquent d'être abandonnées par les paysans si les prix au producteur suivent les prix du marché, le gouvernement met en place une Caisse de stabilisation (qui pèse sur le budget de l'Etat). Parallèlement, puisque le secteur industriel privé est insignifiant, le gouvernement finance directement un certain nombre d'opérations industrielles et développe un secteur public (lui aussi subventionné par le budget de l'Etat). Mais comme les déficits extérieurs croissent parallèlement aux déficits publics, il faut bien se résigner à limiter les dépenses, ce qui aggrave d'autant plus la récession que les prix du café et du thé continuent de baisser.

A la fin de l'année 1989, le gouvernement, qui ne veut toujours pas négocier de programme d'ajustement avec le FMI, convoque une équipe d'experts pour répondre à la question : « pouvons-nous nous passer du FMI et, dans ce cas, quelle politique devons-nous mener ? ».

Le diagnostic est impitoyable. Alors que 91% de la population reste rurale, la théorie des rendements décroissants de Ricardo implique une rupture avec le passé. Dans les décennies précédentes, la croissance agricole provenait d'une augmentation de la surface des terres cultivées et non d'une productivité croissante (production par hectare). Ce n'est plus possible : il n'y a plus de terre disponible. Non seulement, on est passé des terres les plus fertiles aux terres les moins fertiles, mais les paysans sont trop nombreux et deviennent quasiment des paysans sans terre : l'héritage se faisant par les garçons et les ménages pratiquant un habitat isolé, chaque ménage occupe désormais un espace moyen de 1,5 hectares dans un milieu fait de collines et de marais. De plus, les subventions ne suffisent plus à maintenir une production de café et de thé de qualité. Par ailleurs, l'obsession historique de monnaie forte (le franc rwandais étant rattaché à un panier de devises) entraîne une surévaluation de la monnaie qui est accentuée par les dévaluations des pays voisins sous ajustement structurel et qui conduit à rendre non compétitifs les produits vivriers et artisanaux rwandais. Dans le pays, la situation économique et sociale s'aggrave dangereusement : il y a de plus en plus de personnes en dessous du seuil de pauvreté et même dans l'incapacité de travailler. De nombreux ménages ruraux pauvres sont devenus purement et simplement des « affamés » selon la terminologie en cours dans le pays. Enfin, dernier élément pour le moins déterminant : compte tenu des déficits extérieurs croissants, il ne reste plus que trois moins de réserves en matière de devises. Il faut trouver en urgence des devises pour éviter la banqueroute et l'Etat doit donc demander l'aide du FMI.

Immédiatement, en 1990, le gouvernement accepte de signer un programme d'ajustement qui prévoit des dévaluations annuelles successives, des privatisations d'entreprises publiques, un arrêt des subventions aux paysans, une libéralisation du commerce extérieur, une augmentation des taux d'intérêt, un blocage des salaires nominaux, une réforme fiscale. Si la banqueroute est évitée, la situation ne s'améliore pas : les dévaluations ne sont pas suffisantes pour que les produits rwandais retrouvent leur compétitivité, les prix internationaux du café et du thé poursuivent leur baisse. Le Rwanda continue de s'appauvrir. A partir de 1990, on commence à voir monter un climat de rancœurs et de violences dans les campagnes qui est aggravé par la rareté croissante des terres dans un contexte de forte croissance démographique, par l'absence d'emplois non agricoles et qui est attisé par des agitateurs hutus à la recherche de boucs émissaires (les tutsis). Ces derniers ne sont pas non plus pour rien dans la montée des tensions puisque, à partir d'octobre 1990, les rebelles de Paul Kagamé franchissent régulièrement la frontière ougandaise et cherchent à reprendre le pouvoir au Rwanda.

Alors que des négociations ont lieu pour réintégrer les exilés tutsis (à la suite des accords d'Arusha en août 1993), les hutus extrémistes s'y opposent. Après l'assassinat du président rwandais le 6 avril 1994, la violence se déchaîne : la guerre et le génocide (des tutsis et des hutus modérés) se déroulent sur une période assez courte (du 7 avril au 17 juillet 1994). Le nombre de morts est estimé à 800.000 par la Commission d'enquête des Nations-Unies. Paul Kagamé et ses troupes entrent dans la capitale Kigali le 4 juillet 1994.

La guerre et le génocide de 1994 détruisent une partie du capital physique, humain et social du pays et font baisser le PIB par tête de 40%. La période qui va 1995 à 2007 comprend deux phases. Une phase de reconstruction 1995-2000 est consacrée à la réhabilitation de nombreuses infrastructures économiques et sociales et au redémarrage de l'économie et voit le PIB réel croître de 10% par an. Une phase de transition 2001-2007 est celle du retour au niveau de PIB par tête d'avant 1994 puis à son dépassement. La croissance du PIB réel se stabilise autour de 6% par an et la stratégie s'oriente dans deux directions : une mise en place de programmes publics de réduction de la pauvreté, un cadre logique rigoureux pour éliminer systématiquement tous les obstacles au développement des investissements privés.

La période 2008-2012 de restructuration vise ni plus ni moins à faire passer le Rwanda d'une économie agricole faiblement productive à une économie orientée vers les services et la connaissance. Le plan stratégique de réduction de la pauvreté et de développement économique 2008-2012 est bâti autour de trois mots d'ordre : une croissance de qualité (basée sur des emplois plus qualifiés, sur la productivité agricole et sur la diversification des activités non agricoles), des actions ciblées sur les pauvres (travaux publics, microcrédit…), une meilleure gouvernance (sécurité, justice, décentralisation…). Si le caractère démocratique du régime et les relations avec la République démocratique du Congo (RDC) posent des problèmes à de nombreux analystes, les réformes économiques sont saluées unanimement, notamment par les institutions de Bretton Woods et par les grands pays (surtout les pays anglo-saxons dont les Etats et les ONG se mobilisent financièrement et humainement pour favoriser le passage du Rwanda de la sphère francophone à la sphère anglophone). L'aide atteint 26% du PIB en 2009 (contre 11% en 1990), soit 64 dollars US par tête. A cette aide, il faut rajouter les ressources qui sont tirées des matières premières de l'est de la RDC (coltran, or…) : la question reste ouverte de savoir si elles proviennent d'incursions rwandaises illégales en RDC ou des opérateurs congolais qui préfèrent transformer leurs matières premières au Rwanda, à l'abri des conflits et de la corruption.

Toujours est-il que le miracle économique a bien lieu. Dans sa « Vision 2050 » et son plan de développement septennal (« National Strategy for Transformation 2017-2024 »), le gouvernement projette de faire du Rwanda une économie à revenu intermédiaire d'ici 2035, et un pays à revenu (presque) élevé à l'horizon 2050.

	A	B			A	B
1980	7,0	14,2		**2005**	9,4	15,8
1981	5,1	13,5		**2006**	9,2	16,8
1982	1,8	11,8		**2007**	7,6	18,9
1983	2,5	12,7		**2008**	11,2	24,0
1984	-4,9	16,3		**2009**	6,2	23,4
1985	4	15,6		**2010**	7,3	23,0
1986	5,5	15,4		**2011**	7,8	23,5
1987	-0,2	15,5		**2012**	8,8	25,8
1988	-3 ,1	14,8		**2013**	4,7	26,5
1989	-6,3	16,9		**2014**	7,6	25,3
1990	0	15,4		**2015**	8,9	26,4
				2016	6,0	25,9
				2017	6,1	24,0
				2018	8,6	25,2

A : taux de croissance du PIB
B : taux d'investissement (investissement / PIB)

La différence avec les années 1980 est flagrante : le taux d'investissement passe de 15% à 25% et comprend désormais pour moitié une part d'investissement privé. Le taux de croissance annuel du PIB est le plus souvent supérieur à 7% (rappelons qu'à ce taux, le PIB double en dix ans). De plus, le taux de croissance annuel moyen de la population est tombé de 3,7% à moins de 2,5%. Le Rwanda parvient même à passer mieux que le reste du monde le cap de la Covid avec des taux de croissance du PIB de 9,4% en 2019, 3,4% en 2020, 10,9% en 2021 et 8,2% en 2022.

Beaucoup d'observateurs approuvent la liste patchwork établie par T. McConnell (*Columbia Journalism Review*, janvier-février 2011) : « progression du PIB par habitant, assurance-maladie nationale et éducation primaire gratuite pour tous, reprise du tourisme, une capitale propre, accès Internet et téléphonie mobile à travers tout le pays, conducteurs bouclant leur ceinture de sécurité, fonctionnaires arrivant à l'heure au bureau, industrie du bâtiment active, État de droit et administration de la justice ». On peut ajouter que l'espérance de vie est passée en quelques années de 45 ans à 69 ans, le pourcentage d'accouchements au sein d'infrastructures médicalisées a été doublé, la mortalité maternelle a chuté de 40%, l'immunisation des enfants est maintenant presque complète, le recours à la contraception a triplé en 10 ans et la pauvreté absolue a fortement chuté.

A quoi est dû ce succès ? Il y a certes un certain ordre politique et économique qui est imposé aux populations. Au plan politique, le gouvernement mène une politique autoritaire d'unité et de réconciliation nationale qui repose sur l'acceptation d'un mythe qui interdit toute référence à un groupe (tutsi, hutu, twa) : « nous sommes tous rwandais ». Evidemment, compte tenu de la proximité des épisodes traumatisants, le mythe a un côté irréaliste et fait fi des résistances sur le terrain qui se manifestent de plusieurs façons lorsqu'un fonctionnaire convoque les gens à une réunion de concertation ou à une cérémonie commémoratrice : le mutisme marqué, l'évitement ou la marginalisation, l'obéissance irrévérencieuse[339]. Si le temps peut effacer en partie les marques du passé, on peut penser que la solution vient aussi de la participation de tous aux décisions locales (avec la décentralisation) et aux bienfaits du développement économique et social.

On peut relever quatre causes majeures du décollage économique :

-le leadership, la bonne gouvernance et l'existence d'institutions solides et inclusives avec une absence relative de corruption et une gestion publique axée sur les résultats. Le pays a décidé de prendre Singapour et l'Ile Maurice comme modèles de gestion. Le Rwanda a ainsi tourné son regard vers Singapour et reproduit une organisation assez similaire à celle de la cité-État en créant des agences chargées de mettre en œuvre les politiques gouvernementales. La présidence et les ministères font office de conseils d'administration, et ces agences spéciales (onze au total) constituent les organes exécutifs. Parmi ces agences, on peut souligner les performances du Rwanda Revenue Authority (RRA) qui a pour objet de centraliser, mobiliser et gérer l'ensemble des revenus publics. Bien que son budget dépende à près de 50 % de l'aide internationale, le Rwanda n'accepte que les projets internationaux correspondant à ses propres priorités. De la même manière, lorsque la plupart des pays africains sous-traitent leur plan de développement à des cabinets internationaux, le Rwanda élabore, lui, sa propre stratégie et accepte d'être jugé sur des indicateurs de résultats (souvent ambitieux). Sur cette base, on a fini par assister à la mise en place d'une « religion du résultat » accompagnée du développement d'une volonté d'innover (dans tous les secteurs) pour atteindre les résultats ainsi que d'une transparence croissante des programmes et parallèlement d'une intolérance croissante vis-à-vis de la corruption au sein des administrations publiques.

-la volonté de restructurer l'économie sur la base d'avantages comparatifs construits. Autrefois essentiellement agricole (avec des exportations de thé et de café), le pays se présente désormais comme une économie de services (52 % du PIB) avec trois principaux piliers : le tourisme, la finance et les technologies de l'information et de la communication (TIC). La stratégie de transformation économique a des objectifs impressionnants : diversifier l'économie et viser pour chaque nouveau produit de tirer le pays vers le haut (être à la frontière technologique, accroître la productivité, devenir un leader régional voire mondial). Tout se conjugue dans le projet : modernisation de l'agriculture et de l'élevage (les actifs agricoles passent à moins de 60% de la population active), création d'un hub régional pour les services financiers, développement d'un tourisme d'affaires et d'entreprises TIC de niveau mondial, transition vers une croissance verte… Par exemple, des actions fortes sont menées pour faire en sorte que les TIC stimulent l'innovation dans tous les secteurs de l'économie : renforcer les centres de formation spécialisés et développer dans les écoles une « culture des TIC » pour produire « une masse critique de professionnels » de ce domaine ; construire un réseau national de 2300 kilomètres de fibre optique qui relie le Rwanda au reste du monde par l'intermédiaire du câble sous-marin Seacom installé le long des côtes de l'Afrique de l'Est, qui fournit un accès Internet rapide à divers services et qui remplace les liaisons par satellite coûteuses et plus lentes. Les abonnés au réseau téléphonique mobile sont passés de 0,13 millions en 2003 à 2,41 en 2010 et dépassent la barre des 6 millions à partir de 2015. Les consommateurs pauvres ne paient plus que 20% du prix d'achat d'un cellulaire (si besoin est par un microcrédit), le reste étant subventionné à 50% par l'Etat et à 30% par les opérateurs. Les innovations technologiques touchent tous les secteurs : informatisation des titres de transport, système mPedigree de contrôle de la qualité des médicaments, travail des agents de santé communautaire, services bancaires par téléphonie mobile, télécentres dans les districts.

-un climat favorable aux entreprises privées. Très mal classé à la fin des années 1990 pour son climat des affaires, le Rwanda est passé en 2014 (Doing Business) au 9ème rang dans le monde (9ème sur 189) pour la création d'entreprise, soit à exactement 97,36% de la meilleure performance possible, et dépasse ainsi de nombreux pays de l'OCDE. Sur le classement général de la facilité de faire des affaires, le Rwanda se classe 32ème (sur 189 économies), car il perd quelques points sur des domaines comme l'octroi de permis de construire et le commerce transfrontalier. Dès lors, la confiance est au rendez-vous et les années 2010 sont celles du décollage. Le premier emprunt obligataire international lancé en avril 2013 par le Rwanda est sursouscrit... huit fois. Les trois principaux piliers du développement (le tourisme, la finance et les technologies de l'information et de la communication) attirent les entreprises étrangères. En 2013, le pays fait venir plus de 1 million de visiteurs, générant une recette de près de 300 millions de dollars, contre 62 millions en 2000. Les groupes Carlson Rezidor, Marriott, Radisson, Starwood ouvrent des établissements haut de gamme à Kigali. La prestigieuse université américaine Carnegie-Mellon y crée son premier campus africain consacré aux TIC. Les investissements internationaux directs (nets) passent de 4 millions de dollars par an au début des années 2000 à 160 millions par an dans les années 2010.

-une politique sociale innovante et efficace. L'éducation de base est devenue gratuite à partir de 2003-2004 et le Rwanda est bien placé dans les comparaisons internationales avec un taux net de scolarisation primaire de 96%, un taux d'achèvement du cycle de 97% et un taux de passage dans le secondaire de 72%. En matière de santé, l'assurance-maladie est quasi-universelle puisque 98% des rwandais sont couverts. Enfin, la réduction de la pauvreté, qui n'implique pas forcément une réduction des inégalités au Rwanda, est obtenue notamment par un accès des pauvres aux services publics de base (éducation, santé…) et par des projets vigoureux contre la pauvreté absolue (par exemple, offrir une vache à chaque ménage rural pauvre).

L'éthique du 21ème siècle
(CONCLUSION)

Arrivés au bout de notre réflexion, nous espérons avoir contribué à trouver du sens au tourbillon actuel que certains jugent insensé.

Répétons une dernière fois le mantra de Mandela : « une vision suivie d'actions peut changer le monde ». Un monde attractif et dynamique est possible à partir du milieu du 21ème siècle. Evidemment, la vision sans son opérationnalisation n'a aucune valeur et c'est bien sûr dans les actions que réside le courage des acteurs.

Les deux premières choses à faire étaient d'une part de prendre conscience des enjeux des débats entre optimistes et pessimistes, d'autre part de comprendre comment l'on passe du capitalisme social au capitalisme néolibéral et réciproquement. Sur cette base, il était possible de définir concrètement ce que nous entendions par « bien-être » et par « soutenabilité écologique » (fondements des politiques publiques dans les décennies à venir).

Il ne restait plus qu'à préciser les contours et les politiques d'une phase de transition qui pouvait mener tous les pays du monde vers un état stable de bien-être généralisé (rêvé par les plus grands économistes).

La tâche pour les pays riches est double : mener des politiques publiques volontaristes pour créer des économies décarbonées et réindustrialisées et pour combattre les problèmes de pauvreté et de pouvoir d'achat ; passer progressivement à des politiques non conventionnelles en adoptant l'état d'esprit d'économistes keynésiens, rawliens et écologistes qui font de la réduction du chômage, de l'élimination des injustices et du respect des limites planétaires leurs combats prioritaires.

Pour les pays pauvres, il s'agit de mener des politiques autonomes et de changer fièrement de voie : abandonner les destinations de Washington et de New-York (les deux consensus libéraux) pour celle plus prometteuse de Lagos (le consensus socioéconomique).

Les deux feuilles de route doivent être menées de concert : c'est d'une convergence entre la sortie des pays pauvres de leur état de pauvreté et la sortie des pays riches de la phase néolibérale du capitalisme mondial que l'on peut espérer empêcher les violences de croître et les « monstres » de refaire surface.

Pour s'en convaincre, il suffit de mettre en relation notre baromètre du bien-être et la grille des éléments de passage au capitalisme social.

Dans le baromètre, trois seuils (entre 10.000 et 15.000 dollars) servent de repères faciles et concernent la sécularisation et la baisse du taux de religiosité, la montée en puissance des préoccupations environnementales et l'inflexion de la courbe du bonheur. L'expansion des libertés et du bien-être dans les pays pauvres est évidemment propice à une réduction des violences de toutes natures. Par sécularisation, on entend non pas une disparition des croyances religieuses, mais une baisse des taux de religiosité (temps relatif accordé aux pratiques religieuses, degré de croyance à des éléments surnaturels, degré de validation des injonctions sociétales des autorités religieuses) et un abandon des fondamentalismes intolérants. La tendance à long terme est claire et la corrélation (de type logarithmique) entre le PIB par tête et le pourcentage de personnes qui disent que la religion joue un rôle important dans leur vie est presque parfaite : le pourcentage va de 100% pour les pays les plus pauvres (notamment africains) à une fourchette de 10% à 20% pour des pays riches comme le Japon, la France, le Canada, l'Australie, les pays nordiques. Naturellement, n'oublions pas de distinguer le trend et les vagues cycliques à moyen terme : le mouvement s'est logiquement inversé au cours de la phase néolibérale.

Dans le cadre du retour au capitalisme social dans les pays riches, on peut aussi prévoir une baisse des inégalités socioéconomiques et des injustices de toutes sortes qui est propice non seulement à l'augmentation du capital social, mais aussi à la réduction des fractures et des conflits identitaires. En particulier, le développement du savoir et de l'esprit critique, le goût pour la liberté individuelle, le retour d'une meilleure sécurité existentielle, la réduction des inégalités et l'espoir de de perspectives de vie motivante pour tous rendent moins attrayantes les conversions à des identités radicales ou extrémistes.

Tout cela ne sera possible que si l'on redécouvre les qualités et les valeurs perdues pendant la phase néolibérale et si l'on réinvente une éthique pour le 21ème siècle.

Le besoin d'éthique distingue notre société actuelle de celles qui l'ont précédé, car il démontre « son impuissance à former une représentation du vivre-ensemble suffisamment cohérente pour que les acteurs sociaux y trouvent les fondements des liens de solidarité et de responsabilité qui devraient les réunir »[340]. Les précédentes sociétés ont toujours eu des projets politico-éthiques forts (à connotation religieuse, puis républicaine et nationaliste) pour mobiliser les individus qui sont maintenant livrés à eux-mêmes et qui n'en demandaient peut-être pas tant. Certains observateurs mettent l'accent sur le fait qu'une société multiculturelle ne peut rester pacifique que si tous ses membres sont tant soit peu sécularisés et désidéologisés et acceptent les principes de réciprocité et de tolérance, mais aussi ne sont plus victimes d'injustices ou de discriminations. En rénovant le projet des Lumières (humaniste, rationaliste, développementiste, universaliste) et en l'adaptant au monde contemporain, on a l'occasion de réinventer non point seulement de simples principes que tous devraient respecter par nécessité, mais carrément un idéal (une « utopie ») qui vaille la peine que l'on se batte pour lui.

Un universalisme adapté au 21ème siècle

A nous tous de faire éclore un nouvel universalisme ! Un universalisme *émancipateur* à partir des études culturelles américaines, des études environnementales et de la nouvelle géographie des pensées critiques (le palestinien Edward Saïd, le slovène Slavoj Zizek, l'indien Dipesh Chakrabarty, le sénégalais Souleymane Bachir Diagne, l'italien Toni Negri, l'américaine Judith Butler, la turque Seyla Benhabib, l'américaine Kimberlé Crenshaw, le camerounais Achille Mbembe, le chinois Wang Hui, l'argentin Ernesto Laclau, le français Philippe Descola…). Un universalisme *non assimilateur* qui gomme toutes les injustices évitables, mais qui reconnaisse également toutes les différences et tous les choix de vie à condition qu'aucune domination ou intolérance ne vienne contrecarrer cet idéal et que chacun se situe dans un espace de bien-être délimité à la fois par les limites planétaires, par les possibilités liées au progrès technique et par une répartition équitable entre suffisantisme (« tous doivent en avoir suffisamment ») et limitarisme (« certains en ont trop »).

Un cadre général : réfréner les pulsions compétitives

Le passage du capitalisme social au capitalisme néolibéral transforme profondément les modes d'allocation des emplois, des biens et services, des privilèges et de l'estime sociale dans les pays. Au cours de ce passage, l'esprit de civisme, de coopération et d'altruisme cède la place à l'esprit de concurrence et d'égoïsme. Le mérite est fréquemment évoqué dans les discours politiques, mais une société néolibérale est de moins en moins une société du mérite dans la mesure où l'ascenseur social est grippé et se fait moins par le travail que par le capital (l'héritage, les dividendes, les rentes). De plus, les comportements stratégiques et concurrentiels tendent à s'étendre à toutes les sphères de la vie. La société est alors prise d'une pulsion compétitive et la compétition sert alors « comme mode d'interaction, comme instrument social et comme forme de socialisation » (Harmut Rosa[341]). L'individu est contraint de paraître compétitif dans tous les domaines de sa vie : adaptable, employable, mariable, fréquentable. Le principe de compétition va évidemment à l'encontre de la justice rawlienne puisqu'il aggrave les inégalités entre les êtres humains et empêchent les personnes peu créatives, en mauvaise santé, lentes, maladroites, moches, vieillissantes ou faibles de mener une bonne vie.

Lorsque Rosa parle de la compétition comme forme de socialisation, il décrit des sujets qui sont à la recherche de ressources matérielles et de reconnaissance. Les perdants manquent justement des deux : ils ont les ressources les plus faibles et ils perçoivent le mépris des autres. L'inégalité et le mépris leur apportent de l'humiliation et des souffrances d'autant plus ressenties que leur contribution à la vie de la société est fatigante et sale mais utile. Pensons par exemple aux éboueurs dont Martin Luther King sut défendre, un jour de grève, tant la dignité au travail que la contribution au bien commun : « la personne qui ramasse nos ordures est, en dernière analyse, aussi importante qu'un médecin car, si elle ne fait pas son travail, les maladies se propageront. Tout travail a sa dignité ». Du reste, la Covid a permis de montrer l'importance de personnes souvent sous-estimées : caissiers, soignants, livreurs…

Il nous faut revenir aux fondements d'une société rawlienne : remplacer le principe de compétition effrénée par celui de coopération généralisée. Selon Rawls, la société doit tendre vers « un système de coopération équitable entre des individus libres et égaux ». Une vie pacifique en commun dépend de la capacité des individus à coopérer en se parlant et même en s'opposant mais sans volonté de domination, d'assujettissement et encore moins d'élimination. Les keynésiens et les écologistes donneraient l'exemple d'un Etat qui mettrait en place des exercices de planification indicative et concertative. Toutes les expériences innovantes de planification participative et de coopération réussie à tous les niveaux méritent d'être encouragés et reproduits : du niveau mondial (à l'image du Protocole de Montréal sur la couche d'ozone) aux échelles territoriales des pays (comme les plans énergie-climat expérimentaux de certaines régions françaises).

Un projet éthique qui intègre les valeurs de responsabilité et de reconnaissance

« L'éthique est la responsabilité étendue à tout ce qui vit », écrivait Albert Schweitzer. Si l'individu quel qu'il soit n'agit pas, c'est que l'éthique reste lettre morte : or, on ne peut se le permettre compte tenu des dangers et des urgences. Chacun doit devenir responsable de lui-même et de ses actes. L'éthique est la théorie de l'action responsable. La question n'est pas « qu'est-il juste de faire ? », mais « qu'est-il juste de faire dans la situation actuelle ? ». Lorsqu'on aborde les questions climatiques et environnementales, on a deux façons de traiter le problème éthique : la première est de rechercher les traits de caractère qui rendent une personne environnementalement vertueuse ; la deuxième est d'expliquer pourquoi un individu rationnel doit être environnementalement vertueux. Être responsable de sa vie en tenant compte de la possibilité pour tous les autres d'avoir la bonne vie qui leur convient, c'est non seulement prôner un présent meilleur pour tous, mais aussi programmer un avenir meilleur pour tous dans le sens de « la permanence d'une vie authentiquement humaine sur terre » (Jonas).

Pour être responsable de quelque chose, il faut être libre et capable de prendre des décisions éclairées. *La responsabilité comporte trois facettes*[342] : des tâches précises à accomplir (comme producteur, consommateur, décideur, travailleur, chercheur…), des bases solides pour les accomplir (autorité, obligations morales, capacités, vertus…) et des effets liés à leur accomplissement (injonction à rendre compte, blâmes ou félicitations, récompenses proportionnées aux résultats, obligation de compensation en cas d'effets négatifs...).

Les composantes négatives de la responsabilité (obligation de rendre compte, risque de blâme, obligation de compensation...) sont purement instrumentales et n'impliquent pas des vertus ou des capacités morales des individus[343].

Les interprétations positives de la responsabilité (tâche, autorité, capacité, obligation morale, souci des autres et de la nature, vertu de rendre des comptes...) expriment un lien direct entre nos actes et notre responsabilité. L'intérêt de prendre en compte toutes les conceptions de la responsabilité est de permettre de choisir l'une ou l'autre ou plusieurs en fonction des acteurs et des circonstances. Certaines sont plus exigeantes que d'autres : être responsable en tant qu'autorité responsable d'un projet est plus exigeant que d'être responsable d'une tâche au sein du projet. Certaines sont plus motivantes que d'autres : les incitations positives ont souvent plus d'impact que les incitations négatives. La responsabilité comme vertu surpasse toutes les autres formes de responsabilité et s'apparente à une recherche spontanée d'excellence dans l'action.

Responsabilité et mérite vont de pair. Un monde commun où tous les êtres humains disposent des mêmes droits et où est reconnu à sa juste valeur le mérite d'un individu supposé responsable de ses actes est en soi un monde attractif. Le mérite véritable est un contre-poids au marché qui peut produire des fluctuations et des inégalités injustes. Naturellement, il ne s'agit pas ici de la fausse méritocratie d'un système libéral, système que les élites savent truquer pour perpétuer leurs privilèges et transmettre leurs avantages à leurs enfants en tenant compte des évolutions des marchés et qui peut même générer hubris et anxiété chez les gagnants, humiliation et ressentiment chez les perdants.

Tout individu né dans un monde inégalitaire peut-il devenir un être responsable et méritant selon ses talents et sa chance ? Non ! La prise en compte des façons qu'ont les gens de donner du sens à leur existence (Alain Badiou[344]) et de différencier les sphères de leur vie (Michael Walzer[345]) est importante pour expliquer la situation des groupes les plus dominés ou les plus vulnérables. Ces façons sont nombreuses et concernent toutes les composantes du bien-être : les injustices subies peuvent être *socioéconomiques* (exploitation, précarité, chômage, revenus indécents...), *culturelles* (déni de reconnaissance, invisibilité, mépris...) ou *politiques* (manque de participation et de représentation politique, absence de certains droits...). Multisectorialité et intersectionnalité doivent être croisées : si des homosexuels sont plutôt victime des seules injustices culturelles, des femmes et des noirs peuvent subir les trois formes d'injustices ; parallèlement, une femme noire lesbienne et chômeuse peut subir quatre formes de discriminations variables selon les pays.

Sur le plan international, il faut combattre encore plus fermement les injustices dans la mesure où l'humiliation est institutionnalisée et se traduit par le fait que les pays les plus pauvres ont un statut inférieur aux autres pays, sont victimes d'ingérences extérieures et de pratiques freinant leur développement, sont à la merci des décisions de ceux qui ont l'autorité (et la force) pour l'usage des ressources mondiales. Bertrand Badie[346] recense les types d'humiliations : par rabaissement (imposer une réduction brutale du statut de puissance et créer à partir de là un choc émotionnel au sein de l'opinion), par déni d'égalité (mettre sous tutelle, avec droit d'ingérence, les Etats supposés inférieurs : capitulations, conditionnalités, accords de coopération, interventions militaires), par relégation (exclure du cercle de la décision et du pouvoir : G8, G20, FMI, Banque mondiale, club des détenteurs de bombe nucléaire…), par stigmatisation (traiter des Etats de façon infamante : faibles, voyous, retardés, non entrés dans l'Histoire…).

Un combat majeur en faveur de l'émancipation

Comment former les citoyens du 21ème siècle ? Pour Martha Nussbaum, la crise la plus grave qui aura sans doute les conséquences les pires pour toutes les sociétés est « la crise mondiale de l'éducation » (la crise est probablement encore plus aigüe en France et nous l'avons évoquée dans un chapitre antérieur). L'inefficacité et l'inéquité des systèmes d'éducation sont les problèmes de tous. Nous sommes perdants à terme si nos enfants (ou les enfants des autres) n'acquièrent pas les compétences pour le 21ème siècle ou si nous laissons prospérer les « inégalités sauvages » (savage inequalities) décrites par Jonathan Kozol[347]. Dans les pays pauvres, il faut faire en même temps la guerre à la pauvreté et à l'ignorance. Dans les pays riches, le grand combat de ce début de 21ème siècle est le combat pour le savoir et contre les risques de régression et de pertes d'acquis.

Que doit-on apprendre ou transmettre dans une école publique républicaine ? Dans leur note établie pour la Fondation Terra Nova, Roger-François Gauthier et Agnès Florin[348] précisent que la première chose à faire est de se préoccuper du sens de ce que l'école enseigne et que les savoirs de l'école doivent avoir « une visée d'émancipation plus nécessaire que jamais ». Emmanuel Brassat[349] énumère les six conditions d'un programme rationaliste en faveur d'une école émancipatrice au sens de Condorcet et de Kant : avoir accès au savoir pour être libre ; se discipliner par l'étude pour se libérer de l'impulsivité et de l'illimitation ; forger l'exercice critique du jugement ; cultiver sa nature intellectuelle rationnelle ; adopter les formes les plus rigoureuses de la pensée scientifique expérimentale ou normative ; recevoir une instruction générale ordonnée aux sciences exactes pour se libérer des croyances, de l'illusion et de l'obscurantisme. A l'inverse, *une école de l'endoctrinement* préconise l'enseignement dès le plus jeune âge d'une doctrine rigide (souvent religieuse) et l'interdiction de participer même passivement à tout apprentissage ou toute activité qui remettrait en question les commandements de cette doctrine. Parallèlement, *une école du rendement* applique une idéologie néolibérale qui préconise de limiter les enseignements à des compétences professionnelles et à divers « savoir-faire » et « savoir-être » requis pour être employable et flexible sur un marché du travail durement compétitif. Dans un tel environnement, il faut enseigner la technique plus que la science et ne pas perdre son temps avec les « humanités » (histoire, littérature, philosophie…), les arts et la pensée critique, ni avec de l'éducation civique. Le manque de courage des gouvernements consisterait à laisser progressivement couler le navire et à céder aux sirènes des idéologies communautaristes et néolibérales qui ne prônent nullement l'institution de personnes indépendantes et créatrices, mais au contraire une obéissance forcée à une communauté rigide ou une employabilité servile sur le marché du travail.

Rappelons-nous le besoin de développement des compétences du 21ème siècle (créativité, esprit critique, collaboration, communication) dans un état d'esprit prospectif et ouvert. Avec de telles compétences, les individus deviennent aptes à devenir des acteurs émancipés et libres et à mettre en pratique des vertus morales et civiques et des émotions démocratiques. La tempérance, combinée à la responsabilité, mérite d'être revalorisée car elle conduit à la tolérance et à l'autolimitation. Pour un pays, la tolérance implique forcément d'être laïc (principe qui garantit la possibilité de toutes les opinions et qui oblige la croyance majoritaire à être tolérante envers les autres croyances) et sécularisé (c'est à dire que la croyance dominante accepte une perte d'influence politique et sociale et ne soit pas répressive envers les citoyens qui ne suivent pas les règles de son dogme). Au-delà de la tempérance (modération, sobriété), les trois autres valeurs morales antiques doivent continuer de former la trame des individus sages du 21ème siècle qui peuvent ainsi dominer leurs passions, leurs pulsions, leur envie de violence, sans pour autant être tentés de devenir des « saints moraux »[350] : le courage (surmonter les peurs), la prudence (une conduite raisonnée et consciente des risques) et la justice (donner à chacun ce qui lui est dû).

Finalement, c'est un projet enthousiasmant pour le 21ème siècle qui attend nos enfants et petits-enfants pour peu que nous participions tous activement et sans tarder aux changements de politiques, de comportements et de valeurs qui permettront sa réalisation.

NOTES

Avant-propos

[1] E. Morin « Le temps est venu de changer de civilisation », *La Tribune*, 11 février 2016

[2] L. Hansen-Love « *Oublier le bien, nommer le mal. Une expérience morale paradoxale* », Belin, 2016

[3] N. Elias « *La Civilisation des mœurs* » (1939), Pocket, 2003

[4] H-J. Chang « *2 ou 3 choses que l'on ne vous dit jamais sur le capitalisme* », Seuil, 2012

[5] J. Stiglitz « *Le prix de l'inégalité* », Les liens qui libèrent, 2012

[6] A. Sen « *Identité et violence* », Odile Jacob, 2006

[7] Titre de sa conférence, Cercle des économistes, 30 janvier 2018

[8] Au bien-être et aux soutenabilités, on pourrait ajouter comme horizon de l'humanité au 21ème siècle *la résilience*, c'est-à-dire la capacité d'une communauté, d'un territoire, d'un pays à faire face à des chocs économiques, sociaux, environnementaux, climatiques (cf. E. Laurent « *Sortir de la croissance : mode d'emploi* », Les Liens qui libèrent, 2019)

Chapitre 1

[9] J. Barasz et al. « *Soutenabilités : orchestrer et planifier l'action publique* », France Stratégie, mai 2022

[10] En référence au titre de l'ouvrage de J. Fourastié « *Le grand espoir du XXème siècle* », Gallimard, 1989

[11] Cf. G. Lipovetsky « *Le crépuscule du devoir : l'éthique indolore des nouveaux temps démocratiques* », Gallimard, 1992

[12] S. Freud « *Le malaise dans la civilisation* » (1930), Points, 2010

[13] La plupart des pauvres dans le monde ont plutôt des problèmes de « *fin de journée* » (survivre avec un repas par jour)

[14] Sur le plan matériel, on observe que pour maintenir la croissance et les profits, les producteurs se mettent à promouvoir des solutions inefficientes (gaspillages, obsolescence programmée, entassement, surpoids, gadgétisation, non-recyclage, non-réparation…) et des désirs superflus de type consumériste… ou à militer pour une réduction des acquis

[15] Sur le marché, l'épuisement d'une ressource conduit à une hausse tendancielle de son prix qui a deux effets : soit inciter à consommer moins, à mieux l'utiliser ou à reculer les limites de son exploitation, soit rentabiliser les efforts d'adaptation pour s'en passer et les efforts de recherche pour trouver une ressource de substitution

[16] Le niveau total de 240 milliards de l'année 1500 correspond pratiquement à l'augmentation par jour du PIB mondial d'aujourd'hui (ce qui efface largement la parenthèse des deux années de Covid)

[17] Sources : A. Maddison « *The world economy : historical statistics* », OCDE, 2004 (pour les chiffres anciens) ; statistiques de la Banque Mondiale (pour les chiffres récents). Le PIB est mesuré en PPA (parité de pouvoir d'achat) aux prix de 2000

[18] Cf. W. Stephen et al. « The trajectory of the Anthropocene : the Great Acceleration », *The Anthropocene Review*, March 2015

[19] Un argument des défenseurs du principe « *business as usual* » est qu'une forte croissance dans les décennies à venir offrira des marges de manœuvre considérables pour faire face aux coûts élevés induits par les changements climatiques et autres externalités négatives (ou pour financer les technologies et les institutions utiles)

[20] Groupe d'experts intergouvernemental sur l'évolution du climat et Plateforme intergouvernementale scientifique et politique sur la biodiversité et les services écosystémiques : *« Biodiversity and climate change »*, IPBES-IPCC Workshop Report, 2021

[21] J. L. Servan-Schreiber « *Aimer le XXIème siècle* », Albin Michel, 2012

[22] Aux Etats-Unis, les « créatifs culturels » (28% de la population, souvent très éduquée, urbaine, jeune et féminine) et se distinguent des « modernes » (qui restent majoritaires) par une supériorité intellectuelle affichée, par un plus grand souci d'éducation et de culture, par une plus grande sensibilité écologique, par une moindre attirance envers les biens de consommation, par un respect plus grand des droits des femmes, par un souci de justice sociale incluant les problèmes de reconnaissance et de représentation, par une tolérance plus grande à l'égard des minorités

[23] Valeurs d'avenir : confiance et autonomie, participation, possibilité de progresser dans son champ de compétences, contribution à donner un sens à la vie

[24] Cf. A. Berlan « *Terre et liberté* », Ed. La Lenteur, 2021

[25] « Imagine a planetary universalism not as a singular all-encompassing worldview, but as a collection of laws, institutions and public goods that bind humanity and apply to all » (L. Marsili « From the age of Empires to the age of Humanity », *Noëma*, 27 juillet 2023)

[26] Extrait d'une Tribune (The Independent, 01 mai 2014) : cf. J. G. Ganascia « *Intelligence artificielle. Vers une domination programmée »*, Le Cavalier Bleu, 2017

[27] P. Rosanvallon *« Le siècle du populisme* », Seuil, 2020

[28] Le panorama des groupes européens populistes de droite reste assez inquiétant : le groupe allemand (AFD) a des sections noyautées par des fraternités néonazies, le groupe portugais a repris la devise du dictateur Salazar « Dieu, famille, patrie et travail », le groupe estonien est ouvertement anti-LGBT, celui tchèque pro-russe et anti-ukrainien, celui roumain antivaccin et complotiste.

[29] S. Zizek « L'insécurité nuit davantage aux pauvres qu'aux riches », *Philosophie magazine,* Les idées de demain, N° spécial 2024

[30] J. C. Michea « *Notre ennemi, le capital* », Climats, 2016

[31] H. Geiselberger, N. Fraser et al. « *L'âge de la régression* », Gallimard, 2017

[32] J. F. Bouthos « *Démocratie : zone à défendre !* », L'Aube, 2023

[33] W. Genieys et M. Darviche « L'élite de l'anti-élitisme, un paradoxe français », *The Conversation*, 23 mai 2022

[34] Ensemble des personnes athées, agnostiques et non-pratiquantes

[35] D. Goodhart « *Les deux clans : la nouvelle fracture mondiale* », Les Arènes, 2019

[36] C. Guilluy « *Le temps des gens ordinaires* », Flammarion, 2020 et « *Les dépossédés : l'instinct de survie des classes populaires* », Flammarion, 2022

[37] C. Lasch « *La révolte des élites et la trahison de la démocratie* », Climats, 1999

[38] K. Popper « *La société ouverte et ses ennemis* », Le Seuil, 1979

[39] J. L. Mélenchon « *Faites mieux. Vers la révolution citoyenne* », Robert Laffont, 2023

[40] E. Temelkuran « *Comment conduire un pays à sa perte ? Du populisme à la dictature* », Stock, 2019

[41] Les chaînes d'approvisionnement peuvent être menacées par des problèmes climatiques (canal de Panama...), par des terroristes (canal de Suez...) ou par la volonté de pays producteurs de ne plus livrer à tout le monde des matières premières rares (Chine...)

[42] Référence aux lois adoptées : *Patient Protection and Affordable Care Act* et *Health Care and Education Reconciliation Act* de 2010, *Inflation Reduction Act* de 2022 (IRA)

[43] L'économiste Simon Patten, parrain du New Deal, plaidait pour que tous les pays du monde s'engagent dans des formes de capitalisme protectionniste et interventionniste, considérant que le libre-échange mondialisé conduit à une domination de monopoles et de cartels au-dessus des Etats voire à des guerres et que mieux vaut du commerce local ou régional que des échanges de longue distance

[44] cité par M. Sandel « *La tyrannie du mérite* », Albin Michel, 2021 (page 163)

[45] B. Tertrais « *La guerre des mondes. Le retour de la géopolitique et le choc des empires* », L'Observatoire, 2023

[46] E. Todd « *La défaite de l'Occident* », Gallimard, 2024

[47] N. Tenzer « *Notre guerre. Le crime et l'oubli : pour une pensée stratégique* », L'Observatoire, 2024

[48] La société capitaliste est parfois définie par sa tendance historique longue d'accumulation du capital productif, mais, à notre sens, on peut la percevoir comme suit : développer des affaires financièrement rentables constitue son essence et justifie son existence

[49] J. Ostry, P. Loungani et D. Furceri « Neoliberalism : oversold ? » *Finances et développement* (FMI), juin 2016

[50] J. Barasz et al. « *Soutenabilités : orchestrer et planifier l'action publique* », France Stratégie, 2022

[51] J. Devaurex « *Le monde change et on n'y comprend rien* », First, 2023

[52] Institut Jules Destrée, Futuribles, National Intelligence Council, France Stratégie, World Future Society, Future Earth, Prospective 2100, Great Transition Initiative, RethinkX...

[53] J. Lesourne « *Les mille sentiers de l'avenir* », Seghers, 1981

[54] A. Barrau « *Le plus grand défi de l'histoire de l'humanité* », Michel Lafon, 2019 ; Y. Cochet *« Devant l'effondrement. Essai de collapsologie »*, Paris, Les Liens qui libèrent, 2019 ; T. Jackson « *Prospérité sans croissance* », De Boeck, 2010 ; S. Latouche « *La décroissance* », Que sais-je, 2019 ; T. Parrique « *Ralentir ou périr. L'économie de la décroissance* », Seuil, 2022

[55] N. Srnicek et A. Williams « *Inventing the future* », Verso, 2015 et « *Manifeste pour une politique accélérationniste* », Adespote, 2017 ; J. Rifkin « *Le new deal vert mondial* », Actes Sud, 2019 ; OCDE « *Vers une croissance verte* », 2011 ; G. Babinet « *L'ère numérique, un nouvel âge de l'humanité* », Le Passeur, 2016. Cf. aussi A. Tressaud « *Progress in science, progress in society* », Springer, 2018

[56] R. Kurweil « *Humanité 2.0 : La Bible du changement »*, Pearson, 2007. Cf. aussi les travaux des principaux membres de la World Transhumanist Association (appelée désormais Humanity+) : N. Bostrom, J. Hugues, M. More, D. Pearce...

[57] Al Gore « *Le futur : six logiciels pour changer le monde* », La Martinière, 2013 ; cf. aussi Y. N. Harari « *21 leçons pour le XXIème siècle* », Albin Michel, 2018

[58] J. Rifkin « *Le New Deal vert mondial* », Les liens qui libèrent, 2019

[59] P. Chabot « *L'âge des transitions* », PUF, 2015

[60] J. M. Severino et O. Ray « *Le grand basculement* », Odile Jacob, 2011

[61] T. Gaudin et al. « *La grande transition de l'humanité. De Sapiens à Deus* », FYP, 2018

[62] J. Attali « *Le monde, modes d'emploi* », Flammarion, 2023

[63] R. Salmon « *Sésame pour l'avenir. Comprendre ce qui va bouleverser nos vies* », Diateino. 2022

[64] T. Seba et J. Arbib « *Rethinking humanity : five foundational sector disruptions, the life cycles of civilizations, and the coming age of liberty* », RethinkX, 2020

[65] D. Acemoglu et J. Robinson « *Prospérité, puissance et pauvreté : pourquoi certains pays réussissent mieux que d'autres* », Markus Haller, 2015

[66] K. Popper « *A la recherche d'un monde meilleur* », Ed. du Rocher, 2000

[67] Le Tellus Institute (cf. P. Raskin « *The Great Transition to Planetary Civilization* », Tellus Institute, 2016 ; Rethinkx (Seba, Arbib…) ; Prospective 2100 (cf. T. Gaudin et al. « *La grande transition de l'humanité* », FYP Editions, 2018)

[68] C. Figueres et T. Rivett-Carnac « *Inventons notre avenir !* », Albin Michel, 2020

[69] Il est fascinant de voir l'évolution des causes qui mobilisent les jeunesses étudiantes du monde occidental : dans les années 1960, les amphis étaient dominés par les trotskistes-gauchistes (lato sensu) qui avaient une forte structure idéologique (le marxisme) et dont il reste quelques traces (Occupy Wall Street) ; aujourd'hui, les jeunes militants « woke » se mobilisent pour trois causes : l'antiracisme, la lutte contre les violences sexistes et sexuelles, le respect de la nature

[70] Le Club de Budapest, proche et complémentaire du Club de Rome, vise à instaurer une nouvelle éthique pour relever les défis du 21ème siècle et remet chaque année un prix « Conscience planétaire ». Cf. E. Laszlo « *Les défis du troisième millénaire* » (postface d'E. Morin), Village Mondial, 1997 ; C. Dartiguepeyrou et al. « *Prospective d'un monde en mutation* », L'Harmattan, 2011

[71] C. Scott « *Les apprentissages de demain* », UNESCO, 2015 ; G. Le Boterf « *Construire les compétences individuelles et collectives* », Eyrolles, 2013 ; J. Lamri « *Les compétences du 21ème siècle* », Dunod, 2018 et « *Le défi des Soft Skills* », Dunod, 2022

[72] M. Camdessus « *Vers le monde de 2050* », Fayard, 2017 ; K. Schwab et T. Malleret « *Le grand récit. Pour une avenir meilleur* », Forum économique mondial, 2022

[73] J. Stiglitz « *Peuple, pouvoir et profits* », Les Liens qui libèrent, 2019 ; E. Duflo et A. Banerjee « *Economie utile pour des temps difficiles* », Points, 2022 ; T. Piketty « *Le capital au 21ème siècle* », Seuil, 2013 et « *Une brève histoire de l'égalité* » Seuil, 2021

[74] X. Lanata « *Demain la planète : quatre scénarios de déglobalisation* », PUF, 2021

[75] « *Building a Sustainable and Desirable Economy-in-Society-in-Nature* », Studies in Ecological Economics, 2016 (R. Costanza, H. Daly, T. Jackson, P. Victor et al « *Vivement 2050 : programme pour une économie soutenable et désirable* », Les Petits Matins, 2013)

[76] L. Chancel « *Unsustainable Inequalities. Social Justice and the Environment* », Harvard University Press, 2020 ; E. Laurent « *Economie pour le XXIe siècle* », La Découverte, 2023

[77] T. Wiedmann et al. « Scientists warning on affluence », *Nature Communication*, 2020 ; European Environment Agency « *Growth without economic growth* », 2023

[78] J. J. Lambrin « *Quel avenir pour le capitalisme ?* », Dunod, 2011 ; E. Wallerstein « *Le capitalisme a-t-il un avenir ?* », La Découverte, 2016 ; A. Case et A. Deaton « *Morts de désespoir. L'avenir du capitalisme* », PUF, 2021

[79] C. Kerdellant « *Le Suicide du capitalisme* », Robert Laffont, 2018

[80] P. Jorion « *Se débarrasser du capitalisme est une question de survie* », Fayard, 2017

[81] D. Acemoglu et J. Robinson « *Prospérité, puissance et pauvreté. Pourquoi certains pays réussissent mieux que d'autres* », Markus Haller, 2015

[82] G. Magacho et al. « Macroeconomic exposure of developing economies to low-carbon transition », *World Development*, juillet 2023

[83] De. Meadows, Do. Meadows et J. Randers « *Les limites à la croissance* », L'écopoche, 2017

[84] J. M. Keynes « *Perspectives économiques pour nos petits-enfants 1930-2030* », JDH Ed., 2022 (propos qui rejoignent d'une certaine façon ceux de Karl Marx ou de Stuart Mill)

[85] F. Lenoir « *Le désir, une philosophie* », Flammarion, 2022

[86] Dans un pays riche comme la France, les foyers estiment manquer en moyenne de 588 euros par mois pour vivre décemment en 2023 (Baromètre CSA Research, *Le Figaro*, 20 septembre 2023)

[87] P. Rabhi et J. Duquesne « *Vivre mieux sans croissance* », Presses du Châtelet, 2019 ; V. Guillard « *Du gaspillage à la sobriété. Avoir moins et vivre mieux* », De Boeck, 2019

[88] E. Fromm « *Avoir ou être : un choix dont dépend l'avenir de l'homme* », Robert Laffont, 2004 ; S. Bartolini « *Manifeste du bonheur : comment passer d'une société de l'avoir à une société du bien-être* », Les liens qui libèrent, 2010

[89] E. von Weuzsäcker et al ; « *Facteur 4 : deux fois plus de bien-être en consommant deux fois moins de ressources* » (un rapport du Club de Rome), Terre vivante, 1997

[90] O. Chavanon et al. « Les rhétoriques institutionnelles au regard des conduites ordinaires en matière de consommation d'énergie », *Développement durable et territoires*, mars 2011

[91] Loi Programmation des Orientations de la Politique Energétique, 13 juillet 2005

[92] R. Hopkins « *Et si...? Libérer notre imagination pour créer le futur que nous voulons* », Actes sud, 2020

[93] E. Conesa « Douelle, commune témoin de 1975 à 2022 », *Le Monde*, 18 juillet 2022 ; H. Queillé « Totnes, la ville anglaise où il fait si bon vivre », *Le Télégramme*, 21 mars 2016

[94] Cf. J. Lamri « *Les Compétences du 21e siècle – Comment faire la différence ? Créativité, Communication, Esprit Critique, Coopération* », Dunod, 2018

[95] E. Morin « La terre-patrie est en danger. Réveillons-nous ! », *Le Monde*, 01 septembre 2022

[96] H. Gardner « *Les 5 formes d'intelligence pour affronter l'avenir* », Odile Jacob, 2009

[97] J. Damon « La pensée de Margaret Mead », *Informations sociales*, 2006/6

[98] P. Nassif « Je ne me rappelle plus de demain », *Philosophie magazine*, février 2019

[99] F. Eustache « *La mémoire du futur* », Le Pommier, 2018

[100] P. Caye « *Durer. Eléments pour la transformation du système productif* », Les Belles Lettres, 2020

[101] E. Morin « La stratégie de reliance pour l'intelligence de la complexité », *Revue internationale de systémique*, 1995, N°2

[102] R. Mitchell et S. Nicholas, « *Knowledge Creation in Groups : The Value of Cognitive Diversity, Transactive Memory and Open-mindedness Norms* », University of Sydney, 2006

[103] Il ajoute : « s'il est admis qu'un état de doute raisonnable est désirable, il devient important de savoir comment on en vient à ce qu'il y ait autant de certitudes irrationnelles dans le monde » (B. Russell « Pensée libre et propagande officielle » (1922), *Les Crises*, 20 septembre 2020)

[104] Il souligne que l'utilité de l'intelligence critique est souvent admise théoriquement, mais pas mise en pratique : « *on ne désire pas que les gens ordinaires puissent penser par eux-mêmes, parce qu'on estime que les gens qui pensent par eux-mêmes sont compliqués à manipuler et provoquent des difficultés administratives* »

[105] Les excès des auteurs de la cancel culture finissent par faire oublier les injustices subies par les minorités que ces auteurs prétendent défendre (T. C. Williams « Un espace public corseté par la Cancel culture ne sert pas les intérêts des minorités », *Le Monde*, 26 juillet 2020)

[106] M. Atwood, I. Buruma, N. Chomsky, K. Daoud, F. Fukuyama, S. Pinker, J. K. Rowling, S. Rushdie, M. Walzer, T.C. Williams et al. « A letter on justice and open debate », *Harper's Magazine*, 7 juillet 2020

[107] A. Fisher et M. Scriven « *Critical thinking: Its definition and assessment* », University of East Anglia, Centre for Research in Critical Thinking, 1997

[108] B. Piccard « *Réaliste. Soyons logiques autant qu'écologiques* », Stock, 2021

[109] E. Ostrom « *Governing the Commons* », Cambridge University Press, 1990

[110] Charlotte Hess (« *Mapping the New Commons* », Syracuse University, 2008) distingue, quant à elle, sept secteurs : «cultural commons», «neighborhood commons», «knowledge commons», «social commons», «infrastructure commons», «market commons», «global commons»

[111] S. Leyronas, B. Coriat, K. Nubukpo et al. « *L'Afrique en communs* », Agence Française de Développement, 2023

Chapitre 2

[112] S. Pinker « *Le triomphe des Lumières : pourquoi il faut défendre la raison, la science et l'humanisme* », Les Arènes, 2018

[113] H. Rosling « *Factfulness : penser clairement, çà s'apprend !* », Flammarion, 2019

[114] Cf. le site internet « Our World in Data » (« research and data to make progress against the world's largest problems »)

[115] Y. Cochet « *Devant l'effondrement. Essai de collapsologie* », Les Liens qui libèrent, 2019

[116] J. P. Dupuy « *Pour un catastrophisme éclairé : quand l'impossible est certain* », Seuil, 2002

[117] P. Jorion « *Le dernier qui s'en va éteint la lumière* », Fayard, 2016

[118] N. Hulot « *Le Syndrome du Titanic* », Calmann-Lévy, 2009

[119] J. Jouzel et P. Larrouturou (préface de N. Hulot) « *Pour éviter le chaos climatique et financier : une solution scandaleusement simple* », Odile Jacob, 2017

[120] Cf. N. Myers « *The Sinking Ark.. A New Look at the Problem of Disappearing Species* », Pergamon Press, 1979. Myers appliquera une nouvelle fois sa technique (extrapoler les petites zones les plus sensibles au reste du monde) au calcul du nombre de réfugiés climatiques : face aux critiques, il devra reconnaître qu'il s'agissait pour le moins de « heroic extrapolations »

[121] G. A. Cohen « *Si tu es pour l'égalité, pourquoi es-tu si riche ?* », Hermann, 2010

[122] Cf. le dossier « Qu'est-ce qu'une société juste ? », *Philosophie magazine*, avril 2019

[123] P. E. Stoknes « *…Toward a New Psychology of Climate Action* », Chelsea Green Publishing, 2015

[124] H. Jonas « *Le principe responsabilité : une éthique pour la civilisation technologique* » (1979), Flammarion, 2008

[125] B. Tertrais « *L'apocalypse n'est pas pour demain. Pour en finir avec le catastrophisme* », Denoël, 2011

[126] L. Festinger « *A Theory of Cognitive Dissonance* », Stanford University Press, 2009

[127] Cf. C. Gaubert « L'inaction climatique expliquée par les neurosciences : pourquoi n'agissons-nous pas suffisamment ? », *Sciences et Avenir*, mars 2023

[128] R. Nisbet « *History of the Idea of Progress* », Routledge, 2017

[129] A. Comte-Sponville « *Le goût de vivre…* », Albin Michel, 2010

[130] M. Augé « Progrès et culture », *Le Monde diplomatique*, octobre 2015

[131] F. Jarrige « *Technocritiques* », La Découverte, 2015

[132] J. Norberg « *Non, ce n'était pas mieux avant : 10 bonnes raisons d'avoir confiance en l'avenir* », Plon, 2017

[133] R. Bregman « *Utopies réalistes* », Seuil, 2017

[134] M. Shermer « *The moral arc : how Science and Reason lead Humanity toward Truth, Justice and Freedom* », Audible.fr, 2015

[135] P. Singer « *The Expanding Circle : Ethics, Evolution and Moral Progress* », Princeton University Press, 2011

[136] J. Goldstein « *Winning the war on war* », Dutton Adult, 2011

[137] H. Welzer « *Les guerres du climat : pourquoi on tue au XXIème siècle* », Gallimard, 2009

[138] S. Brand « *Discipline pour la planète* », Tristram, 2014

[139] J. Cone « *Martin and Malcolm and America* », Orbis Books, 1991

[140] P. Collier « *Economic Causes of Civil Conflict and their Implications for Policy* », Banque mondiale, 15 juin 2000 ; P. Collier et A. Hoeffler « *On the Incidence of Civil War in Africa* », Banque mondiale, 16 août 2000

[141] M. Doyle et N. Sambanis « *Making war and building peace* », Princeton University Press, 2006

[142] GIEC « *Climate Change 2021 : The Physical Science Basis* » (sixième rapport d'évaluation), août 2021

[143] W. Ripple et al. « The 2023 State of the Climate Report : Entering Uncharted Territory », *BioScience*, octobre 2023 ; C. Eberle et al. « *Interconnected Disaster Risks: Risk Tipping Points* », Université de l'ONU, octobre 2023

[144] Cf. le site internet « Traité de non-prolifération des combustibles fossiles »

[145] K. Kühne « Why defusing carbon bombs offers a promising new agenda for tackling climate change », *The Conversation,* 02 septembre 2022

[146] I. Stengers « Face à l'urgence climatique, la science doit s'engager », *Bascules*, N°2, 9 mars 2023

[147] Y. N. Harari « L'intelligence et la conscience sont deux choses bien distinctes », *Sciences et Avenir*, automne 2047

[148] Il y a encore toute une recherche à faire pour améliorer les critères et tenir compte par exemple de l'utilité des biens et du type de secteur concerné : une entreprise qui fait des choses « inutiles » pour la société (sacs à main de luxe, jets privés, SUV…) peut être bien classée pour peu qu'elle recycle ses déchets, utilise des énergies renouvelables et ait peu d'accidents de travail

[149] Cf. K. Schanes et E. Hertwich « Low carbon lifestyles : a framework to structure consumption strategies and options to reduce carbon footprints », *Journal of Cleaner Production*, 2016, N°139

[150] L'histoire de l'humanité montre que tous les pays dominants (européens, asiatiques, arabes…) ont appliqué ces formes dans leur zone d'influence quand ils en avaient la possibilité

[151] I. Wallerstein « *Comprendre le monde. Introduction à l'analyse des systèmes-monde* », La Découverte, 2006.

[152] Déclaration faite par le directeur A. Sivanandan lors du cinquantième anniversaire de l'Institute of Race Relations (01 novembre 2008, Royaume-Uni)

[153] Z. Sternhell « *Les anti-Lumières* », Fayard, 2006

[154] F. Vergara « *Les fondements philosophiques du libéralisme* », La Découverte, 2002

[155] H. Meschonnic et S. Hasumi « *La modernité après le post-moderne* », Ed. Maisonneuve et Larose, 2002

[156] Se référer aux Lumières, c'est parler des valeurs et des idées de liberté et de droits individuels en perspective sans oublier qu'elles s'enracinent dans des pays qui, longtemps encore, tiennent les femmes pour inférieures, mettent d'autres humains en esclavage et réservent le droit de vote aux hommes éduqués et que beaucoup de philosophes des Lumières ont eux-mêmes des côtés sombres à l'image de leur époque : si Rousseau est surtout misogyne et Kant très raciste, Voltaire cumule tous les défauts (raciste, misogyne, antisémite et homophobe)

[157] K. Koch « Après les BRICS, voici les "Next Eleven" », *La Tribune*, 22 juin 2012

[158] J. Nye *« Soft power : the means to succès in world politics* », PublicAffairs, 2005

[159] On peut situer à cette période l'invention sociale de la vitesse et de l'accélération (moteur à combustion interne qui permet de propulser des automobiles, rails métalliques pour des locomotives à vapeur alimentées par du charbon)

[160] F. Caron « *Les deux révolutions industrielles du XXème siècle* », Albin Michel, 1997

[161] K. Valaskakis « Westphalie II : pour un nouvel ordre mondial », *Futuribles*, juin 2001

[162] S. Kull « Listening to the voice of Humanity », *Kosmos*, 2010

[163] Par exemple, quelques grands gestionnaires d'actifs comme Blackrock ou Vanguard gèrent chacun entre 5.000 et 7.000 milliards d'euros au niveau mondial, alors que les Etats français et sénégalais pilotent respectivement des budgets de l'ordre de 600 milliards et 10 milliards (annuellement)

[164] F. Fukuyama « Will we ever get beyond the Nation-State ? » *Noëma*, 29 avril 2021

[165] C. Delaume « La sécession des élites ou comment la démocratie est en train d'être abolie », *FigaroVox*, 20 avril 2018

[166] C. Lasch « *La révolte des élites et la trahison de la démocratie* », Climats, 1999

[167] I. Krastev « *Le destin de l'Europe* », Premier Parallèle, 2017

[168] Cf. le dossier préparé par P.Y. Longaretti et al. « Technologie et écologie : alliées ou ennemies ? », *L'Economie politique*, mai 2021

[169] A. Z. Yamani Discours pour le 40e anniversaire de l'Organisation des pays exportateurs de pétrole (OPEP), septembre 2000

[170] International Energy Agency « *World Energy Outlook* », 2023

[171] J. Hansen et al. « Top climate change scientists issue open letter to policy influencers *», CNN*, 3 nov. 2013

[172] P. Bihouix « *L'âge des Low Tech : vers une civilisation techniquement soutenable* », Seuil, 2014

Chapitre 3

[173] J.K. Galbraith « The great crash » (cité par Maurice Niveau « *Histoire des faits contemporains* », Thémis, 1966)

[174] P. Krugman « *Pourquoi les crises reviennent toujours »*, Seuil, 2000

[175] Cf. J. C. Michéa « *Orwell éducateur* », Climats, 2003

[176] J. M. Keynes (1936) « *Théorie générale de l'emploi, de l'intérêt et de la monnaie »*, Payot, 2017 ; J. Rawls (1971) « *Théorie de la justice* », Seuil, 1987

[177] L'insertion de la préoccupation climatique dans les agendas des écologistes et de nombreux scientifiques se situe à la fin des années 1970 (première Conférence mondiale sur le climat en 1979)

[178] La fin des « métarécits de la modernité » est théorisée par Jean-François Lyotard (« *La condition postmoderne* », Minuit, 1979)

[179] J. M. Severino et O. Ray « *Le grand basculement* », Odile Jacob, 2011, p. 86

[180] J. Williamson « *Latin American Adjustment : how much has happened ?* », Institute for International Economics, 1990

[181] C. Lasch « *Le seul et vrai paradis. Une histoire de l'idéologie du progrès et de ses critiques* », Flammarion, 2006

[182] J. P. Dupuy « *Pour un catastrophisme éclairé : quand l'impossible est certain »*, Seuil, 2002

[183] L'observateur attentif gagne à appliquer les trois règles de Paul Krugman (« The *Great Unraveling. Losing our way in the new century* », Norton, 2003) : 1- ne jugez pas les propositions politiques en fonction des objectifs qu'elles affichent ; 2- faites travailler vos méninges et découvrez les intentions

véritables ; 3- n'imaginez pas que les règles en vigueur ou des limites raisonnables peuvent arrêter un pouvoir idéologique

[184] D. Kessler « Adieu 1945, raccrochons notre pays au monde », *Challenges*, 4 octobre 2007

[185] Trente-six personnalités participent à la conférence du Mont-Pèlerin du 1er au 10 avril 1947 : Allais, Davenport, Dennison, Eucken, Friedman, Hayek, Jouvenel, Knight, Machlup, von Mises, Polanyi, Popper, Robbins, Röpke, Stigler, etc. Plusieurs adhérents passés et présents ont reçu le prix Nobel d'économie : Friedrich Hayek, Maurice Allais, Milton Friedman, George Stigler, James M. Buchanan, Gary Becker, Ronald Coase. De plus, de nombreux membres ont créé des *think tanks* importants et, pour Keith Dixon (« *Les évangélistes du Marché* », Raisons d'Agir, 1998), le club « constitue en quelque sorte la maison mère des think tanks néolibéraux »

[186] M. Friedman « *Capitalisme et liberté* », Flammarion, 2016

[187] R. Reich « *Supercapitalisme : Le choc entre le système économique émergent et la démocratie* », Vuibert, 2008

[188] Imaginons la double métamorphose qui s'emparer de la pensée d'un économiste universitaire supposé sérieux (c'est-à-dire adoptant l'opinion dominante dans l'intérêt de sa carrière) : keynésien dans les années 1960, néolibéral dans les années 1980, puis à nouveau interventionniste dans les années 2000

[189] L. Summers « the great liberator », *New York Times*, 19 novembre 2006

[190] Cf. R. Lambert « Une prédilection pour la saignée », *Le Monde diplomatique*, mars 2012

[191] W. Niskanen « *Bureaucracy and Public Economics* », Edward Elgar, 1994,

[192] Cf. V. Tanzi et L. Schucknecht « *Public spending in the 20th century* », Cambridge University Press, 2000

[193] J.K. Galbraith. and J. Travis Hale, "Wage and Income Inequality in the United States" in "*Claves de Economía Mundial* (*Keys to the World Economy*)", Instituto Español de Comercio Exterior, Madrid, 2008.

[194] « Wealth doesn't trickle down : it just floods offshore, research reveals », *The Guardian*, 21 juillet 2012

[195] Dans le monde selon Hayek et Friedman, un marché concurrentiel est le système le plus efficace parce qu'il pousse les entrepreneurs à innover et induit une dynamique dont l'envie est le moteur. Une société juste doit empêcher l'injustice majeure : qu'un innovateur ne profite pas pleinement des fruits de son innovation

[196] Cf. Denis Clerc « Friedrich Hayek, pourfendeur de la justice sociale », *Alternatives économiques*, septembre 1995

[197] P. Artus et M.P. Virard « *Le capitalisme est en train de s'autodétruire* », La Découverte, 2005 et « *Globalisation, le pire est à venir* », La Découverte, 2008

[198] R. Reich « *Supercapitalisme : Le choc entre le système économique émergent et la démocratie* », Vuibert, 2008

[199] A. Chua « *Le Monde en feu. Violences sociales et mondialisation* », Seuil, 2007

[200] Pour être complet, il faudrait aussi rajouter la Conférence mondiale de Sendai (Japon, mars 2015) qui a permis d'adopter un nouveau cadre de réduction des risques de catastrophe dans le monde en relation avec les changements climatiques et avec le développement durable

[201] Intergovernmental Panel on Climate Change (IPCC) ou Groupe d'Experts Intergouvernemental sur l'Evolution du Climat (« *Rapport spécial sur les conséquences d'un réchauffement planétaire de 1,5 °C* », 2018) ; Sustainable

Development Solutions Network (SDSN) ou Réseau des Solutions pour le Développement Durable (« *Sustainable Development Report : transformations to achieve the sustainable development goals* », 2019)

[202] IPBES « *Global assessment report on biodiversity and ecosystem services* », 2019

[203] Lucas, Sen, Sargent, Phelps, Solow, Kahneman, Diamond, Hansen, Summers, Akerlof, Hart, Maskin, etc. (Wall Street Journal, 16 janvier 2019)

[204] Cf. The Guardian, 05 novembre 2019

[205] Selon les chiffres officiels de Santé Publique France

[206] C. Hepburn, B. O'Callaghan, N. Stern, J. Stiglitz et D. Zenghelis « *Will COVID-19 fiscal recovery packages accelerate or retard progress on climate change?* », Smith School Working Paper, may 2020 ; Dieter Helm « *The temporary and the permanent impacts of coronavirus* », Professor Dieter Helm CBE, march 2020

[207] C. Hepburn, N. Stern, C. Xie and D. Zenghelis « *Strong, sustainable and inclusive growth in a new era for China* », Grantham Research Institute, April 2020

[208] Cf. J. P. Foirry « Le monde d'après », *Cahiers rationalistes*, mai-août 2020

[209] A peu de choses près, il est aussi celui de l'OCDE, de l'International Energy Agency, de la Banque mondiale et du World Energy Council

[210] Nous nous appuyons dans ce paragraphe sur les travaux de M. Mazzucato « *The entrepreneurial State* », New Penguin, 2018

[211] National Aeronautics and Space Administration, Defense Advanced Research Projects Agency, National Institute of Health

[212] La stérilisation consiste à mener des actions directes ou indirectes pour retirer du marché un montant équivalent ou inférieur à celui des liquidités créées : vendre d'autres actifs en parallèle, augmenter le ratio de réserves obligatoires, offrir des comptes (à terme) rémunérés aux intermédiaires financiers

[213] Naturellement, il s'agit ici d'une action budgétaire qui ne se transforme en création monétaire (ou monnaie-hélicoptère) que si elle provient d'une création de monnaie par la Banque centrale

[214] International Energy Agency « *Sustainable recovery* », juin 2020

[215] Dans le cas de l'Union européenne, on ne sait pas très bien si les résistances de pays du nord (Pays-Bas…) viennent de cette dernière raison (éviter le risque de favoriser des comportements supposés irresponsables de pays du sud) ou de la barrière mentale elle-même non franchie : pour le moment, la Banque centrale européenne privilégie le fait d'acheter des dettes publiques des pays afin de permettre à ces pays de se réendetter pour faire face à la crise économique, mais la mutualisation des dettes est une façon d'éviter que les pays les plus vulnérables soient pénalisés par les taux d'intérêt les plus élevés

[216] Après la période de la Covid, le rebond des énergies fossiles (et donc du CO2) à court terme est inévitable compte tenu du prix incroyablement faible et attractif des énergies fossiles et de l'absence de solutions alternatives

[217] Cf. C. Hepburn et al., op. cité

[218] Dans le plan de relance post-covid allemand de juin 2020, on trouve des appuis à la R-D, à la filière hydrogène, aux voitures électriques et aux chargeurs de batteries, à la rénovation des bâtiments, au chemin de fer, à l'adaptation du transport aérien, des subventions pour rendre l'électricité moins chère (le prix de l'électricité en France est inférieur de 75%)

[219] E. Bloch « *Le principe espérance* », Gallimard, 1976

[220] P. J. Crutzen et E. F. Stoermer « *The Anthropocen* », Global Change, 2000 ; B. Coriat « *La pandémie, l'anthropocène et le bien commun* », Les liens qui libèrent, 2020

[221] Une correction par la PPA sert à tenir compte des différences de prix entre les pays pour un même bien et à pouvoir faire des comparaisons entre pays

[222] A. Sen « *Development as freedom* », Knop Press, 1999 ; PNUD « *Rapport sur le développement humain* », 2019

[223] Cf. R. Layard « *Le prix du bonheur : leçons d'une science nouvelle* », Armand Colin, 2007

[224] J. Stiglitz, A. Sen et J-P. Fitoussi « *Rapport sur la mesure des performances économiques et du progrès social* », Commission CMPEPS, 2008

[225] I. Gough et J. McGregor « *Well-being in developing countries : from theory to research* », Cambridge University Press, 2010

[226] S. Bartolini, « *Manifeste pour le bonheur* », Les Liens qui libèrent, 2010 ; R. Gaucher, « *Bonheur et économie* », L'Harmattan, 2009)

[227] L. Bouffard et M. Dubé « Inégalités de revenu et bonheur autour du monde », *Revue québécoise de psychologie*, 2017

[228] Cf. J. P. Foirry « Limites planétaires et bien-être humain », *Cahiers rationalistes*, janvier-février 2021

[229] J. Rockström *et al.* « A safe operating space for humanity », *Nature*, 23 septembre 2009

[230] D. O'Neill et al. « A good life for all within planetary boundaries », *Nature Sustainability*, 2018

[231] W. Steffen et al. « *Planetary Boundaries: Guiding Human Development on a Changing Planet* », Science, January 2015

[232] M. Lenzen et al. « *Mapping the structure of the world economy* », *Environmental and Science and Technology*, 2012 ; J. Rockström et al. « *A roadmap for rapid decarbonization* ». Science, 2017

[233] Cf. GIEC « *Special report on emissions scenarios* », Cambridge University Press, 2000

[234] Commissariat général au développement durable « *Les facteurs d'évolution des émissions de CO2 liées à l'énergie en France de 1990 à 2018* », Service des Données et Études Statistiques, avril 2020

[235] J. M. Jancovici « *Qu'est-ce que l'équation de Kaya ?* », février 2014 (disponible sur son site)

[236] Pour la France, un examen minutieux de l'étude récente « 100% renouvelables » de RTE et de l'AIE (27 janvier 2021) montre que l'insertion d'une forte proportion d'énergies intermittentes (éolien, solaire) sans base nucléaire exigerait que des sources très coûteuses de flexibilité (stockage à grande échelle, centrales d'appoint (gaz ?), interconnexions transfrontalières…), et d'extension des réseaux de distribution soient développées. Encore faudrait-il aussi que les pays voisins ne fassent pas dépendre leur système d'interconnexions transfrontalières !

[237] Il n'est pas question ici de géo-ingénierie, mais de solutions réalistes à échelle modérée (stockage dans des aquifères salins ou gisements épuisés de pétrole et de gaz…) qui deviennent rentables à partir d'un prix du CO2 de l'ordre de 70 dollars

[238] H. Frankfurt « Equality as a Moral Ideal », *Ethics,* 1987 ; Y. Benbaji « The doctrine of Sufficiency : a defence », *Utilitas,* 2005 ; A. Gosseries « Qu'est-ce que le suffisantisme *?* », *Erudit*, janvier 2012

[239] I. Robeyns « Having Too Much » dans « *Wealth* », dir. J. Knight et M. Schwartzberg, New York University Press, 2017 ; G. Giraud et C. Renouard « *Le facteur 12 : Pourquoi il faut plafonner les revenus* », Carnets Nord, 2012 ; R. H. Frank « *La course au luxe : l'économie de la cupidité et la psychologie du bonheur* », Ed. Markus Haller, 2010

[240] Cf. Conseil de l'Europe « *Élaboration concertée des indicateurs de la cohésion sociale* », 2005

Chapitre 4

[241] H. Welzer « *Les guerres du climat. Pourquoi on tue au XXIème siècle* », Gallimard, 2009

[242] M. Argyle « *The psychology of happiness* », Routeledge, 2013 ; R. Gaucher « *Bonheur et économie* », L'Harmattan, 2009 ; S. Bartolini « *Manifeste pour le bonheur* », Les Liens qui Libèrent, 2010

[243] H. Marcuse « *L'homme unidimensionnel* », Minuit, 1968

[244] R. Easterlin « *Does Economic Growth Improve the Human Lot ?* », Ed. Nations and Households, 1974. Voir aussi D. Kahneman et al. « Would you be happier if you were richer ? A focusing illusion », *Science*, 2006, N°312

[245] R. Deaton « *La Grande Évasion : santé, richesse et origine des inégalités* », PUF, 2016

[246] R. Layard « *Le prix du bonheur. Leçons d'une science nouvelle* », Armand Colin, 2007

[247] R. Boarini « Bien-être et PIB : un binôme indissociable », OCDE, 13 juillet 2012

[248] M. et M.L. Miringoff « *The Social Health of the Nation. How America is really doing ?* », Oxford University Press, 1999

[249] D. Kahneman et al. « *Well-Being : the Foundations of Hedonic Psychology* », Russell Sage Foundation publications, 2003 et « *Système 1, système 2 : les deux vitesses de la pensée* », Flammarion, 2016

[250] Cf. J. P. Foirry « Le choix de politiques efficaces et justes à l'heure de la transition énergétique », *Cahiers rationalistes*, septembre-octobre 2021

[251] International Energy Agency « *World Energy Outlook* », 2022

[252] SDSN et FEEM, « *Roadmap to 2050: a manual for nations to decarbonize by mid-century* », 2019 ; Tribune de 27 prix Nobel d'Economie, « *Statement on Carbon Dividends Global climate change* », 16 janvier 2019 (cf. J. P. Foirry « Le monde d'après », *Les Cahiers rationalistes*, mai-août 2020). Cf. aussi J. Stiglitz, « *Économie du secteur public* », De Boeck, 2018 ; J. P. Hansen et J. Percebois, « *Énergie : économie et politiques* », De Boeck, 2015 ; N. Stern, « *The Economics of Climate Change* », Cambridge University Press, 2014 ;

[253] Le G20 comprend 19 pays (sur un total de 153 pays) plus l'Union européenne : Afrique du Sud, Allemagne, Arabie saoudite, Argentine, Australie, Brésil, Canada, Chine, Corée du Sud, États-Unis, France, Inde, Indonésie, Italie, Japon, Mexique, Royaume-Uni, Russie, Turquie. La population du G20 représentera encore 52% de la population mondiale en 2050 (voir le site G20.org)

[254] Acronyme SMART : Specific, Measurable, Achievable, Relevant, Time bound

[255] En cas d'intégration régionale, il faut parler de groupes de pays : ainsi, l'Union européenne a-t-elle 3 objectifs majeurs à l'horizon 2030 : réduire les émissions de gaz à effet de serre d'au moins 40 % par rapport aux niveaux de 1990, porter la part

des énergies renouvelables à au moins 32 %, améliorer l'efficacité énergétique d'au moins 32,5 % (source : Commission européenne « Pacte vert pour l'Europe », sept. 2020)

[256] World Energy Council « *World energy trilemna index* », 2021 ; cf . A. Santos « The energy trilemna of the European Union : finding the right balance », *European studies*, 2018

[257] SDSN et FEEM « *Roadmap to 2050: a manual for nations to decarbonize by mid-century* », 2019

[258] La durée de vie des infrastructures et équipements est très variable : 7 ans pour une batterie, 10 ans pour un onduleur, 15 ans pour une pompe à chaleur, 20 ans pour une éolienne, 60 ans pour un EPR (nucléaire)

[259] Un « certificat » fait la preuve, s'il est utilisé, qu'un agent mène une action favorable à la transition (réduction d'émissions de CO2, économies d'énergie…) et peut alors donner lieu à une prime de l'Etat, mais aussi, dans certains cas, être échangé ou vendu

[260] Il est clair que les signaux-prix seuls ne sont pas suffisants : encore faut-il qu'il existe une solution alternative (des produits verts à la place de produits carbonés)

[261] E. Beeker et M. Dégremont « Quelle sécurité d'approvisionnement électrique en Europe à horizon 2030 ? », *France Stratégie*, janvier 2021

[262] R. Crassous et F. Roques « Les coûts associés à l'insertion des ENR intermittentes dans le système électrique », Fondation Paris-Dauphine, *CEEM Working Paper*, décembre 2015

[263] C. Clastres et P. Geoffron « Effets en termes de surplus de l'effacement dans les réseaux électriques intelligents », *CEEM Working Paper*, mars 2019. Si les transferts d'informations et les instruments tarifaires permettent de baisser significativement les consommations en période de pointe, les gains collectifs en efficience et en efficacités énergétiques et environnementales peuvent être réduits dans le cas de forts effets de report de consommation, d'où des gains marginaux décroissants avec le niveau des effacements (C. Bergaentzlé *et al.*, « La « *demand response* » dans un marché interconnecté : outil d'efficacités énergétiques et environnementales », *Revue d'économie industrielle*, 4ème trimestre 2014)

[264] Dans les scénarios français « 100% renouvelables » (Negawatt, ADEME…), on minimise les problèmes d'acceptation sociale ou de surcoûts financiers ; il y a quand même des conditions de réussite peu réalistes : une place importante réservée à des solutions alternatives comme la biomasse solide et le biogaz, des investissements lourds pour les infrastructures de stockage et de distribution, des efforts énormes de sobriété énergétique imposés (une baisse de 60 à 70% de la consommation d'énergie par habitant)

[265] « Calculer le coût "complet" de la transition énergétique » est l'une des propositions de J. H. Keppler *et al.*, « Sept propositions pour une Europe électrique efficace et dynamique », *CEEM Working Paper*, mars 2013

[266] Ce n'est pas toujours le cas. A l'échelle mondiale, les 44 milliards de dollars générés par la taxe carbone en 2018 (World Bank, "*States and Trends of Carbon Pricing*", 2019) ont eu de multiples destinations : insertion dans le paquet fiscal ou dans le budget général, affectation à des dépenses d'éducation, de santé ou d'environnement, financement de R&D, transferts directs aux entreprises ou aux

ménages… (Sébastien Postic *et al.* "*Using carbon revenues, Partnership for Market Readiness,* August 2019)

[267] En 2021, le prix du kWh est de 0,19 euro en France et de 0,32 euro en Allemagne. Soulignons que si, depuis quelques années, le prix de l'électricité augmente en France, c'est plus à cause de normes (imposées à la filière nucléaire) et de taxes que du prétendu marché européen qui serait défavorable à la France. En réalité, ce marché avec ses interconnexions sert à amortir les chocs et, en situation normale, la France exporte son électricité avec des recettes substantielles

[268] S. Fankhauser *et al.*, "Who will win the green race? In search of competitiveness and innovation", *Global Environmental Change*, 2013

[269] Voir l'exercice en cours de prospective et d'expérimentation mené au Royaume-Uni par des chercheurs de l'Université de Leeds et de la London School of Economics (Nick Robins *et al., "Investing in a just transition in the UK"*, Grantham Research Institute on Climate Change and the Environment, February 2019

[270] Il est important que le club comporte de plus en plus de consommateurs et de producteurs pour atténuer les effets indirects négatifs. Si des pays consommateurs d'énergies fossiles réduisent leur propre demande, la baisse des prix qui en résulte peut stimuler la demande dans les autres pays et annuler l'effet positif initial. Si des pays producteurs d'énergies fossiles stoppent la production, la hausse des prix qui en résulte peut stimuler la production dans les autres pays et annuler l'effet positif initial. (F. Green et R. Denniss, "*Cutting with both arms of the scissors: the economic and political case for restrictive supply-side climate policies*", *Climatic Change, March*2018 ; M. Lazarus et H. Van Asselt, "Fossil fuel supply and climate policy : exploring the road less taken", *Climatic Change, august* 2018 ; G.B. Ashelm*et al. "The case for a supply-side climate treaty", Science Mag*;July 2019)

[271] R. Holt et al « *Post Keynesian and Ecological Economics* », Edward Elgar, 2009

[272] J. Barasz et al « *Soutenabilités ! Orchestrer et planifier l'action publique* », France Stratégie, 2022

[273] H. Daly « *Ecological Economics and the Ecology of Economics* », Edward Elgar, 1999 ; « *Economie stationnaire* », Les petits matins, 2008

[274] L'actualisation est l'inverse de la capitalisation : le taux d'actualisation est un taux qui permet d'additionner des flux monétaires d'années différentes en les ramenant tous à la valeur de l'année en cours. Pour les agents économiques, le taux d'actualisation *financier* est fonction du taux d'intérêt (ou du coût du capital pour un investisseur). Pour la collectivité, le taux d'actualisation *économique* est souvent corrélé avec le degré de préférence pour le présent : un coût ou un bénéfice de 1000 euros dans dix ans vaut 905 euros au taux de 1% et seulement 614 euros au taux de 5%

[275] N. Stern « *Stern Review on the Economics of Climate Change* », rapport pour le gouvernement du Royaume-Uni, 2006. Notons que, si le rapport a suscité des controverses, il a été approuvé par quatre prix Nobel d'économie (James Mirrlees, Amartya Sen, Robert Solow, Joseph Stiglitz)

[276] W. Nordhaus « The Stern Review on the economics of climate change », *NBER Working Paper*, décembre 2006

[277] Une illustration : en 2022, les différences de coûts en euros pour un autobus au diesel (250.000), au gaz GNV (300.000), électrique (500.000), à hydrogène (650.000)

[278] D. Meadows « Il faut mettre fin à la croissance incontrôlée », *Le Monde*, 8 avril 2022

[279] J. Randers « Cop 27, c'est la triste réalité : on parle sans agir », *Ouest-France*, 5 nov. 2022

[280] Cf. J. P. Foirry « La transition vers une économie stationnaire de long terme comme perspective heureuse pour nos petits-enfants », *Cahiers rationalistes*, mai-août 2023

[281] P. Victor « *Managing without growh : slower by Design, not by Desaster* », Edward Elgar, 2008 ; H. Daly « *Économie stationnaire* », Les Petits Matins, 2018 ; G. Maxton et J. Randers « *Reinventing prosperity : managing economic growth to reduce unemployment, inequality and climate change* », Greystone Books, 2016 ; T. Jackson « *Prospérité sans croissance : la transition vers une économie durable* », De Boeck, 2010. Cf. aussi R. Costanza et D. Erickson « *Sustainable Well-being Futures* », Edward Elgar, 2020

[282] Cf. J. M. Harribey « *Le trou noir du capitalisme : réhabiliter le travail, instituer les communs, socialiser la monnaie* », Le Bord de l'Eau, 2020

[283] Oxfam « *La loi du plus riche* », janvier 2023

[284] 1700 milliards de dollars par an avec un taux de 5% pour les 3000 milliardaires et de 2% à 4% pour les multimillionnaires

[285] Les réserves obligatoires sont les liquidités qu'une banque doit placer sur un compte à la Banque Centrale lorsqu'elle accorde des crédits (le taux est de 1% à 10% selon les pays)

[286] Rachat de dettes publiques et de titres privés, facilitation de crédits et taux d'intérêt négatifs…

[287] S. Strunz et al « Is there a monetary growth imperative ? », *UFZ Discussions Papers*, march 2015

[288] P. Mardellat « Qualité de vie et consommation soutenable », *Développement durable et territoires*, décembre 2010

[289] G. Akrikpan et al « L'entrepreneuriat soutenable », *Gestion 2000*, vol. 33, 2016

[290] On peut ainsi comparer Douelle (petite ville décrite par Jean Fourastié et choisie en 1979 pour représenter la France) et Totnes (première ville en transition sous la houlette de Rob Hopkins) : cf. E. Conesa « Douelle, commune témoin de 1975 à 2022 », *Le Monde*, 18 juillet 2022 ; H. Queillé « Totnes, la ville anglaise où il faut si bon vivre », *Le Télégramme*, 21 mars 2016

[291] S. Dixson-Decleve, J. Randers et al « *Earth for all : a survival guide for humanity* », Club of Rome, 2022

[292] G. Anders « *L'obsolescence de l'homme* » (1956), Ivrea, 2011

[293] H. Welzer « *Les guerres du climat. Pourquoi on tue au XXIème siècle* », Gallimard, 2009

[294] Selon l'enquête Ipsos de septembre 2023, les principales préoccupations personnelles des Français concernent les incivilités, le pouvoir d'achat, la santé et l'environnement

[295] Y. Algan et P. Cahuc démontrent que deux caractéristiques héritées de l'après-guerre (le corporatisme et l'étatisme) se révèlent défavorables en période de récession, de chômage et de vieillissement de la population (Y. Algan et P. Cahuc « *La société de défiance. Comment le modèle social français s'autodétruit* », Cepremap, 2007)

[296] F. Ménager-Aranyi « L'Irréligion du progrès », *Nonfiction*, 24 janvier 2013

[297] B. Milanovic « *Inégalités mondiales. Le destin des classes moyennes, les ultra-riches et l'égalité des chances* », La Découverte, 2019

[298] N. Dufourcq « *La désindustrialisation de la France 1995-2015* », Odile Jacob, 2022

[299] Cf. l'enquête « Fractures françaises », Ipsos-Sopra Steria, octobre 2023

[300] Les débats français autour de l'immigration manquent souvent de bon sens : l'exigence d'*intégration* de personnes à double nationalité dans le pays où elles veulent vivre n'est pas une demande exorbitante, à mille lieues de celle d'*assimilation* (comme cela se faisait dans les siècles passés : pour les étrangers, les bretons…)

[301] C. Blandin « L'effondrement du plan machine-outil », *Le Monde*, 26 septembre 1986

[302] M. Humbert « L'électronique française sur le fil du rasoir », *Revue d'économie industrielle*, 1985, N°32

[303] E. Cresson « Les quatre piliers de la politique industrielle », *Le Monde*, 25 décembre 1984

[304] J. Julliard « *Chroniques du déclin français* », Albin Michel, 2023

[305] L. Gallois « *Pacte pour la compétitivité de l'industrie française* », Rapport au Premier ministre, 5 novembre 2012

[306] T. Coutrot et al. « *En finir avec la compétitivité* », Rapport pour ATAC et la Fondation Copernic, octobre 2012

[307] J. Attali et al. « *Une ambition pour dix ans. Rapport pour la libération de la croissance présidé par Jacques Attali* », Rapport à la Présidence de la République, 15 octobre 2010

[308] P. Boyer et J. Dives « *Rapport d'information sur **l'**autonomie alimentaire de la France **et** au sein de ses territoires* », Assemblée nationale, 8 décembre 2021

[309] Selon l'étude de la Cour des comptes (mars 2005), le nombre était à l'époque de 97.500 enseignants (ou 32.000 postes en équivalent temps plein)

[310] M. Blanchet « *L'industrie France décomplexée : choisir nos batailles et créer un modèle industriel à la française* », Lignes de Repères, 2013

[311] A. Voy-Gillis « *Réindustrialiser la France : les défis de la transformation numérique et environnementale* », IFRI, septembre 2022

[312] J. M. Egly « Recherche : il faut réagir maintenant ou jamais », *Le Monde*, 26 mai 2022

[313] D. Larousserie « Les raisons du déclin de la recherche en France, *Le Monde*, 29 septembre 2021

[314] A. Lahatte et F. Sachwald « Dynamique des publications scientifiques : le cas de la France », *Futuribles*, janvier-février 2024

[315] P. A. Buigues « La France est aujourd'hui un pays de seconde zone dans les secteurs de haute technologie et à haute intensité en R-D », *Le Monde*, 01 février 2021

[316] France Stratégie « *Evaluation du plan France Relance* », premier rapport, automne 2021 ; deuxième rapport, décembre 2022

[317] PwC Strategy& « *La renaissance industrielle de la France à l'horizon 2030* », 2022

[318] V. Aussilloux et C. Gouardo « *Mieux investir au service de la croissance* », France Stratégie, février 2017

[319] E. Macron « Il faut accélérer en même temps la transition écologique et la lutte contre la pauvreté, *Le Monde*, 2 janvier 2024

Chapitre 5

[320] Enquêtes menées par la Banque mondiale à partir du Rapport sur le développement dans le monde de 1990 consacré à la pauvreté

[321] G. Bucher « *D'abord la crise, puis la catastrophe* », Oxfam, 2022

[322] G.F. Dumont « La pauvreté dans le monde : réponses inopérantes et solutions efficientes », *Les Analyses de Population et Avenir*, vol 16, 2019

[323] S. Grimm et al. « *The political invention of Fragile States* », Routledge, 2015

[324] Aminata Diaw le dit à sa façon : « L'Afrique n'est pas un espace géographique mais plutôt une pluralité d'imaginaires, de cultures et de temporalités » (« Nouveaux contours de l'espace public en Afrique », *Diogène*, 2004 ; N°206)

[325] F. R. Mahieu « *Les fondements de la crise économique en Afrique : entre la pression communautaire et le marché international* », L'Harmattan, 1990

[326] J. F. Médard « L'Etat patrimonialisé », *Politique africaine*, septembre 1990

[327] Par exemple, l'indice de progrès social (IPS), qui ne prend pas en compte le PIB par habitant, comprend une cinquantaine d'indicateurs qui mesurent le degré de réalisation des besoins humains fondamentaux (nourriture, logement, sécurité des personnes, etc.), les fondements du bien-être (accès à l'information et aux communications, santé, qualité de l'environnement, etc.), les opportunités de développement personnel, de liberté de choix et d'intégration dans une société donnée.

[328] Par exemple, l'indice Chandler de bonne gouvernance (Chandler Institute) ou l'indice de compétitivité globale (Forum économique mondial) évaluent la qualité de leadership d'un pays, les performances budgétaires et économiques, la qualité des principales institutions, le niveau du capital humain et scientifique, l'efficience des administrations et des marchés

[329] K. Nubukpo « *L'urgence africaine. Changeons le modèle de croissance* », Odile Jacob, 2021

[330] J. Williamson « Un train de réformes devenu un label galvaudé », *Finances et Développement* (FMI), septembre 2003

[331] W. Easterly et R. Levine « Africa's growth tragedy : policies and ethnic divisions », *The Quarterly Journal of Economics*, novembre 1997

[332] J. Stiglitz et A. Weiss « Credit rationing in markets with imperfect information », *American Economic Review*, février 1981 ; D. Acemoglu, S. Johnson et J. Robinson « The colonial origins of comparative development : empirical investigation », *American Economic Review,* décembre 2001 ; D. Rodrik, A. Subramanian et F. Trebi « Institutions rules : the primacy of institutions over geography and integration in economic development », *Working Paper* (NBER), novembre 2002

[333] P. Collier « *The Bottom Billion : Why the Poorest Countries are Failing and What Can Be Done About It* », Oxford University Press, 2007

[334] CNUCED « *Rapport sur le Développement en Afrique* », 2021

[335] M. Schoch et C. Lakner « *The Number of Poor People Continues to Rise in Sub-Saharan Africa* », PNUD, 2020

[336] H. Bhorat et K. Naidoo « *Drivers of inequality in the context of the growth-poverty-inequality nexus in Africa* », PNUD, 2017

[337] CNUCED « *Le développement « économique en Afrique* », Rapport 2021

[338] O. Blanchard « *L'avenir de la politique macroéconomique* », FMI, 2011 ; « Rethinking Macroeconomic Policy », *Note interne*, FMI, 2013

[339] S. Thomson « La politique d'unité et de réconciliation nationale au Rwanda : figures imposées et résistances au quotidien », *Genèses*, 2010, N°81

L'éthique du 21ème siècle (conclusion)

[340] J. Beauchemin « *La société des identités : éthique et politique dans le monde contemporain* », Athena, 2004

[341] H. Rosa, « La compétition comme mode d'interaction », *Sociologie* [en ligne], vol. 10, 2019

[342] Cf. Sophie Pellé et Bernard Reber (« *Ethique de la recherche et innovation responsable* », Iste Editions, 2016) qui montrent qu'en introduisant toutes les composantes (notamment morales) de la responsabilité, l'éthique de la recherche pourrait devenir encore plus responsable à une période où nombre de recherches sont inquiétantes

[343] Dans le cadre d'une gestion publique par les résultats, il faut bien dinguer entre résultats (dont est responsable directement une entité) et impacts (qui peuvent venir d'actions de plusieurs entités). Par ailleurs, il n'est pas toujours facile de distinguer entre responsabilité et culpabilité : de quoi sont coupables Einstein et Oppenheimer dans l'utilisation de la bombe atomique ? De rien, mais les deux hommes se considèrent comme responsables même si des circonstances atténuantes existent (le risque que les allemands la fabriquent pour Einstein, le besoin d'agir vite au Japon pour Oppenheimer)

[344] A. Badiou (« *Manifeste pour la philosophie* », Seuil, 1989 ; « *L'éthique* », Ed. Nous, 2003) souhaite que les individus puissent donner du sens et de la grandeur à leur vie dans les différentes sphères politiques (l'enthousiasme), scientifiques (la joie), artistiques (le plaisir) ou familiales (l'amour)

[345] Pour M. Walzer (« *Sphères de justice. Une défense du pluralisme et de l'égalité* », Seuil, 1997), la justice apparaît lorsque chaque sphère est régulée par le principe qui lui correspond et lorsqu'il n'y a ni monopole, ni prédominance : familiale (principe du réseau et logique du dévouement), biens sociaux comme la santé ou l'éducation (principe du besoin et logique de la confiance), biens économiques lucratifs (principe de l'argent et logique de l'égoïsme), travail (principe du mérite et logique de la compétence, activités scientifiques (principe du talent et logique de la découverte), politique (principe de la démocratie et logique de la délibération)

[346] B. Badie « *Le temps des humiliés* », Odile Jacob, 2019

[347] J. Kozol « *Savage inequalities* », Harper, 1991

[348] R. F. Gauthier et A. Florin « *Que doit-on apprendre à l'école ? Savoirs scolaires et politique éducative* », Terra Nova, 2016

[349] E. Brassat « Les incertitudes de l'émancipation », *Le Télémaque*, 2013, N°43

[350] S. Wolf « Le saint moral », *The Journal of philosophy*, août 1982

Structures éditoriales du groupe L'Harmattan

L'Harmattan Italie
Via degli Artisti, 15
10124 Torino
harmattan.italia@gmail.com

L'Harmattan Hongrie
Kossuth l. u. 14-16.
1053 Budapest
harmattan@harmattan.hu

L'Harmattan Sénégal
10 VDN en face Mermoz
BP 45034 Dakar-Fann
senharmattan@gmail.com

L'Harmattan Cameroun
TSINGA/FECAFOOT
BP 11486 Yaoundé
inkoukam@gmail.com

L'Harmattan Burkina Faso
Achille Somé – tengnule@hotmail.fr

L'Harmattan Guinée
Almamya, rue KA 028 OKB Agency
BP 3470 Conakry
harmattanguinee@yahoo.fr

L'Harmattan RDC
185, avenue Nyangwe
Commune de Lingwala – Kinshasa
matangilamusadila@yahoo.fr

L'Harmattan Congo
219, avenue Nelson Mandela
BP 2874 Brazzaville
harmattan.congo@yahoo.fr

L'Harmattan Mali
ACI 2000 - Immeuble Mgr Jean Marie Cisse
Bureau 10
BP 145 Bamako-Mali
mali@harmattan.fr

L'Harmattan Togo
Djidjole – Lomé
Maison Amela
face EPP BATOME
ddamela@aol.com

L'Harmattan Côte d'Ivoire
Résidence Karl – Cité des Arts
Abidjan-Cocody
03 BP 1588 Abidjan
espace_harmattan.ci@hotmail.fr

Nos librairies en France

Librairie internationale
16, rue des Écoles
75005 Paris
librairie.internationale@harmattan.fr
01 40 46 79 11
www.librairieharmattan.com

Librairie des savoirs
21, rue des Écoles
75005 Paris
librairie.sh@harmattan.fr
01 46 34 13 71
www.librairieharmattansh.com

Librairie Le Lucernaire
53, rue Notre-Dame-des-Champs
75006 Paris
librairie@lucernaire.fr
01 42 22 67 13

www.ingramcontent.com/pod-product-compliance
Lightning Source LLC
LaVergne TN
LVHW011006061026
849535LV00006B/1738